大塚　勲

地方交付税制度の運用と展開

戦後史の再構築を目指して

九州大学出版会

はじめに

　地方交付税制度は，1954年に地方財政平衡交付金法の一部を改正する法律によって導入された財源保障機能と財政調整機能を併せもつ地方財政制度です。当該制度は個々の省庁が所管する地方制度と連携しながら，これら戦後の地方制度の執行を支えてきました。制度運用が始まって今年で60年になりますから，人でいうと還暦を迎えたことになります。この節目の年に地方交付税制度に関する本書を出版できたことには少なからず感慨があります。

　戦後の地方制度は，非常に巨大で，しかも緻密に組み立てられた統治構造になっています。本書はこうした実態を明らかにしていますが，まさに戦後最大の護送船団方式と呼ぶにふさわしい態様です。そして，その中心的役割を地方交付税制度が果たしてきました。それほど重要な制度ですが，筆者が地方交付税制度を勉強し始めたとき，今も変わらないと思いますが，財源保障機能と財政調整機能について明確な定義が共有されていませんでした。財源保障の対象を説明した文献すらなかったのです。これらを理解するためには，国会における議事録や戦後の地方財政制度の構築に携わった自治官僚の作成した様々な文献，地方自治法や地方財政法，地方交付税法など，各法律の逐条解説を読んでいく必要がありました。しかも，これらを総合的に判断していかなければならず，中核的制度の基本的な事項でありながらその内容を把握するには大変な困難が伴いました。多くの場合，説明不足が原因でしたが，これによって地方交付税制度では様々なあいまい性が生み出されてきたのです。そして，このあいまい性が制度運用を不分明にする一方で，戦後の地方制度の仕組みを維持することに成功してきたと言えるでしょう。

　この種のあいまい性は，従って地方制度の最高法規である地方自治法にも見ることができます。地方自治法はしばしばその条文だけでは真の意味を理解す

ることは難しく，行間が広い規定が存在します．このため，逐条解説がなければ，内容を正確に把握することは不可能です．ところが，法律の規定と逐条解説には日本語として受け入れ難い解釈の違いすらみられるのです．この場合，地方自治法の条文では論理的整合性が担保されていても，逐条解説にまで拡張すると，首尾一貫しない状況が生まれます．これらのあいまい性は運用実態を覆い隠すことに寄与しますから，具体的な運用を検証しない限り，その規定を理解することはできません．

このような現状を踏まえ，本研究では地方自治法を頂点とする地方制度の法体系を可能な限り整合的に捉え，この中で地方交付税制度を位置付けることにしました．その際，当該制度の財源保障機能を特に重視し，その根拠を法的に検証するとともに財源保障機能を地方交付税制度の仕組みとしても捉えています．これらを経て，地方交付税制度の運用，特に基準財政需要額を拡大させてきた運用を解明することにしました．地方交付税制度の法的位置付けや，財源保障機能と基準財政需要額の関係を考えれば，これが地方交付税制度を理解する最適のアプローチと言えるでしょう．少なくとも本書の結果はこの方法に妥当性があることを示しています．

本研究の結果は，先行研究の主張を十分に尊重しつつも，従来の財政学の知見からは大幅に乖離したものが含まれています．この意味で本書は既存の財政学に対してやや厳しい修正主義の立場を取っているかもしれません．ただし，本研究は行政機関の内部資料を使用していませんから，誰でも本書のすべての参考文献にアプローチすることができます．しかも，できる限り本文中に参照ページを明示し，内容を確認できるような配慮も行っています．これらを手掛かりにすると，本研究の妥当性の検証はどなたにでもできますから，疑念の払拭にご利用頂ければ幸いです．

本研究の目的は事実を明らかにするところにありますので，単に事実を解明しているだけといった批判があるとすれば，それは正当なものかもしれません．しかしながら，本書が事実の羅列に過ぎないとすれば，それは依然事実の解明が不十分であることを示しているに過ぎません．本書が近年の地方交付税制度の状況を看過しているとすれば，近年の状況を議論できるだけの事実の解明が進んでいないだけなのです．地方交付税制度は極めて精緻な仕組みとなっ

ているため，その運用を検討すると，戦後の地方制度の変遷が解明できるものとなっています。本研究はこのうち基準財政需要額の拡大に寄与した運用を中心に議論しているに過ぎません。それでも既存の財政学との乖離は大きいわけですから，さらに検証を進めれば，従来の議論を大きく転換していく可能性もあるでしょう。戦後の政府部門では財政の果たす役割が大きくなっていますから，財政学の見直しは戦後史そのものの修正に及ぶかもしれません。もちろん，本書は，戦後史を再構築しなければならないという立場ですから，ここでの内容もそのスタートを示しているに過ぎません。これは本研究の重要な目的となっています。

　本書を出版するに当たっては渡部薫熊本大学大学院教授並びに浅羽隆史白鷗大学教授には大変なご尽力を頂きました。記して感謝の意を表するものです。また，三菱UFJリサーチ＆コンサルティングの相川宗徳氏，大野泰資氏には貴重なアドバイスを賜りました。九州大学出版会の審査においてアノニマスなレフェリーによって公正な審査が実施されました。本研究に関する限りこれは画期的なことであり，その姿勢を貫徹されたレフェリーに対して敬意を表するものです。さらにレフェリーからは短時間にもかかわらず的確なご意見を頂きました。頂いた意見はできる限り反映したつもりですが，不十分な点は筆者の能力不足としてご容赦頂ければ幸いです。九州大学出版会の永山俊二氏にもその当初からご尽力を頂き，記して感謝の意を表するものです。なお，本書は『会計検査研究』第40号に掲載された「一般財源としての基準財政需要額の批判的検討――省庁別特定財源としての基準財政需要額――」並びに『日本都市学会年報』43巻の「市町村における基準財政需要額の拡大要因分析」，『計画行政』32巻1号の「摂津訴訟の地方交付税制度への影響」などに基づき，これを大幅に加筆修正して作成したものです。

2014年5月24日
筆　者

目　次

はじめに ………………………………………………………………… i

第1章　研究の目的と前提となる事項の整理 ……………………… *1*
1. 研究の目的と対象 …………………………………………………… *1*
  1.1　地方交付税制度に関わる先行研究
  1.2　研究の目的
  1.3　ルールに基づく運用と裁量的運用の概念
  1.4　本研究の検討対象
  1.5　本研究の構成
2. 地方交付税制度成立以前の地方財政調整制度の変遷 ……………… *9*
  2.1　財政調整機能を具備した地方分与税制度と地方配付税制度
  2.2　財源保障機能を整備した地方財政平衡交付金制度
3. 地方制度の法体系における財源保障の位置付け ……………… *14*
  3.1　地方制度の法体系の概要
  3.2　地方自治法における地方団体の事務
  3.3　財源保障に関わる規定
  3.4　法定事務の執行に関わる規定
4. 地方交付税制度における財源保障機能の仕組み ……………… *28*
  4.1　ルールに基づく運用の重要性
  4.2　財源保障機能と財政調整機能の概念
  4.3　財源保障を実現するための仕組み
  4.4　地方交付税の配分方法

第 2 章　基準財政需要額算定の時代区分と裁量的運用 ………… *43*

1. 本章の目的とその前提 …………………………………………… *43*

    1.1　地方財政平衡交付金制度における裁量制
    1.2　地方交付税制度の裁量可能性
    1.3　先行研究の整理
    1.4　本章の目的

2. 需要額算定における検討対象の抽出 ………………………… *49*

    2.1　地方交付税法における普通交付税の算定方法
    2.2　検討対象としての需要額算定の裁量制

3. 需要額と収入額の計量分析 …………………………………… *52*

    3.1　需要額と収入額の時系列分析
    3.2　景気循環を考慮した時系列分析
    3.3　財政状況を考慮した時系列分析
    3.4　2つの裁量的運用

4. 裁量的運用に基づく時代区分と裁量的運用 ………………… *58*

    4.1　需要額と収入額の連動性の経年変化と地方財政対策の推移
    4.2　裁量的運用を基準とした需要額算定の時代区分
    4.3　自治省関係者の需要額算定に関する説明
    4.4　74年以前の裁量的運用の実相

5. 裁量的運用の導入の背景 ……………………………………… *67*

    5.1　地方団体に対する政府の思想
    5.2　地方財政平衡交付金制度における脆弱な財源保障機能の形成
    5.3　財源保障機能の構造的欠陥

6. 裁量的運用の導入の理由 ……………………………………… *80*

    6.1　地方財政平衡交付金制度における総額を巡る争い
    6.2　発言力低下が著しい旧内務官僚
    6.3　第6条の3第2項とその意味
    6.4　導入初期における6条の3第2項の適用可能性
    6.5　対立を生む構造と裁量的運用の導入

7. 裁量的運用に対する特例措置の効果 ……………………………………… *89*

    7.1 74 年度以前の交付税率の変更

    7.2 67 年度以前の地方財政対策

    7.3 68 年度以降の地方財政対策

    7.4 特例措置の役割

8. 需要額算定における裁量的運用の時代 ……………………………………… *100*

    8.1 需要額算定の時代区分

    8.2 74 年度以前の裁量的運用

第 3 章　基準財政需要額算定における裁量からルールへの転換 …… *105*

1. 本章の目的 ……………………………………………………………… *105*

2. 保革の対立と財政への影響 ………………………………………………… *106*

    2.1 伯仲国会と政府の対応

    2.2 一般会計における国債の大量発行と財政移転の拡大

3. 革新自治体が生み出す財政メカニズムと超過負担問題 ……………………… *118*

    3.1 超過負担の概念とその問題

    3.2 革新自治体の法定事務への影響

    3.3 財政移転の推移

    3.4 地方財政制度に基づく超過負担の構造

4. 伯仲国会と超過負担問題への政府の対応の変化 ……………………………… *126*

    4.1 革新自治体の拡大と伯仲国会の成立

    4.2 超過負担問題に対する政府の対応の変化

    4.3 国庫支出金の運用変化の計量分析

    4.4 国庫支出金の膨張と地方財政収支試算

    4.5 超過負担の是正に対する評価

5. 地方制度におけるルール化の進展 ………………………………………… *144*

    5.1 自治省の機構改革

    5.2 地方財政法に基づく法制整備

    5.3 超過負担の是正

    5.4 特別交付税におけるルール化の進展

5.5　ルール化の意味するところ：戦後第2の地方制度改革
    6. 需要額算定のルールに基づく運用への転換 ……………………………… *159*
        6.1　需要額の算定方法
        6.2　裁量的運用の基本構造
        6.3　裁量的運用の崩壊とルール化の進展
        6.4　慢性化する地方財政対策

第4章　ルールに基づく基準財政需要額の拡大 …………………… *177*

1. 本章の目的 ………………………………………………………………………… *177*
2. 検討の前提 ……………………………………………………………………… *178*
    2.1　需要額の算定対象と算定方法
    2.2　用語の整理とその算出方法
3. 需要額の主な増加要因の抽出 ………………………………………………… *183*
    3.1　経費別需要額の増加要因
    3.2　経常経費の増加要因
    3.3　80‒2000年度における需要額の増加要因
4. 運用ルールに基づく給与費等需要額の増加 ………………………………… *186*
    4.1　給与費等需要額の推移
    4.2　給与単価の変動
    4.3　職員数の変化
    4.4　ルールによる需要額の増加
5. 運用ルールに基づく厚生労働費（除給与費等）の増加 ………………… *194*
    5.1　厚生労働費（除給与費等）における主要な制度の新設と変更
    5.2　国庫支出金が規定する運用ルール
    5.3　ルールによる需要額の増加
6. 運用ルールに基づく投資的経費の増加 ……………………………………… *198*
    6.1　投資的経費の算定
    6.2　地方債制度が規定する運用ルールとその検証
    6.3　ルールによる需要額の増加
    6.4　投資的経費における運用ルールとその考察

7. ルールに基づく運用の需要額拡大への影響 …………………………… 230
   7.1　80年度以降のルールに基づく運用とその効果
   7.2　ルールに基づく運用と需要額と収入額の連動性の変化

第5章　地方支配の構造と地方交付税制度の役割 …………………… 241

1. 本章の目的とその前提 ………………………………………………………… 241
   1.1　地方制度の法体系
   1.2　本章の目的
   1.3　検討の方法

2. 歳出総額に対する需要額の影響 …………………………………………… 248
   2.1　規模の経済性の批判的再検討の試み
   2.2　規模の経済性に関わる先行研究
   2.3　需要額が生み出す規模の経済性
   2.4　平均費用関数の算出と検定
   2.5　平均費用における規模の経済性の考察
   2.6　歳出総額に対する需要額の影響

3. 費目別歳出に対する需要額の影響 ………………………………………… 270
   3.1　需要額の一般財源性に対する批判的検討
   3.2　推定式の再検討とその特定
   3.3　各種歳出の計量分析
   3.4　歳出内訳に対する需要額の影響

4. 複数の法律による重層的な地方支配と地方交付税制度の役割 ……… 286
   4.1　複数の法律による重層的な地方支配の構造
   4.2　需要額算定の妥当性の確保とその膨張を抑制する役割
   4.3　地方を法定事務経費の負担機関とする役割

終　章　戦後史の再構築に向けたプロローグ …………………………… 303

1. 戦後の地方制度史のアウトライン ……………………………………… 303
2. 地方交付税研究の今後の課題 …………………………………………… 307

参考文献 …………………………………………………… *311*
索　引…………………………………………………………… *317*

第 1 章

研究の目的と前提となる事項の整理

1. 研究の目的と対象

　地方交付税制度は 1954 年に地方財政平衡交付金法の一部改正によって導入された，財源保障機能と財政調整機能を併せ持つ地方財政制度である。この制度は日本の地方制度に独特の構造を持ち込むものであり，これが戦後の地方行政を支えてきたといっても過言ではない。

　所管省庁である総務省は，地方交付税制度が海外の制度に比べ，精緻に作り込まれた財政制度であると評価している[1]。この制度の精緻さは他の地方制度と密接に連携していることと無縁ではない。そして，この連携は地方交付税制度が財源保障機能を担っていることに由来している。地方交付税制度は，他の地方制度と精緻に連携しながら，財源保障機能を実現してきたところに制度としての特徴がある。

　地方財政制度において中心的な役割を担ってきたこともあり，地方交付税制度に関わる研究は着実な蓄積を見てきた。しかし，その構造の複雑さや検証するには公開されているデータが不十分なことなどを理由に，その役割や運用実態は必ずしも明らかになってきたとは言い難い。本書は，まずこうした地方交付税研究の現状を概観することから始めたい。

---

1) 本研究ではしばしば国会会議録を参照しているが，これらは国会図書館の「国会会議録検索システム」から取得している。〈http://kokkai.ndl.go.jp/〉
　67 年 5 月 23 日の衆議院地方行政委員会で細郷道一自治省財政局長は，地方交付税制度について基準財政需要額の算定が非常に精緻であり，世界的に見ても合理的で進歩的な制度であると述べている。類似の意見は 77 年 4 月 26 日の参議院地方行政委員会会議録の小山一平議員の発言や石原（2000）（同書 42 頁）などに見られる。

1.1 地方交付税制度に関わる先行研究

地方交付税制度ではこれが巨額の債務を抱えたことで，その改革案の提示を目的に議論が行われてきた。特に90年代以降の運用に関し，投資的経費の事業費補正など，個別の運用を取り上げて分析されている。しかし，地方交付税制度全般の運用について議論しているものはそれほど多くない。これには，例えば藤田（1976，1984），中井（1988），古川（1995，2005），石原（2000），高木（2001），赤井他（2003），井堀他（2006）などがある。

また，地方交付税制度の精緻な構造を生み出してきたのは基準財政需要額（以下，需要額という）に関係するが，この運用に限定すると，上記の先行研究のうち，中井（1988），古川（1995，2005），赤井他（2003），井堀他（2006）がこうした内容を含んでいる。さらに需要額に関しては貝塚・本間他（1986），東（2000），宮島（2001）も重要な知見を提供している。

1.1.1 本研究の問題意識

地方交付税研究の現在地を理解する上で重要な指摘は古川（1995，2005）や赤井他（2003）に見て取れる。ここでは先行研究のうちこれら3つの議論から本研究の問題意識を明らかにしていく。

古川（1995，2005）における運用の関心は普通交付税の配分であり，都道府県は財政力指数の類型によって，市町村は特別区，政令指定都市などに分け，経年的に分析している。時代区分として古川（1995）では5区分，古川（2005）では3区分を採用し，それぞれの時期ごとに，都道府県と市町村について，普通交付税の配分と，需要額と基準財政収入額（以下，収入額という）の変動が整理される。古川（1995）は地方交付税の算定が「技術的で，余りにも複雑なために，その情報は行政関係者に独占されており，地方財政の研究者が敬遠してきた領域である」[2]と述べている。さらに「普通交付税の配分に関するこれまでの研究の多くは，シャウプ勧告のレトリックに依拠して自治省の運用の複雑さや恣意性を批判するのに急であり，自らその配分の実態を積極的に明らかにしようとする姿勢に乏しかった」[3]として，地方交付税制度の運用実態に関

---

2) 古川（1995）2頁参照。
3) 古川（1995）「はしがき」参照。

する研究が十分でなかったことを指摘している。

　赤井他（2003）は需要額の算定にソフトな予算制約が存在すると主張する研究の嚆矢となっている。ソフトな予算制約とは破綻しそうな地方自治体を政府が地方交付税を裁量的に増やして事後的に救済するため，地方自治体が政府による救済を当てにして非効率な運営に陥る現象と説明し，これが地方を非効率にし，その穴埋めのために需要額が膨張してきたと述べている。こうした議論に先立ち，赤井他（2003）では近年の地方交付税に関する議論を廃止・批判論者[4]と擁護論者[5]に分けて整理している[6]。ソフトな予算制約は廃止・批判論者に属する主張で，この主張では地方に生じるモラルハザードが需要額の拡大要因と捉えられ，一方擁護論者は国の事務を執行する下部組織として地方団体を利用してきた政府に需要額膨張の根本的な問題があると主張している。

　地方交付税研究の蓄積は着実であったとしても，その解明は必ずしも十分ではなかった。このことは古川（1995）が冒頭でその理由を説明したように地方交付税制度の複雑な構造が障害となってきたことはその一因であっただろう。だが，これ以外にも分析に十分な情報が公開されてこなかったこと，地方公共団体（以下，地方団体という）の数が多くその扱いが困難であったことなども理由である。特に現在のようにコンピューターが普及していない時期に3,000を超える地方団体を扱うことには自ずから限界があり，研究に強い制約を与えてきたことは容易に想像できる。

　赤井他（2003）では，需要額が拡大してきた理由について地方団体のモラルハザードと国の制度経費の拡大の2つの意見があり，依然コンセンサスは存在しないことを指摘している。ここでの主張は前者が需要額のコントロール権を

---

[4] この論者には，2002年のPHP研究所が著した『「地域主権」の確立に向けた7つの挑戦』，1998年の吉田和男氏の『地方分権のための地方財政改革』（有斐閣），2002年に出版された井堀利宏氏の「交付税は30年後に完全廃止を」（『Noubelle Epoque』2月，pp. 2-3）が分類されている。

[5] この論者には2002年に出版された岡本全勝氏の『地方財政改革論議：地方交付税の将来像』（ぎょうせい），重森暁氏の「地方交付税改革と分権的財政システム」（重森暁・関野満夫・川瀬憲子（2002）『地方交付税の改革課題』自治体研究社），神野直彦氏と金子勝氏による1998年の『地方に税源を』（東洋経済新報社），小西砂千夫氏の『地方財政改革論：「健全化」実現へのシステム設計』（日本経済新聞社）が充てられている。

[6] 廃止・批判論者と擁護論者の議論は赤井他（2003）18-24頁参照。

地方が実質的に握ってきたことを膨張の原因としているのに対し，後者は国の制度の拡大をその理由としている。この対立は地方交付税制度に対する理解に根本的な違いがあることを示している。需要額は地方交付税制度の基本的な構成要素であることを考えると，需要額の拡大で依然コンセンサスが存在しないことは地方交付税制度の研究が全く不十分であることを意味している。これらのことは地方交付税制度の解明が必ずしも十分なものではなく，漸くその緒についたことを明らかにしている。

1.1.2 先行研究の概要

古川（1995，2005），赤井他（2003）以外の先行研究にも本研究は深く依存している。内容の詳細は第2章以下で適宜扱うとして，ここでは地方交付税制度全般の運用を扱っている先行研究を中心にその概要を整理していく。

藤田（1976，1984）は地方財政全般を詳細に分析しており，この中で地方交付税制度を扱っている。地方交付税制度の成立過程に始まり，制度の意義など広範な議論が行われている。運用に関する議論の中心は制度改正や地方財政対策などであり，一般補助金であるはずの地方交付税が中央集権的な運用に吸収され，特定補助金化していく実態などを説明している。

中井（1988）は都道府県と市町村における需要額の内訳について70年度，75年度，80年度，85年度を対象に構成比の変化を概観し，このうち，市部に関して需要額の決定要因を計量分析によって検証している。ここでは政令指定都市と他の都市に分け，70年度と75年度，80年度，84年度の4ヵ年について，人口，5年間の人口増加数，面積，1人当たり歳出を説明変数に，需要額を被説明変数として重回帰分析が行われている。政令指定都市では人口のみが説明変数として採択されるが，その他の都市では4つの説明変数のいずれも説明力が高いことが示されている。

石原（2000）[7]は自治省の立場から政府文書の収集による地方交付税制度の経年的な説明が中心となっており，定量的な検証はほとんど行われていない。具体的な検討内容は地方交付税の算定方法，需要額，収入額の算定方法などで

---

[7] 石原（2000）同様運用者の視点で書かれた岡本（1995）では地方交付税制度の目的や需要額の算定に関する年間スケジュールなどが説明されている。

あり，これらについて過去の議論を紹介している。

高木（2001）は地方財政対策を主に説明しているが，需要額と収入額も扱い，また，時代ごとに運用の特徴も明らかにしている。ここでは55年度から2001年度までを6つの期間に分割して議論している。

井堀・岩本他（2006）では，専ら近年の需要額算定に焦点を当ててその算定を批判的に分析した後，その改革案の試案を提示している。

地方交付税制度の運用に関する先行研究を概観すると，地方交付税の配分や地方財政対策，需要額の拡大など，地方交付税制度全般において基本的な分析が行われてきたことが分かる。ただ，先行研究には2000年以降に発表されたものも多く，既述したように整合性が十分に担保されてきたわけではない。つまり，地方交付税研究は近年活発化してきたが，依然十分な結論を導出するには至っていない状況にあると言える。

1.2　研究の目的

戦後の地方制度は，憲法第92条を根拠とする地方自治法を頂点に，多くの地方制度の根拠法によって形成されてきた。地方交付税制度は財源保障機能を担うため，様々な法律と結び付きながら運用されている。このことが，一方で精緻な構造を生み出すことに寄与したが，もう一方で複雑で難解な仕組みを作り出してきたと言えるだろう。

地方交付税制度が持つこの複雑さが，研究者の参入を難しくし，戦後50年以上継続してきたにもかかわらず，十分な研究蓄積に至っていない要因となってきた。このため，地方交付税制度の研究は，ややもすると個別の機能の運用を解明するに留まっている。地方交付税制度自体は地方財政全体の中でその役割を果たしてきたが，その解明において演繹的なアプローチが採用されてきたわけではない。需要額がいかに拡大してきたのかといった基本的な事項で，依然十分なコンセンサスが確立できない理由に地方制度全般から位置付けていく視点を欠いていたことがあるかもしれない。

本研究は地方交付税制度の財源保障機能に着目しつつ，需要額が拡大してきた理由を明らかにすることを目的としている。需要額の算定がいかに運用されてきたのかを検討し，これから地方交付税制度が果たしてきた役割を考察して

いく．その際，財源保障機能を考慮するが，このことは，すなわち財源保障の対象となってきた地方制度とその法体系の中で地方交付税制度を捉えていくことを意味している．地方交付税制度を分析していく上で，恐らくこれが最も望ましい姿であり，本研究はできる限りこのアプローチを維持しながら検討していきたいと考えている．

地方交付税制度が果たしてきた役割を考察するに当たり，本研究では需要額と歳出の関係について検討している．需要額が様々な地方制度に対して財源保障を行ってきたのであれば，財源を供給された地方制度では実効性が担保される．実効性が担保されれば，実施されるかもしれないし，実施されれば何らかの形で歳出に反映されるだろう．このとき，需要額と歳出には強い関係性が見いだせるかもしれない．とりわけ実施に強制力が伴えば，こうした関係は強固に表れるだろう．この観点から地方交付税制度の財源保障機能を分析することは本研究の重要な目的である．

本研究は，また地方制度の戦後史という側面も持っている．地方交付税制度は様々な地方制度と結び付いてきたから戦後の地方制度の痕跡がこれに刻まれている．個々の地方制度の変化はともかく，地方制度全般にわたる変化は必ず地方交付税制度に反映される．このため，地方交付税制度の運用実態を明らかにすることは戦後の地方制度の基本的な構造変化を示すことにもなる．特に地方交付税制度の運用実態が十分に解明されていない現状にあって，このことは極めて重大な意味を持っている．こうした点から分析を行うことも本研究の目的の1つであり，サブタイトルはこの点を反映している．

1.3 ルールに基づく運用と裁量的運用の概念

需要額が拡大してきた理由を明らかにすることは本研究の重要な目的の1つである．特に地方制度の法体系の中で地方交付税制度を捉えていくのであれば，需要額を拡大させてきた運用についても法律との関係を明確にせざるをえない．この点，ルールに基づく運用と裁量に基づく運用といった経済学でしばしば用いられる二分法は本研究においても有効である．本書ではこの2つの運用から需要額の拡大を捉えている．

これら本研究で扱う2つの運用を明確にするが，より重要なのはルールに基

づく運用で，その対象は３つある．１つは立法措置を介した運用である．地方交付税制度を運用する際，その都度国会の審議を経て立法措置を講じている場合がある．この運用は，特に毎年度実施されるとき裁量的運用を含む場合もあるが，ルール化を介した運用の代表的な例と言えるだろう．これには地方交付税総額の特例や単位費用の改定などがある．

　２つめは法律の規定によって執行の義務付けがある場合で，これも典型的なルールに基づく運用と言って差し支えない．本研究では法律の条文を特定し，これが需要額の拡大に与えた影響を具体的に検証している．この手続きによって需要額拡大に関わるルールに基づく運用を明確にしているが，この種の運用が可能になるのは地方制度の法的枠組みが前提にあるからである．これについては検証の前提条件になるから本章でさらに詳細を扱っている．

　３つめのルールは，地方交付税制度の運用主体とそのサービス需要者の双方が交わした取り決めである．地方交付税制度の場合，一般に所管省庁である総務省が運用主体，地方団体がサービス需要者と捉えられている．ところが，地方交付税制度が財源保障機能を担っているため，財政負担を伴う事務を国が地方団体に課す場合，総務省との事前協議が義務付けられている．これを通じて所管省庁は事務の立法化について総務省の同意を得る必要があり，さらに制度の実効性を担保するためには交付税措置など十分な財源措置を講じてもらうことも重要になってくる．これをサービスと捉えると，総務省と所管省庁との間にサービス提供者と需要者の関係が生まれる．この関係において発生する取り決めも，本研究ではルールとして扱っている．特に省庁間の取り決めは拘束性が強く，これには大蔵省などと取り交わす覚書や，省庁別シェアなどが考えられる．

　これら３つをルールに基づく運用と定義すると，裁量的運用あるいは裁量に基づく運用とはこれ以外ということになる．こうした定義を厳密に適用すると，裁量的運用の範囲を広く設定してしまう恐れもあるが，本書で扱う次の運用では恐らく問題にはならないだろう．ここでの裁量的運用は２つあり，１つは法律の規定が明確ではない領域を利用して需要額の算定をコントロールしていく場合である．この例としてはかつての通達が考えられるが，省令などもこうした要素を含んでいる．２つめは法律を無視した運用である．これはほとん

どの場合法律違反ということになる。だが，実際にこれが存在していれば，ルールに基づいていないから裁量的運用ということになるだろう。本研究ではルールと裁量に基づく運用をこのように想定している。

1.4 本研究の検討対象

本研究の検討対象は都道府県と市町村を含む地方全体であるが，定量分析に関しては原則的に市町村である。ここでは需要額拡大に寄与した運用を扱うが，54年の制度導入以来2000年度までの需要額の伸びは都道府県が110.0倍なのに対し，市町村が152.9倍と，需要額の伸びに対する影響は市町村の方が大きいことが分かる。加えて，都道府県と比べ，市町村は国と直接交渉する団体が少ないから相対的に国の統制を受けにくい。従って，地方交付税制度を介した国の支配の実態を把握するには，その影響が小さい市町村を分析すれば十分であるという理由もある。これより計量分析は市町村が対象だが，しかしこの原則は地方財政計画が都道府県と市町村に分割されていないため，しばしば放棄される。このようにデータの制約から定量分析ではやや統一感は失われている。

検討対象期間は制度が施行された54年度から2000年度までとしている。2000年度までを対象としたのは本書で利用した『地方財政』の需要額の内訳

表1-1　地方制度の主な所管省庁の年代別名称（1945-2000年）

年	主な所管機関
45-47	内務省
48-49	地方財政委員会・総理庁官房自治課
49-50	地方自治庁
50-52	地方自治庁・地方財政委員会
52-60	自治庁
60-00	自治省

出所：国立公文書館 HP[8]

---

8) http://www.digital.archives.go.jp/hensen/ index.html 参照。

が 2003 年度までしかないため，近年まで検証することが難しいことが理由である。ただし，需要額と歳出の分析では 2000 年度以降のデータも一部利用した。この検討ではすべての市町村を対象としたため電子データを使用したが，これは 95 年度以降しか整備されていない。この場合 2000 年度までとすると，十分な検討期間が確保できないからである。

また，本研究は検討期間が長いため，特定の時期を議論する場合，その時期の名称，例えば，自治庁や自治省，総務省を使用するが，表 1－1 にある複数の期間にまたがる議論や一般論の場合には 2000 年までの名称である自治省を利用している。これは他省庁についてもほぼ同様である。

1.5　本研究の構成

本研究の構成は以下の通りである。まず，本章は研究全体の目的を明確にした上で，その前提となる地方交付税制度の財源保障機能について地方制度の法体系の位置付けや地方交付税制度の仕組みなどから整理している。

第 2 章から第 4 章は需要額の拡大に寄与した運用を検討する。第 2 章で需要額と収入額の関係を取り上げ，これにより需要額算定の時代区分を行った。これを踏まえ，地方交付税制度の導入初期から始まる裁量的運用について検討している。第 3 章では伯仲国会が生んだ地方への大規模な財政移転によって需要額の算定が裁量的運用からルールに基づく運用へと転換したことを明らかにする。そして，第 4 章では第 3 章において実現したルールに基づく運用を具体的に特定し，これが需要額の拡大に与えた影響を定量的に検証している。第 5 章は地方交付税制度が地方制度において果たしてきた役割を財源保障機能に着目して検討する。具体的には需要額と歳出の関係を扱い，これより地方交付税制度が果たしてきた役割を考察している。

2. 地方交付税制度成立以前の地方財政調整制度の変遷

戦後の地方財政調整制度は，45 年から 54 年の 10 年間に地方分与税，地方配付税，地方財政平衡交付金，地方交付税と 4 つの制度が目まぐるしく入れ替わっている。これは連合国最高司令官総司令部（以下，GHQ という）による戦

後改革が反映した結果であるが，ハイパーインフレなど経済的な要因によって制度の安定性，信頼性が損なわれたことも原因となっている。新たな制度の導入は敗戦という特殊な状況によって生み出されたが，しかし短期間に次々と制度が変更されたことは，少なからず地方交付税制度の運用にも影響を与えている。

　地方交付税導入以前の制度の変遷は財政調整制度が財源保障制度へと発展していく過程でもあった[9]。地方財政平衡交付金制度の構築に主導的役割を果たした奥野誠亮氏は「地方配付税制度を地方財政平衡交付金制度に改正したとき，私は地方団体に対する財政調整制度が，地方団体の財源保障制度に発展したのだと説明してきた」[10] と述べている。このことは，地方交付税制度以前の地方財政調整制度の変遷が財政調整制度から財源保障制度への発展過程であったことを意味している。このプロセスは地方交付税制度の性格を理解する上で重要な示唆を与えてくれる。このため，地方交付税制度に至る地方財政調整制度の変遷を簡単に見ておこう。

2.1　財政調整機能を具備した地方分与税制度と地方配付税制度

　日本の財政調整制度は 1936 年に導入された臨時町村財政補給金制度に始まるが，本格的かつ恒久的な財政調整制度が導入されるのは 40 年の地方分与税制度であった[11]。

　地方分与税制度は財政調整機能を持つ配付税とこれを持たない還付税で構成されていた。このうち，配付税は所得税，法人税，入場税，遊興飲食税の国税 4 税の一定割合を財源に，その 2 分の 1 を課税力に反比例して，残りを財政需要に比例して，地方団体に案分していく仕組みであった[12]。

　GHQ による戦後改革が始まると，戦前の軍事体制を支えた社会システムを中心に解体が進められていく。この対象であった義務教育や警察といった分野

---

9) ここでは機能に着目して財源保障制度，財政調整制度という用語を使用し，これらを総称して地方財政調整制度と呼んでいる。
10) 奥野（1988）781 頁参照。
11) 石原（2000）22 頁，29 頁参照。
12) 石原（2000）29-30 頁参照。

では，その権限や事務が地方団体へと移管され，市町村を単位に義務教育施設や警察などが整備されている。これにより地方の財政需要は急激に拡大していくが，戦後発生したハイパーインフレが物価高騰を通じてこれに拍車を掛けている[13]。

地方分与税制度は本格的な財政調整制度であったが，戦後の経済環境や国の制度などが激変していく中，機能劣化が深刻化する。配付税の財源となっていた遊興飲食税と入場税がそれぞれ47年，48年に地方税となり，財源から除外される。財政需要が拡大する一方で，配付税の財源は段階的に縮小されていったのである。入場税が移譲された48年には還付税が廃止されていたこともあって名称が地方配付税制度に変更された[14]。

地方配付税制度となった翌49年にはドッジラインによって緊縮財政が採用され，所得税と法人税の配付税率が「地方配付税法の特例に関する法律」に従って49年度に限り33.14％から16.29％に半減している。国の財政負担を軽減するために配付税を減額したのであるが，国の都合を優先したこの対応で制度に対する地方団体の信頼は失墜した[15]。こうした理由から戦後の税財政制度の骨格を築いたシャウプ勧告が49年に発表されると，地方配付税制度は地方財政平衡交付金制度へと移行したのである[16]。

2.2 財源保障機能を整備した地方財政平衡交付金制度

シャウプ勧告は地方配付税制度の財源が不安定であること，その算定方法が独断的であることを課題に挙げている。このうち，不安定性については，シャウプ勧告でも国家財政の都合から配付税率が変動することを挙げ，地方が制度を信頼していないと述べている。さらにこの不安定性は，法人税と所得税という景気の影響を受けやすい租税を財源に充てている制度の構造そのものにもあ

---

13) 地方団体の場合，前年度の所得などに課税することから，物価騰貴後の歳出を物価騰貴前の歳入で担保するため，インフレの影響は特に深刻となる。
14) 石原（2000）30頁参照。
15) 配付税率は48年度の23.32％が49年度に33.14％へと引き上げられることになっていたが，これが実現することなく，16.29％に引き下げられている（藤田（1976）143-146頁参照）。
16) 石原（2000）40-41頁参照。

るとしてその改善を求めている。

　一方,算定が独断的とは,配付税額が都道府県と市町村で等分されている点を指摘し,この配分が実際の事務量を反映していないとその理由を挙げている。こうした問題を解決するため,地方配付税を廃止して国の一般会計が負担する一般平衡交付金に移行することを勧告している[17]。

　この勧告を踏まえ,50年に導入されたのが地方財政平衡交付金制度である。この制度は個々の地方団体について標準的な財政需要額と収入額を算定し,その差額である財源不足額を国の一般会計における交付金によって完全補填するという画期的な財源保障制度であった。しかも,その算定は政府から独立した地方財政委員会が担うなど,政府の裁量的運用による影響を排除する仕組みも組み込まれていた。

　このように地方財政平衡交付金制度は地方自治の観点からは理想的な制度であったが,その予算編成は政治問題化し,困難を極めることになる。制度が導入された50年度とその翌年度の当初予算では平衡交付金の算定をシャウプ税制使節団,地方財政委員会,大蔵省の3者がそれぞれ行い,その金額を巡り国会で激しい対立を生んだ。

　50年度当初予算は結局大蔵省の意向が優先され,地方財政委員会は十分な予算を確保できなかった。これを受け,50年度補正予算以降,国会を巻き込んだ大蔵省と地方財政委員会の対立は深刻化していく[18]。

　地方財政委員会設置法13条は,地方財政委員会が国会に意見書を提出できるとしていた[19]。この規定は地方財政委員会と大蔵省の意見が異なる場合に,国会がこれを調整する仕組みであった。この規定に従い,地方財政委員会は50年度補正予算から大蔵省の予算案に対して国会に意見書を提出している[20]。これによって平衡交付金に関する2つの予算案が国会で妥当性を争うことになり,国会の議論に拍車を掛けている。繰り返されたこの種の混乱を収拾するた

---

17) 石原（2000）40-49頁参照。
18) 荻田（1951）229-232頁,藤田（1976）303-304頁参照。
19) 地方財政委員会設置法の条文は衆議院HPの制定法律で取得できる。〈http://www.shugiin.go.jp/internet/itdb_housei.nsf/html/housei/menu.htm〉
20) 50年度補正予算の意見書は自治大学校（1978）191-193頁を,51年度当初予算は同書217-218頁から把握できる。

め，52年に地方財政委員会が廃止され[21]，さらに54年には地方財政平衡交付金制度の構造をほぼそのままに，総額が国税の一定割合で決定される地方交付税制度に移行したのである。

地方財政平衡交付金制度では地方交付税制度と同様に需要額と収入額の概念を使用していた。これらは個々の地方団体の，一般財源でまかなうべき歳出規模と，一般財源の標準的な規模を示したものである。地方に事務が移譲されれば，これに伴って需要額は拡大する。これに対して収入額は景気変動に応じて増減する。この差額である財源不足額を完全補填するため，平衡交付金を充足するには巨額の財政資金を必要とした。さらに不況期に税収が落ち込むと，国の負担が拡大していく仕組みでもあり，これが大蔵省と地方財政委員会の対立の原因となっていた。この問題を解決するため，財源保障機能を持った地方財政平衡交付金制度の構造をベースに，国税の一定割合にリンクすることでその総額（以下，国税の一定割合のことを交付税率，総額のことを交付税財源という）を機械的に決定する仕組みに転換したのである。つまり，財源保障制度の地方財政平衡交付金制度に，財政調整制度の地方配付税制度を組み込むことで，地方交付税制度は54年にスタートしている。

平衡交付金の算定では大蔵省の意向が優先され，地方団体の意見を代弁した地方財政委員会の意見は看過された。結果的に地方団体の意見は無視されたが，一方で国にとっても戦後改革によって完全自治体となった地方団体を制御することが簡単ではないことを認識することにもなっている。例えば，石原（2000）は，この時期都道府県知事が首相官邸に座り込む[22]など険悪な状況があったと説明している。さらに51年2月21日の参議院地方行政委員会会議録では，都道府県知事が複数のルートを使用して平衡交付金の増額に関する意見書などを国会に提出していたことが分かる。これらの事実は地方団体が大蔵省の予算案に強く抵抗していたことを窺わせる。これは平衡交付金総額を，国会が調整するという政治決着の仕組みを導入したことに起因していた。こうした混乱の経験が，地方交付税制度の導入当初，そしてその後の制度運用におい

---

21) 独立を控え，日本の主権が回復していく中，政府は行政機構の単純化，簡素化を理由に地方財政委員会の廃止を決定した（藤田（1978）13-18頁参照）。

22) 石原（2000）64頁参照。

て，自治庁のリスク回避の姿勢として顕在化したことは考慮しておく必要があるだろう。

3. 地方制度の法体系における財源保障の位置付け

本節では地方制度の法律に規定されている財源保障を取り扱い，次節で地方交付税制度における財源保障機能の仕組みを概説する。これらは地方財政平衡交付金制度からの移行過程を説明した文献や，地方自治法，地方交付税法などの法律，特に逐条解説を精読すれば，単なる前提事項にすぎない。しかし，制度運用において法律の規定が常に順守されてきたわけではないから，ここでの説明は運用を検証するための評価基準を提供する意味もある。この意味で第3節，第4節は本研究の議論の方向性を明らかにしたものであり，同時に第2章以下で具体的に検証していく内容を示している。

3.1 地方制度の法体系の概要

憲法第92条は「地方公共団体の組織及び運営に関する事項は，地方自治の本旨に基いて，法律でこれを定める」と謳っている。地方自治法はこの条文に従い47年に立法化され，それ以来地方団体の組織や運営を規定する地方制度の最上位の法律となっている。同法が扱う分野は広範で，既に300条を超える大法典であるが，さらに個々の分野を対象に基本法を定めている。例えば，各種選挙に関しては公職選挙法，地方公務員に関する事項は地方公務員法を基本法としており，これらに関係省庁などの法律が連なるピラミッド構造を形成している。本研究では地方自治法を頂点としたこうした法律の体系を地方制度の法体系と呼んでいる。

地方財政に関しては地方自治法243条の4が置かれ，「普通地方公共団体の財政の運営，普通地方公共団体の財政と国の財政との関係等に関する基本原則については，この法律に定めるもののほか，別に法律でこれを定める」として，地方財政法，地方交付税法の2つを基本法に位置付けている[23]。この条文

---

23) 長野（1979）911頁，長野（1995）909頁，松本（2005）947頁参照。

は63年の地方自治法改正によって導入されたが，最も新しい地方交付税法でも54年に立法化されている。つまり，この条文は地方交付税法が成立して10年余り後に導入されたことになる。だが，地方財政制度ではこの条文が整備される以前からこれら2つの法律が重要な役割を果たしており，むしろ実態に合わせて条文が整備されたと言えるだろう。これによって地方自治法を頂点とし，これに地方財政法と地方交付税法が連なる地方財政制度の法体系の枠組みが整うことになる。

地方交付税法が基本法に位置付けられたことで地方交付税制度は名実ともに地方財政制度の基幹制度としての地位を確立するが，このことは同制度が財源保障機能を担っていたことと無関係ではない。これは，戦後の地方制度において個々の事務に対する財源保障が重要な役割を果たしてきたことを意味するが，本節ではこれらを検討する前提として地方制度の法体系における財源保障の位置付けを明らかにしていく。地方財政制度の基本法を中心に財源保障の対象となる事務や財源措置の方法を主に検討するとともに，事務の執行に関する規定も扱っている。本来事務の執行に関する規定は財源保障の仕組みとは独立して整備されてきたはずであるが，個々の事務に対する財源保障とその執行はほとんど一体的に運用されてきた可能性が高い。従って，地方団体の事務の執行に対する基本法の条文も併せて整理している。これらの検討に先立ち，まず地方団体が処理する事務を地方自治法がいかに規定しているかを確認することから始める。

3.2 地方自治法における地方団体の事務[24]

戦後の地方制度を俯瞰すると，地方団体が処理する事務は長らく機関委任事務と団体委任事務（以下，2つを総称して委任事務という），公共事務（固有事務），行政事務の4つで構成されてきた。このうち，団体委任事務，公共事務（固有事務），行政事務は地方の事務で，地方自治法2条が根拠となっている。機関委任事務のうち国の事務に関しては委任される機関ごとに同法148条，180条の8，180条の9などが根拠であった。47年12月の法改正で行政事務が

---

24) ここでの説明は主に長野（1995）43-45頁，419-422頁を参照した。

地方の事務に加わり，99年に委任事務が廃止されるまでの50年以上，この構造が維持されてきた。これは本研究の検討期間ともほぼ一致するから，本研究ではこれらの事務を前提に検討している。

地方自治法では，国が地方団体に事務を課す場合，機関委任事務か，団体委任事務を採用し，法律を根拠としなければならないとしている。さらに法律あるいは政令によって地方団体が処理すべき事務の範囲，その内容，事務量を明確に示す義務がある。法律を根拠とすれば，必ず国会の審議を経るから地方自治法は地方自治の保護を国権の最高機関に委ねてきたのである。同様に政府が裁量的に事務の範囲を拡張しないよう法律や政令でその詳細を明定するように義務付けてきた。

これら委任事務のうち，機関委任事務は国の事務になるから都道府県であれば主務大臣，市町村であれば主務大臣と都道府県知事の指揮監督を受けることになる[25]。これに対し，団体委任事務は地方の事務であり，所管省庁の指揮監督を受けることはない。

地方の事務にはさらに公共事務（固有事務）と行政事務があり，この違いは権力的要素の有無である。公共事務（固有事務）は権力的要素を含まず，施設やサービスを提供する事務とされている。長野(1995)はこれに加えて「組織及び財務に関する事務等その維持存立自体の事務」[26]も含まれると説明し，その例として長，議員の選挙事務，条例の制定事務，地方税の賦課徴収を挙げている。これらはいずれも法律を根拠とした事務であるから，公共事務（固有事務）にも法律を根拠とした事務が一部含まれていることが分かる。これに対し，行政事務は権力的要素を含む事務で，公権力を持って住民の権利を制限し，自由を規制するような事務である。行政事務は地方自治法14条2項の規定から条例を制定することが義務付けられ，議会の承認を前提としている。一方，公共事務（固有事務）については条例制定に義務付けはない。

地方自治法における4つの事務は地方団体が処理する業務を網羅しているから財源保障の対象となる事務を必ず含んでいる。財源保障の対象に明確な特徴

---

25) 99年の改正前の地方自治法150条による。
26) これらの事務事業の多くは自治省の法律を根拠としていたと考えられる。この他にも警察庁の警察法や文部省の地方教育行政の組織及び運営に関する法律などがある。

表1-2 地方団体が処理する事務の体系（99年時点）

事務の性質		法律を根拠とする事務		条例主体の事務[注1]
	権力的要素無	機関委任事務[注2]	「団体委任事務」[注3]	「公共事務」
	権力的要素有			行政事務
位置付け		国の事務	地方の事務	
国の指揮監督		あり	なし	
地方自治法の根拠条文		148条，180条の8，180条の9，186条，202条の2	2条	

注1：条例主体の事務とは，条例改正だけで，提供している行政サービスを変更できる事務のことで，いわゆる上乗せや横出しは条例主体の事務に含む。
注2：機関委任事務は99年までの地方自治法の別表3，別表4に掲載されていた。ただし，地方自治法，地方財政法，地方公務員法などの事務は掲載されていない。
注3：法律による義務付けのある団体委任事務に限り地方自治法の別表1，別表2に掲載されていた（上記注と同様に地方自治法などの事務は省略されている）。
資料：長野（1995）

があれば，その性格によって類型化されている4つの事務に対応していることが望ましい。このとき，財源保障の性格も明確になるからである。しかし，実際にはこれらに対応関係を見出すことは難しい。その理由として長野（1995）の4つの事務の説明が首尾一貫していないことがある。例えば，行政事務と公共事務（固有事務）の違いは権力的要素の有無であるとする一方で，権力的要素がない公共事務（固有事務）に地方税の賦課徴収を挙げている。課税は政府の代表的な権力的要素であるからこれらの説明には明らかに矛盾がある。さらに機関委任事務について自治省は中央集権制の悪弊と指弾してきたが，長野（1995）では地方の組織間にも機関委任事務[27]が存在すると説明している。これは機関委任事務を一般的に国の事務に位置付けることを不可能にする。このように4つの事務の説明が首尾一貫しないことも財源保障の対象との対応関係を整合的に説明することを難しくしている。

こうした課題をすべて克服することは難しいが，ここでは地方交付税制度の運用を考慮して事務の再類型を行いたい。長野（1995）の説明にある混乱は，

---

27) 地方税法における税徴収の嘱託や土地改良法における経費の徴収事務の委任を例示している（長野（1995）421頁参照）。

まず公共事務（固有事務）に法律を根拠とした事務を含んでいるところにある。従って，公共事務（固有事務）にある法律を根拠とした事務を，やはり法律を根拠とする団体委任事務と統合し，新たに「団体委任事務」と定義する。そして，残りの法律以外を根拠とする事務を「公共事務」と規定する。こうすることで地方税の賦課徴収など権力的要素がある事務は「公共事務」から除外される。さらに地方交付税制度の運用上考慮する必要のない地方団体間の機関委任事務も検討から除外する。これらの手続きにより本研究では地方が処理する事務を機関委任事務，「団体委任事務」，「公共事務」，行政事務に再構成している。これら新たな4つの事務を特徴付けるため，直接法律を根拠とする事務と条例を主体とした事務に区分し，さらに権力的要素を含むか否かで分類して表1-2を作成した。

　表は地方交付税制度の運用を考慮して再構成したが，長野（1995）の説明がほぼそのまま適用できる。「団体委任事務」も基本的な説明に変更はない。表を補足すると，「法律を根拠とする事務」には「機関委任事務」と「「団体委任事務」」のみが分類され，本研究ではこれらを総称して法定事務と呼ぶことにする。また，「条例主体の事務」には「「公共事務」」と「行政事務」があり，権力的要素の有無によって分類できる。行政事務には条例制定が義務付けられているが，「公共事務」については条例の義務付けがない。これが条例主体の事務となっている理由である。これらの事務のうち，地方交付税制度の運用上重要なのは法定事務である。その理由は地方財政制度の基本法の規定にあるから，以下ではこの点を確認していく。

3.3　財源保障に関わる規定
3.3.1　基本法における規定の概要
　地方交付税法の考え方から財源保障を定義すると，ある事務を実施するために必要な事業費全体を国が特定の財源によって措置することということになるだろう[28]。表1-3にはこの定義にある財源保障と，これに関連する地方財政制度の基本法の条文を整理している。

---

28) 地方交付税法2条7号の単位費用の定義を簡略化したものである。

表1-3 財源保障に関連する規定（99年時点）

法　律		条文の概要	確立年	現行法
地方自治法				
232条	2項	委任事務に対する国の財源措置の義務付け	47	
地方財政法				
13条	1項	新たな委任事務に伴う財源措置の義務付け	48	
18条		国庫支出金を適正な経費に基づいて算定することを義務付け	48	
21条		地方団体の経費負担を伴う法令案の事前協議の義務付け	48	
22条		地方団体の経費負担を伴う事務の予算案の事前協議の義務付け	48	
地方交付税法				
2条	7号	単位費用を標準的な条件に基づき合理的かつ妥当な水準で算定することを規定	(52)	同条6号
6条の3	2項	交付税財源と地方団体の財源不足額に引き続き著しい乖離が生じる場合には交付税率の変更か、制度の見直しの実施	54	
7条		地方財政計画策定の根拠を付与	(55)	

注1：網掛けが財源保障に根拠を与える規定である。
注2：確立年とは99年時点の条文の主旨が確立した年である。なお、法改正で確保された場合はその法改正の年を記し、括弧を付けている。
資料：国立国会図書館HP[29]、地方自治小六法

　この表は99年時点の条文で、それぞれの条文についてその概要を示し、加えて99年時点の主旨が確立した年を「確立年」に、「現行法」には99年と現行法の条項が異なる場合に現在の条項を記載している。例えば、地方自治法232条2項は99年時点のもので、確立年の「47」とはこの条文の主旨が確立した年である。条文が導入された時点で既に99年時点の主旨が担保されている場合と、改正後に確保された場合が考えられるから後者は括弧を付けて識別している。そして、この条文の場合、現行法でも232条2項であるから現行法

---

29) http://hourei.ndl.go.jp/SearchSys/ を参照。

は空欄となっている。

　表を見ると，財源保障に関わる条文は3つあるが，これ以外の財源保障をサポートする規定から見ていく。地方財政法18条は国庫支出金を伴う経費を適切に算定することを政府に義務付ける規定であり，地方交付税法7条は地方団体の歳出がその歳入で担保できるかを評価する仕組みとして地方財政計画を策定することを規定している。地方財政計画は国の予算編成の段階で策定されるが，その際地方制度の所管省庁に対し，自治省と予算案について事前協議を義務付けているのが地方財政法22条である。加えて，地方団体の財政負担を伴う新たな事務を委任する法案も自治省と事前協議を行う必要があり，これを同法21条で定めている。これらの規定によって委任事務の経費が地方団体に不当に転嫁され，地方自治が脅かされることがないように事業量や財源をコントロールするのである。そして，このチェック機能を自治省に与えている。さらに地方財政計画の歳入と歳出に著しい乖離が発生した場合には地方交付税法の6条の3第2項によって交付税率の変更を行うか，制度の見直しを進めることで財源保障を回復させる規定も置かれている。

　次に財源保障の規定であるが，委任事務に対する財源保障は地方自治法232条2項が根拠となる。同項は委任事務について「国は，そのために要する経費の財源につき必要な措置を講じなければならない」と記している。これを字義通りに捉えると，単に財源措置を義務付けただけで財源保障を義務付けたものでないと解釈できる。財源保障の根拠規定であることを確認するには逐条解説を見る必要があるが，さらに財源保障制度である地方財政平衡交付金制度の時期にまでさかのぼらなければならない。同項が依然229条であった時期である。若林（1951）は同規定について，委任事務に対する財源措置を「法律上明定して財源保障を政府の義務とした趣旨と解する」[30]と述べている[31]。地方交付税制度に移行すると，財源保障の考え方が後退したこともあって逐条解説にこの種の明確な記述は見られなくなる。それでも委任事務に対する財源保障に根拠を与える規定として継続していたと判断しうる理由は，条文に本質的な改正がないこと[32]，地方交付税制度が財源保障機能を具備して継続されてきた

---

30) 若林（1951）329頁参照。
31) 自治省が総理庁官房自治課と呼ばれた時期に刊行された。

ことなどが指摘できる。229条は地方自治の最高法規において独立性の高い内容となっているから，他の法律の改正によって解釈が変更されることは考えにくい。この状況で条文に本質的な修正がない以上，基本的な内容に関する解釈は維持されていると考えるべきだろう。しかも，この条文が財源保障を放棄すると，地方交付税制度が財源保障機能を維持する根拠を失うことも重要である。地方交付税制度が財源保障機能を維持していたのはこの条文が委任事務に対する財源保障に根拠を与えていたことを示している。これより232条2項は国に委任事務の財源保障を義務付けたものであり，これを踏まえ，地方財政法13条1項は改めて新たな事務を対象に財源保障を講じることを謳っている。

これに対し，公共事務（固有事務）と行政事務には直接これらを対象とする財源保障の規定はない。地方交付税法2条7号[33]は需要額の算出に用いる単位費用の定義を記したものであるが，この中で財源保障の対象となる事務は「標準的条件を備えた地方団体が合理的，かつ，妥当な水準において地方行政を行う場合又は標準的な施設を維持する場合」となっている。これは公共事務（固有事務）と行政事務に限定したものでないが，少なくともこれらの事務では合理的で妥当な水準と標準的な施設整備に対して財源保障が講じられてきたことが分かる。これらが地方財政制度の基本法に規定されている財源保障に関する内容である。

3.3.2 具体的な財源措置の方法

地方交付税法2条7号は単位費用を「道府県又は市町村ごとに，標準的条件を備えた地方団体が合理的，かつ，妥当な水準において地方行政を行う場合又は標準的な施設を維持する場合に要する経費を基準とし，補助金，負担金，手数料，使用料，分担金その他これらに類する収入及び地方税の収入のうち収入額に相当するもの以外のものを財源とすべき部分を除いて算定した各測定単位

---

32) 若林（1951）以降同条は52年と63年に改正されている。52年は，委任事務を法定事務に移行することと，教育委員会などへの委任事務が財源保障の対象になることを明確にするために行われた。また，63年の改正は229条が232条2項に移動しただけで内容に関する改正は行われていない。

33) 地方交付税法成立時には14条であったが，52年改正によって2条となった。

の単位当りの費用」と定義している。この条文を簡潔に説明したものが3.3.1項冒頭の財源保障の定義であるが，さらにこの規定から財源措置は次のように説明できる。すなわち，合理的で妥当な水準の行政サービスを提供するために必要な事業費を補助金，負担金，手数料，使用料，分担金などで充当し，それでも発生する不足額[34]を収入額と普通交付税で補塡する。従って，政府が講じる財源措置としては収入額と普通交付税，補助金，負担金，手数料，使用料，分担金となるが，収入額は地方税，地方譲与税，各種交付金から計算されるからこれらも財源措置に加えられることになる。これより同号は政府の財源措置として地方税，地方譲与税，各種交付金，普通交付税，国庫支出金，手数料，使用料，分担金を挙げていることが分かる。

このように財源保障を前提とした財源措置では事業費全体が対象となるため，政府から地方団体に移転される財源に留まらず，地方団体の固有財源もその対象になっているところに特徴がある。財源保障を前提としなければ，経費を部分的に補塡すればよいから財源措置には政府から移転可能な財源，例えば地方譲与税や国庫支出金，各種交付金などを挙げればよい[35]。財源保障の有無によって政府の財源措置は，地方団体の固有財源にまで及ぶか，移転財源の範囲に留まるかが決まるから，個々の財源措置は財源保障を前提としているか否かを判断する上でも重要である。

一方，地方自治法232条2項は財源措置を明定していないが，長野（1995）は地方税や国庫支出金，起債，手数料徴収権の賦与を挙げ，地方交付税措置もこれに加えている[36]。これより委任事務に対する財源措置として，同項は地方税や地方交付税，国庫支出金，地方債，手数料を想定している。このように財源措置が地方の固有財源にまで及んでいることは，この条文が依然委任事務に対する財源保障に根拠を与える規定であったことを示している。

財源保障を行うための財源措置を具体的に見ていくと，地方財政計画に計上されるほぼすべての歳入項目を網羅していることが分かる。このことは地方財

---

34) これが需要額あるいは需要額の総額のことである。
35) 財政調整制度であった地方分与税の時期には必要な措置として補助金，交付金，地方分与税が挙げられ，移転財源に限られていた（第2章5.1.3項参照）。
36) 長野（1995）731頁参照。

政計画の役割がこの2つの条文と結び付いて財源保障を実現していく仕組みであることを示唆している。この点は第4節でその内容を具体的に確認していきたい。

3.3.3 財源保障の対象となる事務

法律の規定から財源保障の対象となる事務が，委任事務はすべて，公共事務（固有事務）と行政事務は合理的かつ妥当な水準の事務や標準的な施設整備であることを見てきた。この財源保障の対象を地方交付税制度の運用から特定していくことは本研究の重要な課題の1つとなっている。このため，既存文献を踏まえて財源保障の対象をもう少し整理してみたい。

地方自治法2条2項では99年の法改正まで地方の事務を「公共事務及び法律又はこれに基づく政令により普通地方公共団体に属するものの外，その区域内におけるその他の行政事務で国の事務に属しないもの」と説明していた。これから地方の事務は公共事務（固有事務），法律に基づく事務，行政事務の3つとされてきた。ここで単純にこの法律に基づく事務を団体委任事務とすると，同法232条2項によって団体委任事務に国が財源措置を実施することになる。この解釈に従えば，表1-2で団体委任事務を「団体委任事務」と表記する必要はないし，法定事務と委任事務を別々に定義する必要もない。ところが，長野（1995）では公共事務（固有事務）に法律に基づく事務を含めた上で団体委任事務と並列に置いたため，財源保障の議論は複雑な手続きを経ることになる。

長野（1995）では公共事務（固有事務）が選挙や条例，徴税など「組織及び財務に関する事務等その維持存立自体の事務」を含むとしているが，これらは法律に基づく事務である。この解釈では，これらの法定事務は団体委任事務ではないから232条2項に基づく財源保障の対象から除外される。公共事務（固有事務），委任事務，行政事務を議論している小林（1951）は，この問題を取り上げ，法律による義務付けがあり，地方団体の財政に影響を与えるものは公共事務（固有事務）でも財源の裏付けを考慮する必要があると述べている[37]。

---

37) 小林（1951）15-16頁参照。

このことは法定事務を公共事務（固有事務）と団体委任事務に分割した結果，財源保障の対象から外れた法定事務を再び財源保障の対象に繰り入れる必要があることを指摘したものである。

同項が導入された後しばらくの間は，委任事務に限ってみても財源保障が確保されることはなく，232条2項は空文化していた[38]。法律上財源が保障されるはずの委任事務ではその多くの財源が全く保障されていなかったのである。ところがその一方で，公共事務（固有事務）に分類されている法定事務は選挙事務や徴税事務などであったため，法律上は財源保障の対象になっていないのにその経費は需要額に算入され，財源が措置されていた。法律上財源保障が義務付けられた事務では財源が措置されず，法律上財源保障の義務付けのない事務で財源が措置されていたのである。これは地方の事務で法定事務を分割した結果必然的に発生した問題であったが，法制度上深刻な矛盾を生んでもいたのである。小林（1951）はこの問題を解消することを示唆していたと言えるだろう。

実際この問題は52年の法改正で小林（1951）の説明に従ってほぼ解決されている。地方財政平衡交付金法改正によって公共事務（固有事務）の法定事務が財源保障の対象に組み込まれたのである。地方交付税法2条7号の上記条文はこの改正によって導入されたもので，単位費用の算定対象が「合理的，かつ，妥当な水準において地方行政を行う場合又は標準的な施設を維持する場合」と明記された。合理的で妥当な水準の事務や標準的な施設という定義に従えば，法定事務はこの条件を充足する。国会の承認を経て提供される全国的な事務は合理的で妥当であり，標準的と解釈できるからである。この改正によって除外されていた法定事務を財源保障の対象としたのである。

同時に地方自治法では委任事務を法定事務に移行する手続きが取られている。この時期委任事務には法律以外を根拠とした事務が存在した[39]。このため，地方財政平衡交付金法で法定事務を財源保障の対象とする一方で，地方自

38）藤田（1976）68頁参照。なお，第2章でこの問題については扱っている。
39）地方自治法では委任事務は法律を根拠としているが，地方自治法の立法以前に成立した委任事務には命令を根拠としたものが存在していた。この改正は過去にさかのぼって見直しを進めたものである。

治法ではすべての委任事務を法定事務に移行させ，法律間の整合性を担保する措置が取られている。

　52年の法改正は独立直後に実施されたもので，戦後改革の延長線上に位置付けられる[40]。戦後改革では戦前の国政委任事務を地方団体にいかに執行させるかを腐心していた。この法改正で国政委任事務は法定事務に移行し，その上で財源保障の対象となっている。これによって政府には法定事務の財源措置が義務付けられるが，義務付けられたことで法定事務に優先的に財源を付与する体制が整えられたとも言えるだろう。しかも，この時点で既に地方財政制度の基本法では法定事務の執行を地方団体に義務付けていた。52年の法改正によって法定事務を執行するための仕組みがほぼ完成したことになるが，これは戦前の国政委任事務を戦後のシステムの中で担保していく仕組みであった。そして，この仕組みは戦前とは異なり，財源保障という財政制度を前提としたものであった。このことが地方交付税法を地方財政制度の基本法に位置付ける理由であり，その運用において法定事務が重視されていく理由でもあった。本研究はこの詳細を検証あるいは確認していくことを主な目的としているが，その前にもう一方の法定事務の執行に関する規定を基本法から確認していこう。

3.4　法定事務の執行に関わる規定

　地方団体に対する法定事務の執行に関わる基本法の規定をまとめたものが表1-4である。なお，ここでは99年時点の法律の条文を前提に整理し，地方団体にペナルティを課すなど国の関与がある場合に網掛けを付けている。「確立年」と「現行法」は表1-3と同じ意味で，現行法にある×印は現在廃止された条文である。

　法定事務の執行に関する条文の多くは法定事務の財源保障が整う52年以前に既に整備され，長期的に維持されてきたことが分かる。このうち，執行の義務付けとこれに関連する条文をまず見ていこう。

---

[40] 戦後の地方財政制度は52年の法改正によって概ね確立している。さらに54年の警察法改正，55年の地方財政再建促進特別措置法，56年の地方自治法改正と地方教育行政の組織及び運営に関する法律の成立によって地方制度における戦後改革は終了している。これについては第2章で補足する。

表1-4 法定事務の執行と国の関与に関する法的根拠(99年時点)

法　律		条　文　の　概　要	確立年	現行法
地方自治法				
149条	2号	普通地方団体の長に予算の調製権,執行権を付与	(63)	
150条		機関委任事務の監督権限の規定	47	×
151条の2		機関委任事務に対する職務執行命令訴訟に関する規定	91	245条の8
177条	2項	議会が法定事務の経費を削除,減額した場合,普通地方団体の長による再議の義務付け	47	同条1項
	3項	法定事務の経費計上に対する普通地方団体の長の優先	47	同条2項
232条	1項	地方団体に対する法定事務の経費支出の義務付け	47	
地方財政法				
3条	1項	法令に従い合理的に予算を編成することを地方団体に義務付け	48	
25条	2項	国庫支出金の不正使用に対する返還命令の規定	48	
26条		不適切な財政運営に対する地方交付税の返還命令の規定	48	
地方交付税法				
3条	3項	法律に基づく水準確保の義務付け	52	
20条の2	1項	地方団体が法定事務を怠っている場合の関係省庁による是正勧告の規定	52	
	3項	是正が行われない場合における地方交付税の減額あるいは返還に関する規定	52	

注1:網掛けが国の関与に関わる規定である。
注2:151条の2は91年に導入されたが,これ以前は146条で機関委任事務を怠った場合に対し,首長を罷免できる規定があった。
資料:国立国会図書館HP[41],地方自治小六法

　地方自治法では232条1項により法定事務に対する経費支出を義務付けているが,そのための予算の調製は同法149条2号により都道府県知事と市町村長が行うことになっている。予算案の提出権は首長のみの権限である。首長が提

---

41) 注29参照。

出した予算案に対し，議会が法定事務に対する予算を削除あるいは減額した場合には，177条2項の規定から理由を付けて再議を求めることを首長に義務付けている。しかも，再議に掛けた結果，依然削除，減額が継続する場合には議会の議決を無視して，首長が予算に計上し，執行することができるのである。このことは，法定事務に限れば，議会はほとんど権限を持っていないに等しく，執行機関に権限が集中していることが分かる[42]。そして，地方財政法3条で法令に従って合理的に予算を編成すること，地方交付税法3条3項で法律が求める行政水準を確保することも地方団体（執行機関）に義務付けられ，国の規定に従って法定事務を処理する仕組みを法的にも担保してきた。これらの規定は単に国の事務である機関委任事務に限った制約ではなく，法定事務を対象としている。

　法定事務の執行に対する国の関与規定は6件あり，3つの法律に2件ずつ分散している。地方自治法では機関委任事務を対象に2つの規定を置き，150条で機関委任事務に対して都道府県知事は主務大臣，市町村長は主務大臣または都道府県知事の指揮監督を受けると説明されている。そして，151条の2では機関委任事務の実施を怠ると，裁判などの手続きを経て代執行までが可能になる仕組みが整備されている。法定事務に関しては専ら首長に権限を集中させ，その上で機関委任事務に限定しているが，かなり強力な関与を可能としている。99年時点では裁判手続きや代執行となっているが[43]，91年までは都道府県知事は内閣総理大臣が，市町村長であれば，都道府県知事が罷免できる規定があった。これは146条で，これによって法定事務の権限が集中した首長をコントロールし，法定事務の実効性を担保する仕組みを構築してきたのである。

　さらに地方財政法では，25条で国庫支出金の不正使用などに対して国が地

---

42) 自治大学校（1960）には，戦前の地方行政に関して，「予算を調製するのは知事の専属的権限であり，議会としては，極めて狭い制限された範囲においてこれを拒否することができた」とある（同書の111頁参照）。これは177条の規定が戦前の仕組みに準じていた可能性を示している。
43) 地方自治法の現行法では機関委任事務が廃止されたが，151条の2は法定受託事務を対象に継続している。また，団体委任事務に対しては245条によって従来設定されていなかった代執行などの規定が自治事務に拡大されており，団体委任事務に限れば，その規制は強化されている。

方団体に資金の返還などを命じることができる条文があり，26条には法令違反に伴う地方交付税の減額，返還を可能にする規定がある。26条は，「地方公共団体が法令の規定に違背して著しく多額の経費を支出」するか，「確保すべき収入の徴収等を怠った場合」を対象に地方交付税の減額あるいは返還を命じることができるとしている。これを踏まえて地方交付税法では20条の2で法定事務を対象とした同種の規定を置いている。ここでは所管省庁が法定事務の実施を怠っている地方団体に対して第1項で是正勧告を行うことができるとし，さらに第3項で是正勧告に従わない場合には地方交付税の減額あるいは返還を自治大臣に請求できると説明している。地方財政法，地方交付税法とも，法律の規定に従わない場合，国庫支出金や地方交付税の減額，返還という財政面からのペナルティを地方団体に課すことができる仕組みとなっている。

　地方自治法，地方財政法，地方交付税法は国に財源保障を義務付ける一方で，法定事務の執行を担保する仕組みを整備してきた。本来財源保障の仕組みは地方自治に対する国の脅威を取り除くため，地方団体の独立性を維持することを目的としていた。しかも，法定事務の執行を担保する仕組みとは独立して整備されたが，地方財政制度の現状は3つの法律が分担しながら，これら2つの仕組みを組み合わせることで法定事務の強固な執行体制を構築してきたように見える。これが地方財政制度の基本法によって作り出された構造であるとすれば，法律からこれを明示的に示したことがまず本研究と先行研究の大きく異なるアプローチであると言えるだろう。そして，この構造は本研究にとって検討の前提であり，一方でその詳細を検証することは本研究の重要な目的にもなっている。

4. 地方交付税制度における財源保障機能の仕組み

　地方財政制度の基本法の規定を見ていくと，国が立法化した法定事務は地方団体を介して実現されることを意図していたと言える。基本法の主旨は法定事務を法律に従って処理するところにあり，法定事務に対する執行の義務付けと財源保障はその実現のための重要な手段となっている。このうち，財源保障を担ってきたのが地方交付税制度であり，従って当該制度は財源保障機能を実現

することをその使命としていた。本節の目的は地方交付税制度におけるこの財源保障機能の概念を明らかにするとともに，これを実現するための仕組みについて概観していくことにある。

4.1 ルールに基づく運用の重要性

　前節の基本法の規定は地方交付税制度の財源保障機能に反映する一方，制度運用にも影響を与えてきた。これを検証することは本研究の目的の１つであるが，基本法は制度運用をルール化する役割も担ってきた。しかも，地方交付税制度の場合，財源保障機能が存在したため，制度の影響が広範なものとなり，このため運用をルール化する必要にも迫られてきた。地方交付税制度の財源保障機能を明らかにする前に，地方交付税制度がルールに基づく運用を重視してきた理由を３つ取り上げ，まずこれを見ていく。

　１つは財源保障制度の制御に関わる問題である。通常財源保障制度は大規模になると，制度への依存が高まるから地方団体の意向に従えば，財源保障の対象は拡大していく。財源保障の拡大は財政負担の増大となり，これが膨張すると，国の財政運営に深刻な支障をきたす。このため，財源保障の対象となる地方団体や事務をいかに抽出するか，サービスの範囲やその水準をどう設定するかなど，事前に客観的な基準を設定し，制度を管理していく必要に迫られる。このため，通常の制度と異なり，財源保障制度の場合，多くのルールが設定されることはほとんど避けられない。

　２つめは関係省庁との問題である。新たに事務を地方に委任しようとすれば，自治省，大蔵省，所管省庁で様々な調整が行われる。その際，全く基準がないまま，各省庁の意見を取り入れていたら地方交付税制度に大きな矛盾をきたす可能性は高い。算入されている事務に脈絡がなければ，制度としての妥当性を問われかねない。こうした問題を回避するためには事前にある程度ルールを設定して運用する必要があり，こうしたルールが制度を長期的に維持するためには不可欠であろう。

　３つめは自治省のマンパワーの問題である。例えば，80年の自治省の職員数は全体で630人，本省391名で全省の中で最も小さく，これは際立っている。財政局の職員数は97人で，ここに６課１室が設置されていた[44]。地方交付税

制度の運用を単独の課が担っているわけではないとしても，同種の業務を担う大蔵省主計局が353人であるからその事務処理能力には大きな制約がある。地方財政計画の策定から3,000を超える地方団体に地方交付税を配分していく作業は，とりわけコンピューターが普及していない時代には膨大な作業量であったはずである。この状況で算定方法も，積算単価も事務ごとにバラバラに設定されていれば，自治省の事務処理能力を超え，制度が破綻することは目に見えている。このことからも運用のルール化は避けられない問題であったと考えられる。

地方交付税制度はすべての地方団体を網羅した大規模な財源保障制度であるから，ここでの指摘は強い制約として制度に反映してきた可能性は高い。特に自治省の事務処理能力の制約を考えれば，フリーハンドの運用を多く導入することは現実的ではない。このため，大蔵省以上に機械的な運用を選択するインセンティブがある。こうした状況を勘案すれば，地方交付税制度の運用は法律などのルールを重視せざるを得ず，このことは財源保障機能にも反映している。当然のことではあるが，特に地方交付税法の規定は重要であり，次項では財源保障機能の概念を明確にしつつ，この点を確認していく。

4.2 財源保障機能と財政調整機能の概念

地方交付税制度における財源保障機能と財政調整機能は制度の史的変遷から捉えると理解しやすい。地方交付税制度の財源保障機能は地方財政平衡交付金制度を引き継いだところにあり，財政調整機能は地方配付税制度に由来している。前者は事務の経費を完全補填することを前提としていたが，後者は国税の一定割合を地方団体の財政力や行政需要に合わせて配分する仕組みであった。地方配付税制度では事務の執行に必要な財源を充足するかは問題ではなく，財政力を考慮して資金配分しているかが重要であった。端的に言えば，これは制度設計の問題であり，制度で財政調整が考慮されていれば，常に財政調整機能は担保されることになる。この点，地方財政平衡交付金制度や地方交付税制度は地方団体の財源不足額に応じて資金を配分しているため，常にこの機能は担

---

44) 行政管理研究センター編（1980）213頁参照。

保されている。

　このように財政調整機能が制度設計に依存するのに対し，財源保障機能の成立は以下の式に従うことになる。ここで，普通交付税の総額とは国税の一定割合のことであり，財源不足総額とは財源不足額[45]を地方団体で合算した値を意味している。

　　財源保障機能が成立する条件：
　　　　普通交付税の総額 ≧ 財源不足総額　　　　　　　（式1.1）

　財源保障機能は普通交付税の総額が財源不足総額を上回る場合に成立する。これは極めて単純な条件であり，これより財政調整を考慮した制度であれば，さらに式1.1を満たすことで，財源保障機能と財政調整機能の双方が充足されることになる。だが，式1.1を満たさなければ，その制度は財政調整機能しか働いていないことになる。これが財源保障機能と財政調整機能の基本的な捉え方である。

　完全な財源保障制度であった地方財政平衡交付金制度では必ず式1.1を満たす必要があったが，財政調整制度の地方配付税制度では式1.1を満たす必要はない。地方交付税制度は財源保障制度であるから式1.1を充足する必要があるが，財源が国税の一定割合と決まっているため，常に式1.1を充足するとは限らない。この問題に対処するため，地方交付税法では6条の3第2項の規定を置き，地方財政平衡交付金制度とは異なる，長期的な観点から財源保障機能を維持していく仕組みを導入している。

　この条文は財源不足総額と普通交付税の総額に著しい乖離が生じ，これが継続していく場合には，交付税率の改正，あるいは地方制度の見直しを義務付けている[46]。これによって地方交付税制度では，本来式1.1を充足しなければ成立しない財源保障機能の条件を大幅に緩和している。すなわち，財源不足総額と普通交付税の総額に著しい乖離がなければ，式1.1を満たさなくても財源保

45）地方交付税法10条2項による。
46）この条文は第2章で扱うが，財源不足総額と普通交付税の総額に10%以上の乖離があり，これが2年継続し，さらに将来にも続くと見込まれる場合には交付税率の引き上げか，地方制度の改正を実施すると解釈されている。

障機能が成立していると解釈する。さらにこの緩和された財源保障機能が成立しない場合でも，これが継続しなければ，容認しているのである。しかし，この財源保障機能との著しい乖離が一定期間を経たのちも継続する場合には，交付税率の改正，地方制度の見直しによって財源保障機能を回復しなければならない。このように6条の3第2項によって地方交付税制度では式1.1を拡張した財源保障機能の成立条件を規定している。その上で成立条件が充足されない場合の猶予期間を示し，猶予期間を経過した場合の財源保障機能の回復方法を明示している。この意味で6条の3第2項は地方交付税制度の財源保障機能にとって重要な規定となっている。

地方財政平衡交付金制度は，毎年度財源保障機能を充足しなければならない完全な財源保障制度であった。これに対し，地方交付税制度は緩和した財源保障機能を充足すればよく，しかも単年度ではこの財源保障機能ですら成立していないことがありうる。しかし，これが恒常的になると，もはや財源保障機能を具備した制度とは言えなくなるとして一定期間で交付税率の見直しや地方制度の改正によって財源保障機能を回復する手続きを導入している。地方交付税制度では，このように財源保障機能が成立しない場合があるため，財政調整機能と財源保障機能の2本立てが採用され，また長期的に財源保障機能を維持する制度となっているのである。

4.3　財源保障を実現するための仕組み

地方交付税制度では法定事務に対する財源保障を実現するために2つの仕組みを導入している。1つは個々の事務ごとに実施される地方財政措置であり，2つめはこれらの事務を統合して評価する地方財政計画である。地方財政措置は委任事務に対しては地方自治法232条2項が，法定事務には地方交付税法2条7号が根拠となっている。地方財政計画は表1-3で指摘したように同法7条を根拠に策定されている。財源保障を確保する上で重要な役割を果たしてきたこれら2つの仕組みについて見ていく。

4.3.1　地籍調査事業と市町村長選挙における地方財政措置

委任事務の例として地方財政法10条24号の地籍調査事業における地方財政

措置を取り上げる。地籍調査事業は国土調査法に基づく事業で，その目的は民間の土地1筆1筆を測量してその成果を不動産登記簿の地図に反映させることにある。

　国土調査法は都道府県と市町村に機関委任事務と団体委任事務を設定しているが，主な事業主体は市町村である。この事業は地方財政法で国が積極的に経費を負担しなければならない事業に指定されているため，同法第11条により事業費の算定方法が法律または政令によって定められている。この算定方法に従って事業費が決定されると，市町村が事業を実施する場合，この事業費に対する地方財政措置は図1-1のようになる[47]。

　経費は国が2分の1，都道府県と市町村がそれぞれ4分の1ずつ負担することになっているが，特別交付税に関する省令3条3号イ40により地方負担の80％は特別財政需要額に算入され，特別交付税で措置される。これより地方交付税の交付団体であれば，市町村あるいは都道府県が自らの税収などから支出するのは全事業費の5％となる。

　次に市町村長選挙事務を対象に地方財政措置の実態を見ていく。市町村長選挙は公職選挙法を根拠とした公共事務（固有事務）である。

　市町村長選挙は任期満了まで務めると4年に1回実施されることになる。し

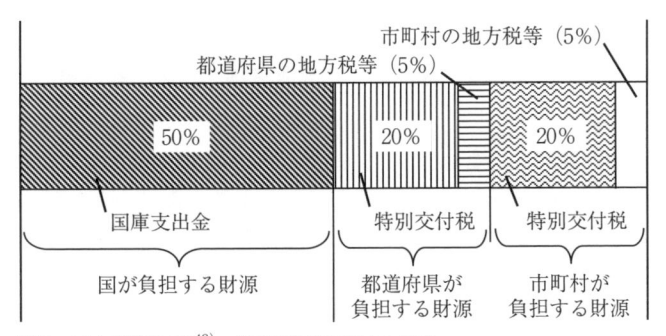

資料：国土交通省HP[48]，特別交付税に関する省令

図1-1　市町村の地籍調査事業に対する財源措置

---

47) 1999年時点である。
48) 地籍調査HPを参照。〈http://www.chiseki.go.jp/〉

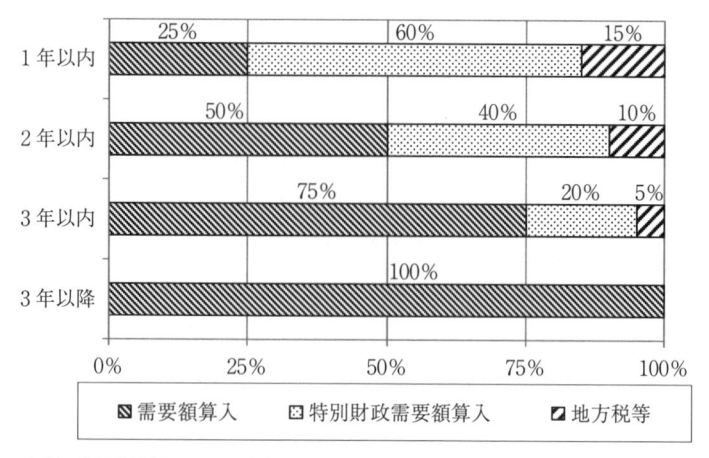

	需要額算入	特別財政需要額算入	地方税等
1年以内	25%	60%	15%
2年以内	50%	40%	10%
3年以内	75%	20%	5%
3年以降	100%		

資料：特別交付税に関する省令

図1-2　市町村長選挙に対する財源措置

かし，市町村長の個人的な理由などから途中で辞任すると，4年を待たずして選挙が行われる。

市町村長選挙に対する地方財政措置は直前の選挙からの期間で図1-2に示すように異なってくる。これは1回の選挙費用を4等分して各年度の需要額に算入しているからである。3年以内に選挙が行われると，需要額に算入されていない年度分の80％が特別財政需要額に算入される。例えば2年以内の場合，50％が需要額，40％が特別財政需要額に算入され，10％が地方税等から補充されることになる[49]。

需要額に算入される場合には，人口10万人の都市が行う選挙費用を4分割したものが単位費用に算入され，他の人口規模の市町村長選挙の経費も単位費用に測定単位，補正係数を乗じることで決定されている。

一方，特別交付税で支払われる場合には選挙を実施する市町村の有権者数と投票所数，開票所数に対してそれぞれ設定されている単価を乗じ，前回選挙からの期間を考慮して特別財政需要額が決定される[50]。市町村長選挙は公共事務

---

[49] 99年時点の特別交付税に関する省令3条3号イ13の規定による。
[50] 不交付団体などには別途減額措置が講じられることがあるため，必ずしも算定された全額が支払われるわけではない。これは地籍調査の場合も同様である。

（固有事務）に分類されているが，それでも必要となる事務経費の算出方法は明確に定められ，地籍調査事業と全く変わらない。しかも，財源が詳細に決まっているのも同じである。

このように地方交付税制度では財源保障を行うために個々の事務ごとに地方財政措置を実施しており，これによって事業費の算定方法を確立し，財源措置の具体的内容を決定している。この仕組みは法定事務が提供するサービス水準に合わせ，市町村ごとに事業費を決定し，しかも充当される財源とその額も明確にできるところに特徴がある。この構造が個々の事務ごとに市町村レベルの財源保障を行っている。地方財政措置は地方財政計画に計上される法定事務に共通した手続きで，この仕組みによって地方交付税制度は財源保障をより円滑に実施できるようにしている。

4.3.2 財源保障機能に対する地方財政計画の役割

個別の事務ごとに事業費を算出し，その事業費をいかなる財源で確保するかを細かく規定しても，これらの経費を積み上げたときに十分な財源が確保できるとは限らない。新規事務では既述した地方財政法13条と21条の規定から関係省庁で調整することになるが，その際大蔵省はできるだけ地方税収で財源措置を行うことを主張するだろう。しかし，全額地方税収で措置する規定は単なる画餅に過ぎない。

積み上げられた経費が実現可能かどうかを評価するのが地方財政計画である[51]。例えば，99年度の地方財政計画を示すと表1-5になるが，これは地方全体を対象としている。このうち，歳出に計上されている経費のほとんどが財源保障の対象となる法定事務である。これに対し，歳入ではその項目が地方自治法や地方交付税法で設定され，標準的な条件で算定した地方税収や，補助事業に伴う国庫支出金，調達できる地方債収入などが計上されている。

ここで地方財政計画の機能を簡便に説明してみたい。例えば地籍調査のような国庫支出金を伴う事業の場合，大蔵省と所管省庁が国庫支出金を決定すると，総事業費と財源は自動的に決まる。地籍調査の場合，仮に国庫支出金が

---

51) 公営企業特別会計に計上される委任事務はこの限りではない。

10億円なら，総事業費は20億円，財源は国庫支出金の他，特別交付税8億円[52]，地方税等2億円と決まってしまう。この仕組みは定率の国庫支出金を伴う事務に共通したもので，投資的経費でも同様である。この場合，財源として地方債なども加わるが，国庫支出金が計上されると，自動的にこれらの経費が地方財政計画に計上されることになる。

これに対して，国庫支出金を伴わない場合，その例は市町村長選挙である。市町村長選挙では特別交付税で措置される場合があり，この時事業費は有権者数，投票所数，開票所数に単価を乗じて求めることになる。これを利用すると，全国の値を代入することで全国の市町村長選挙の事業費を算出することができる。そして，その4分の1が地方財政計画の歳出に計上され，財源には地方税等が充当されることになる。

法定事務では地方財政措置で事業費の算出方法や財源措置を細かく決めることができるから，国の予算編成で国庫支出金などが決定されると，地方財政計画の歳入と歳出はほぼ自動的に決定していく。また，国庫支出金を伴わない事務であれば，個々に事業費を算出することで，これが歳出に計上され，その財源が歳入に集計される。こうして財源保障の対象となる事務を積み上げ，その他調整的な経費を決定すると，地方財政計画は財源保障の評価へと移っていく。

大蔵省が予算編成の過程で交付税財源となる国税の見通しを立てると，地方交付税は自動的に決定する。これより普通交付税が仮に20兆円であったとしよう。地方財政計画の歳出が60兆円，歳入が41兆円であれば，普通交付税は財源不足を充足するから，このとき地方交付税制度は財源保障機能を満たしている。この場合，19兆円を普通交付税として配分し，1兆円を特別交付税として分配していく。これに対して，歳出が60兆円，歳入が39兆円の場合には，地方交付税は法的に財源保障機能を充足しているものの，財源不足額を充足できない。この時は20兆円を財源不足額に応じて個々の地方団体に支出し，不足分の1兆円は地方団体の努力で節約することになる。

極めて簡単に説明すれば，財源保障制度としての地方交付税制度はこれらの

---

52) 特別交付税も財政調整機能を具備しているから，正確にはこの8億円は特別財政需要額に算入される額で，配分される額ではない。

表1-5 99年度における地方財政計画　　　　　　　　　　　　　　　　　　単位：億円

歳　　入		歳　　出	
地方税	352,957	給与関係経費	236,922
普通税	318,216	給与費	235,972
目的税	34,741	恩給費	950
地方譲与税	6,131	一般行政経費	192,745
地方道路譲与税	2,874	国庫補助負担金等を伴うもの	86,523
石油ガス譲与税	152	生活保護費	15,314
航空機燃料譲与税	163	児童保護費	14,602
自動車重量譲与税	2,830	老人保護費	9,028
特別とん譲与税	112	老人医療給付費	11,514
地方特例交付税	6,399	児童扶養手当給付費	3,011
地方交付税	208,642	在宅福祉事業費	6,252
国庫支出金	132,359	その他の一般行政経費	26,802
義務教育職員給与費負担金	30,404	国庫補助負担金を伴わないもの	106,222
その他普通補助負担等	45,563	公債費	113,882
生活保護費負担金	11,499	維持補修費	9,870
児童保護費等負担金	7,272	投資的経費	294,788
老人保護費負担金	4,453	直轄事業負担金	11,708
児童扶養手当給付費負担金	2,258	公共事業費	89,817
在宅福祉事業費補助金	3,111	失業対策事業費	263
その他の補助負担金等	16,970	一般事業費	48,264
公共事業費補助負担金	46,461	特別事業費	144,736
普通建設事業費補助負担金	46,108	長期計画事業費	60,388
災害復旧事業費補助負担金	353	過密過疎対策事業費	18,402
失業対策事業費負担金	153	広域市町村圏等振興整備事業費	3,114
国有提供施設等所在市町村助成交付金	232	地域活力創出プラン関連事業費	7,500
		ふるさとづくり事業費	11,650
施設等所在市町村調整交付金	60	地域総合整備特別対策事業費	6,520
交通安全対策特別交付金	890	都市生活環境整備特別対策事業費	3,664
電源立地促進対策等交付金	1,638	緊急防災基盤整備事業費	2,820
特定防衛施設周辺整備調整交付金	125	特別単独事業費	21,867
特別行動委員会関係特定防衛施設周辺整備調整交付金	44	臨時経済対策事業費	8,000
		自然災害防止事業費	811
石油貯蔵施設立地対策等交付金	73	公営企業繰出金	32,709
地方道路整備臨時交付金	6,716	収益勘定繰出金	19,273
地方債	112,804	資本勘定繰出金	13,436
使用料及び手数料	15,566	地方交付税の不交付団体における平均水準を超える必要経費	4,400
雑収入	50,458		
歳　入　合　計	885,316	歳　出　合　計	885,316

資料：地方財政要覧

手続きによって運用されてきた。実際には都道府県と市町村を財源超過団体と財源不足団体と捉えて歳入，歳出を推計し，留保財源といった経費を見込むなど，複雑な算定手続を経て決定されている。また，6条の3第2項の規定や地方財政対策など，大蔵省との調整を伴う複雑な交渉も考慮する必要があるが，ここでは最も基本的な場合を取り上げてみた。

4.4 地方交付税の配分方法

地方財政計画の策定が終わると，次にこの計画に計上された地方交付税が普通交付税と特別交付税として個々の地方団体に配分されていく。ここではその方法についてアウトラインを示すが，詳細については必要に応じて各章において説明を加えていきたい。

4.4.1 各市町村の地方交付税額の算定

財源保障機能が働いているケースを例に，個々の市町村の地方交付税額の算出方法を整理していく。なお，本研究の対象は主に2000年度までであることから，ここでは原則として99年時点の法律に従っている。

交付税財源は所得税の32％，法人税34％，酒税32％，消費税29.5％，たばこ税25％[53]で，この比率が交付税率である。交付税財源のうち，96％が普通交付税に，4％が特別交付税に充てられる[54]。特別交付税は普通交付税の補完的な機能を果たし，普通交付税を調整する財源や災害に対応した財源を配分する役割を担っている。

本研究では特別交付税について第3章で簡単に扱う以外には取り上げていない。このため，地方交付税の配分方法は普通交付税を中心に，主に市町村に関して説明していく。これを示すと図1-3のようになるが，これは都道府県の場合も同様である。

各市町村に配分される普通交付税は個々の市町村の需要額と収入額の差額になる。この差額を財源不足額と呼ぶが，これを各地方団体で合算した総額が交付税財源の94％分に一致することはない。財源不足総額と普通交付税の総額

---

53) 地方交付税法6条1項による。
54) 地方交付税法6条の2第2項，3項による。

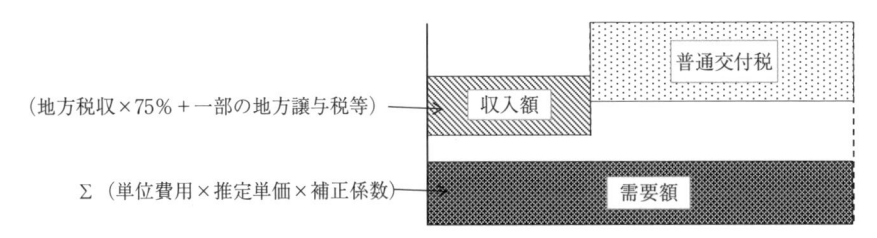

資料：地方交付税法

図1-3　市町村の普通交付税の配分方法

表1-6　需要額の算定に関わる用語

単位費用
人口10万人の標準的な条件を備えた市を想定し，標準的な行政を行うのに必要な一般財源を行政費目ごとに積算し，標準団体の測定単位で除した額のことである。経費は職員数や事業内容を具体的に設定し，国庫支出金，手数料などの特定財源を控除しているが，地方債に関しては単位費用から控除する明示的な規定はない。
測定単位
個別算定経費ごとに事務量を測定する指標のことである。測定単位は，各行政費目の事業量と正の相関性が高い指標の中から，国勢調査などの指定統計や，道路法などで整備が義務付けられた台帳に掲載されている数値など，客観的な数字が採用されている。
補正係数
実際の市町村は気候条件，地理条件，都市化の状況などで財政需要が変化する。こうした財政需要の違いを調整するため，補正する目的ごとの補正係数を導入し，これを測定単位に乗じることで財政需要を調整している。

資料：地方財政小辞典

が完全に独立して算定される以上，これは避けることができない。このため，実際の普通交付税の額はこの交付税財源を財源不足額に応じて配分されたものとなる。なお，本来需要額，収入額，普通交付税，財源不足額は個々の地方団体単位に適用する概念であるが，これらの用語を厳密に区別する必要がない場合に限り，市町村全体や地方団体全体の集計値に対してもこの用語を適用している。

表1-7 市町村における個別算定経費別測定単位

費目／款別費目		経常経費	投資的経費
消防費		人口	
土木費	道路橋りょう費	道路の面積	道路の延長
	港湾費	港湾（漁港を含む）の係留施設の延長	港湾の外郭施設の延長 漁港の外郭施設の延長
	都市計画費	都市計画区域の人口	都市計画区域の人口
	公園費	人口	人口
	下水道費	人口	人口
	その他の土木費	人口	人口
教育費	小学校費	児童数 学級数 学級数	― 学級数 ―
	中学校費	生徒数 学級数 学校数	― 学級数 ―
	高等学校費	教職員数 生徒数	― 生徒数
	その他の教育費	人口 公立幼稚園園児数	人口 ―
厚生費	生活保護費	市部人口	―
	社会福祉費	人口	人口
	保健衛生費	人口	―
	高齢者保健福祉費	65歳以上人口 70歳以上人口	65歳以上人口 ―
	清掃費	人口	人口
産業経済費	農業行政費	農家数	農家数
	商工行政費	人口	―
	その他の産業経済費	林業・水産業・鉱業の従業者数	林業・水産業・鉱業の従業者数
その他の行政費	企画振興費	人口	人口
	徴税費	世帯数	―
	戸籍住民基本台帳費	戸籍数 世帯数	― ―
	その他の諸費	人口 面積	人口 面積

注：「―」は投資的経費の算定が行われていないことを意味している。
資料：地方交付税制度解説（単位費用篇）

4.4.2 需要額の算定方法

　需要額とは，合理的で妥当な水準の行政を行い，標準的な施設を維持するための財政需要を一定の方法によって算出したもので，一般財源を持って賄われる額である。これは経常経費，投資的経費，その他の経費に分けられ，経常経費と投資的経費はさらに費目別に分割され，その内訳に款別費目が設定されている。款別費目ごとの経常経費と投資的経費があり，これが通常需要額算定の最小単位である個別算定経費となる。小学校費など，複数の個別算定経費が設定される場合もあり，これが図1-3にある単位費用と測定単位，補正係数を乗じることで求められる。

　市町村を対象に単位費用や測定単位，補正係数を説明したものが表1-6である。単位費用は地方交付税法12条3項を根拠として，毎年度の計数は同法の別表で定められており，その額は法定されている。

　測定単位は同法12条2項で，測定単位の根拠となる資料についてのみ法定されている。個別算定経費ごとに市町村の測定単位を整理したものが表1-7である。

　これらの事実は単位費用と測定単位が国会の議決を経て決定されてきたことを意味している。これに対して，補正係数は地方交付税法13条各項の規定に従い，自治省令によって決定されている。補正係数の決定に関してしばしば自治省が裁量的に決定しているといった批判が出るのはこの方法に起因している。

4.4.3 収入額の算定方法

　収入額とは，各地方団体の財政力を合理的に測定するため，標準的な状態において徴収が見込まれる税収入を一定の方法によって算定した額である。収入額は，原則として法定外普通税や目的税を除き，税収入見込額，各種交付金の収入見込額，各種譲与税収入見込額などに基準税率を乗じた額を合算したものである。基準税率は市町村の場合，税収入見込額や各種交付金収入見込額については75％，各種譲与税収入見込額の100％である。

　収入額の算定では法定普通税などに，地方交付税法14条に定められている，上記の基準税率を乗じている。この地方交付税の算定で補足されない税収など

は地方団体に留保されることから留保財源と呼ばれる。市町村の基準税率は75%であるから税収の25%が留保財源となるが，これは需要額の算定が行政経費を完全に捕捉できないため，調整財源という意味と，地方団体の徴税努力を促すことが目的とされていた。なお，本研究では上記の25%のことを留保財源比率と呼んでいる。これらの道具立てに従って以下では具体的に検討を行っていく。

第2章

基準財政需要額算定の時代区分と裁量的運用

1. 本章の目的とその前提

1.1 地方財政平衡交付金制度における裁量制

　地方交付税制度は，地方財政平衡交付金制度から基準財政需要額（以下，需要額という）と基準財政収入額（以下，収入額という），財源不足額の概念に加え，それぞれの算定方法を引き継ぎながら，しかし財源不足額に充てる財源は所得税，法人税，酒税の一定割合（以下，この割合のことを交付税率という）と決められた。地方交付税制度の導入は地方財政平衡交付金法の一部改正によって行われている。交付金から税へと制度の性格を大きく転換する修正を一部改正によって行うことには国会でも批判の声が上がった[1]。それでも一部改正によって導入が決定されたことは，その目的，使用する方法などに強い継続性が存在していたことに起因する。この継続性は，地方財政平衡交付金制度が持つ課題を改善した上で，制度としての成熟を高めていくことを選択した自治庁の意図が背景にあったものと考えられる[2]。それほど地方財政平衡交付金制度の運用期間は短すぎたのであり，従って単に構造のみならず，その運用も継続していた可能性が高い。それゆえ，地方財政平衡交付金制度は地方交付税制度の運用を理解する上で示唆に富んでおり，これを概観することから始めたい。

---

1) 1954年4月5日，9日の衆議院地方行政委員会における門司亮議員の発言参照。
2) 地方交付税制度の導入では全文改正か，一部改正かで自治庁内部でも意見の違いがあったことを説明している（石原（2000）68-69頁参照）。また，こうした混乱の影響は54年4月5日の衆議院地方行政委員会の塚田十一郎自治庁長官の答弁などからも窺うことができる。

地方財政平衡交付金制度は連合国最高司令官総司令部（以下，GHQ という）の指示によって導入された地方財政制度であったが，大蔵省が国の一般会計の収支均衡を図るため，平衡交付金の額を抑制していたことが分かっている。地方財政計画の歳入では住民税で超過課税が採用されていると一方的に決めつけて過大な見積もりが行われ，歳出では客観的な検証もないまま地方公務員の給与水準が国家公務員を上回るとして給与関係費の一定額が削減されるといった過少積算が行われていた[3]。地方財政委員会と大蔵省の力関係から平衡交付金の総額は，法律の規定から乖離したこのような方法で決定されていたのである。そして，制度導入当初は単位費用の算定方法が法定されていなかったことも手伝って，この地方財政計画の結果から需要額や収入額が逆算され[4]，単位費用も需要額の総額から割り戻して計算されていた。

　藤田（1976）は地方財政平衡交付金制度に関して都道府県と市町村の事例調査を実施しており，その結果から上記の状況を具体的に確認している。この中で地方財政平衡交付金制度の問題点を5つ指摘しているが，1つは需要額の過少算定で，今1つは収入額の過大見積りであった。さらにこれらの問題の原因は国によって平衡交付金が抑制されたことにあると説明し，地方財政の実態と比べて平衡交付金の総額が過少であること，不安定であることを問題点として指摘している。藤田（1976）は平衡交付金が地方財政の強化に寄与していると評価しつつも，「一般財源の増加はあっても，義務的な事業や行政の実施に精いっぱいで，自主的，任意的な行政の拡充に手を伸ばす余力をもたない。また交付金は，村民の租税負担を積極的に低減するほどの効果[5]を生んでいない」と結論付けている[6]。

　これらの指摘から地方財政平衡交付金制度における需要額算定の実態が見えてくる。まず，国の一般会計における負担能力に応じて平衡交付金の額が決定

---

3) 石原（2000）65 頁参照。
4) 50 年 4 月 28 日の衆議院地方行政委員会における床次徳二議員と奥野誠亮地方自治庁財政課長の質疑を参照。
5) GHQ の戦後改革によって零細な町村の租税負担は拡大していた。例えば，55 年の『国の予算』では義務教育による財政負荷が町村に深刻な影響を与えていたことを示唆している（同書の 130 頁参照）。
6) 藤田（1976）317-318 頁参照。

され，この額に応じて地方財政計画が調整されていく。調整された地方財政計画から需要額が割り出され，需要額を測定単位などから割り戻すことで単位費用を決定する。つまり，支払うことのできる財源を決定した後，これから逆算して単位費用などの計数を調整していったのである。地方財政平衡交付金制度は，「道府県又は市町村ごとに，標準的条件を備えた地方団体が合理的，且つ，妥当な水準において地方行政を行う場合又は標準的な施設を維持する場合に要する経費を基準」[7]に，個々の地方公共団体（以下，地方団体という）の財源不足額を積み上げて平衡交付金の総額を決定する仕組みであった。これによって政府が地方自治を侵害する危険性を排除することが期待されていた。しかし，実態はこのような制度の趣旨とは全く異なるもので，大蔵省の都合を優先した，極端な裁量制に支配されていたと言ってもよいだろう。

1.2 地方交付税制度の裁量可能性

地方交付税制度は，裁量制に支配されていた地方財政平衡交付金制度の構造をそのまま引き継いでいるが，唯一法人税，所得税，酒税の一定割合を地方交付税の財源（以下，交付税財源という）とした点で異なっていた。この変更によって地方財政平衡交付金制度の裁量制にいかなる変化が生じうるか，理論的に検討してみたい。

地方財政平衡交付金制度では需要額や収入額を操作することで平衡交付金を削減できたため，大蔵省は地方財政計画の策定に介入して歳入を過大に，歳出を過少に算定している[8]。しかし，地方交付税制度では収入額を過大にしても国が負担する地方交付税の額は減少しないから大蔵省が収入額の算定に介入するインセンティブは明らかに低下する。需要額でも過少見積もりによる財源の減少が発生することはないから，需要額の算定に対しても大蔵省の介入する余地は著しく低下することが予想される。

---

7) 地方財政平衡交付金法14条，52年以降2条7号の単位費用の規定参照。
8) GHQが米国政府に提出した報告書には大蔵省の地方団体に対する役割が記されている。これによると，地方税に関する事項，地方予算調製の問題，地方債発行に関する事項は大蔵省にも権限がある（自治大学校（1960）117頁参照）。この構造は戦後にも引き継がれているから，この説明は大蔵省の介入というより自治省と大蔵省のコントロール権限の大小関係と捉えるべきかもしれない。

一方，地方団体の場合，この総額決定方法を導入することで，地方交付税の交付団体と不交付団体で異なる思惑が生まれてくる。不交付団体は需要額を適切に算定することを要求するだろうが，地方団体の太宗を占める交付団体は需要額の過少積算をむしろ支持するかもしれない。需要額が適切に算定されれば，財源不足額は増加するため，交付団体は確実に増える。財源が一定である以上，交付団体の拡大は割り当てられる地方交付税の減額を意味する。この方法は従来地方交付税を受け取っていた地方団体や，受け取る可能性のある地方団体，その可能性がほとんどない地方団体で対応が異なる。従って，この制度変更には地方団体の意思統一を図ることを難しくする効果が期待できる。収入額についても交付団体と不交付団体に異なる思惑を生む点で共通している。地方財政平衡交付制度では需要額算定の適正化が地方団体にとって統一要求となりえたが，新たな総額決定方式を導入することで，これを分断する効果が期待できたと考えられる。

地方財政平衡交付金制度は大蔵省が主導権を握り，裁量的にその総額を決定していた。これが地方交付税制度に移行し，新たな総額決定方式を導入したことで，大蔵省による制度介入のインセンティブは著しく低下したと考えられる。地方財政平衡交付金制度では強硬な姿勢を示していた地方団体も統一的な要求行動は難しくなる。制度に積極的に介入していた大蔵省と地方団体の双方が地方交付税制度への関与を低下させれば，結果的に自治省の影響力は高まる。地方財政平衡交付金制度では，需要額算定のコントロール権限はほぼ大蔵省に付与されている状況であったが，地方交付税に移行すると，この権限は相対的に自治省に移っていく。地方交付税制度への移行を理論的に捉えてみると，地方財政平衡交付金制度で大蔵省が裁量的な運用を行っていた段階から，自治省の運用，あるいは自治省による裁量的運用の段階に移行したことを示唆している。これが地方交付税制度に移行した効果であると言えるだろう。

1.3 先行研究の整理

需要額の算定を議論している先行研究で，地方財政平衡交付金制度との関係を扱っている研究を見つけることはできなかった。財政史の視点から藤田（1976）や石原（2000）は地方財政平衡交付金制度や地方交付税制度の需要額算

定に言及している。ただこれらも需要額の算定を比較分析しているわけではない。このため，需要額の算定に関する先行研究は多くが地方交付税制度のみを扱ったものとなっている。

　地方交付税制度に関する需要額算定の先行研究には貝塚・本間他（1986），中井（1988），古川（1995，2005），石原（2000），東（2000），宮島（2001），赤井他（2003），井堀他（2006）などがあり，それぞれ異なるアプローチから需要額の算定を扱っている。貝塚・本間他（1986）と中井（1988），井堀他（2006）は市町村の需要額を回帰分析を利用して検証し，古川（1995）は地方団体の需要額の実績値を費目別構成比などから経年的に分析している。また，石原（2000）は所管省庁の立場から政府の公式資料を整理しつつ，需要額の運用などを議論し，東（2000），宮島（2001），赤井他（2003）は需要額算定の裁量的運用を扱っている。東（2000）と宮島（2001）は需要額と収入額の相関性を指摘しており，赤井他（2003）は破綻しそうな地方団体を救済するため国が需要額を裁量的に拡大させてきたとして需要額の膨張を説明している。

　これらの先行研究のうち，実際の制度を考慮した分析としては古川（1995，2005）があり，ここでは補正係数の経年変化なども扱っている。また，貝塚・本間他（1986），中井（1988）では計量分析を行う際，測定単位などに配慮して説明変数を決めており，加えて制度を考慮した分析も行われている。しかしながら，比較的制度を扱っている古川（1995，2005）でも補正係数などの推移を検証しているに留まっており，この分野の研究の嚆矢としては，まず地方交付税制度における運用結果とその変化を広範に提示することが目的であったと考えられる。

　一方，裁量的運用を扱っている東（2000），宮島（2001），赤井他（2003）では地方交付税法に基づく運用は検証対象ではなく，裁量的運用をそれぞれ特定して議論したり，検証したりしている。この中で東（2000），宮島（2001）（以下，東・宮島論文という）は需要額と収入額の連動性を指摘し，特に宮島（2001）は需要額と収入額の対前年度伸び率を散布図にしているが，これには明らかに相関が存在している。東・宮島論文は需要額全体が拡大してきた理由を端的に説明しているが，ともに地方交付税制度を主なテーマとしていないため，この指摘も十分な検証が伴ったものにはなっていない。需要額が収入額に

則して決定されてきたのであれば，需要額の拡大は収入額に依存してきたことになる。それゆえ，需要額の算定を理解する上でこれらの関係をさらに検証することは十分に意味があると考えられる。

1.4 本章の目的

地方財政平衡交付金制度は個々の地方団体の財源不足額を完全補塡する財源保障制度であった。完全補塡できるだけの財源がないために大蔵省が制度に介入し，需要額や収入額を裁量的に決定していた。こうした運用が地方団体との間に軋轢を生み，混乱を招いたことから，この完全補塡を放棄し，国税3税の一定割合を財源とする地方交付税制度に移行したのである。地方交付税制度は完全補塡を放棄したものの，財源保障機能は維持したため，地方交付税法に6条の3第2項を追加し，長期的な観点からは財源保障機能が維持できるように修正された。

地方交付税制度に移行して需要額算定のコントロール権は自治庁に移動していた可能性は高い。しかし，財源の制約は地方交付税制度に転換しても本質的には変わらない。それゆえ，地方財政平衡交付金制度で採用されていた裁量的運用が継続していたことが考えられる。東・宮島論文では長期的に需要額と収入額に連動性があることを指摘しているが，こうした連動性は収支が極端に不均衡とならないから需要額の算定方法としては有効性があるかもしれない。極端な不均衡が生じれば，地方財政平衡交付金制度と同様に国と地方の深刻な対立に発展する可能性もあっただろう。従って，収支均衡を確保しうる東・宮島論文の結果は地方交付税制度の運用を説明できるかもしれない。このため，本章ではこの需要額と収入額の連動性を1つの分析のポイントとして時系列分析を行っている。

本章の検討ではこれに地方財政対策をもう1つの分析の視点として導入した。仮に地方交付税制度の財源不足額と交付税財源との乖離を抑制するために需要額算定の裁量制が採用されてきたのであれば，交付税及び譲与税配付金特別会計（以下，交付税特会という）に債務が蓄積することはありえない。しかし，実際には近年交付税特会に巨額の債務が蓄積されてきている現状がある。このことは需要額と収入額の連動性を収入額に調整するといった単純な構造で

捉えることができないことを示唆している。

　最終的にこの矛盾は本書の中で解消していくが，こうした課題解決に向けてここでは，この2つの視点を利用して，需要額算定の時代区分と裁量的運用の実態を検討していきたい。前者では需要額と収入額の関係や地方財政政策を取り上げ，2000年度までの需要額の算定がいかなる変遷をたどってきたのかを検証している。これより需要額の算定方法の違いに従った時代区分を行っている。次にこの時代区分を利用して，需要額算定において裁量的運用が中心であった時期を抽出し，その詳細を分析している。その際，改めて地方財政平衡交付金制度にまで遡り，裁量的運用の目的から具体的な内容までを明らかにしている。

2. 需要額算定における検討対象の抽出

　本章は東・宮島論文を手掛かりに検討していくが，地方交付税法が規定する普通交付税の算定方法をまず把握しておく。そして，法定された算出方法と東・宮島論文の整合性を確認した後，本研究で検討する需要額算定における裁量的運用を特定していく。

2.1　地方交付税法における普通交付税の算定方法

　地方交付税法に従って地方交付税の算定プロセスを式で表すと以下の2式になる。式2.1は国税 i の税収額 T_i に交付税率 $β_i$ を乗じた額が地方交付税に充てられ，その一定割合 $α$ が普通交付税 GLT であることを示している。次に式2.2で max (a, b) は a, b のうち最大値を選択する関数で，これを利用して地方全体の財源不足額 FS を算出している。地方団体 j の需要額を SFR_j，収入額を SR_j とし，これから財源不足額を求め，式2.2はこのうちの財源不足額のみを合算している。これによって地方全体の財源不足額 FS を算出しているのである。

$GLT = α\sum β_i T_i$ 　　　　　　　　　　　　　　　　　（式2.1）

$FS = \sum \max (SFR_j - SR_j, 0)$ 　　　　　　　　　　（式2.2）

式2.1に関わる地方交付税法の規定は2条，6条，6条の2で，2000年以降地方交付税法はたびたび改正され，これらの条文も変更されている。2000年時点で見ると，まず2条第1号によって地方交付税の財源に充当される国税が法人税，所得税，酒税，消費税，たばこ税の5税とされ，6条第1項によって交付税率が所得税，酒税の32％，法人税の35.8％，消費税の29.5％，たばこ税の25％となっている。これを合算した額が交付税財源となり，6条の2第2項によりこのうち94％が普通交付税となる。式2.1はこれらの規定を一般化したものである。

これに対し，式2.2は10条に規定されている。地方交付税法では，地方団体が行うべき事務の歳出額を測る指標として需要額を設定し，この算定方法を11条で担保した後，これに従って毎年度の需要額を算出している。同様に算定方法が法定された収入額と需要額から財源不足額は求められるが，これが式2.1の普通交付税と一致することはない。このため，財源不足額の算出後に10条に従って収支均衡[9]が図られる。しかも，式2.1と式2.2の間で10％以上の乖離が2年間続き，さらに将来的にも継続すると判断される場合には6条の3第2項の規定で交付税率を変更するか，地方制度などを改正することになっている[10]。

これら算定から調整へのプロセスは，地方交付税制度が長期的に財源保障機能を維持することを目的としているが，これは地方財政を透明化するプロセスにもなっている。仮に国が地方に過度の負担を強いている場合には，財源不足額は普通交付税を大幅に上回ることから，6条の3第2項によって，業務量に合わせて交付税率を引き上げるか，普通交付税に合わせて国が制度化した事務を整理するかを求めている。つまり，これらの手続きは国の不当な関与から地方自治を保護するプロセスとなっている。これが普通交付税を決定するために地方交付税法が法定している仕組みであり，最も基本的なルールに基づく運用となっている。

---

[9] 財源不足額の総額が普通交付税の総額を上回る場合，法定された調整方法は，地方団体 j の財源不足額を FS_j とすると，$FS_j - SFR_j \times ((FS-GLT)-\Sigma SFR_j)$ となる。ただし，これがゼロ以下なら普通交付税はゼロとなる。

[10] この条文については本章6.3項で詳述している。

2.2 検討対象としての需要額算定の裁量制

裁量的運用によって式 2.1 と式 2.2 を均衡させようとすれば，自治省の裁量は需要額に集中することになる．式 2.1 は，大蔵省が一般会計で国税収入を決定すれば，自動的に決定されてしまう．次に式 2.2 の収入額には，自治省の裁量が残るものの，実態と大きく乖離して算定すれば，年度途中ですぐに問題が顕在化してしまうため，これには明らかに制約がある．このため，財源不足額 FS を普通交付税 GLT に一致させる収支均衡を実現する場合，裁量は主に需要額が担うことになる．つまり，式 2.2 で財源不足額 FS と収入額 SR_j に強い制約があれば，その調整は需要額 SFR_j が担わざるをえなくなる．こうした調整が行われれば，需要額と収入額に相関性が生じるが，これを指摘したのが東・宮島論文であったと言える．ここで改めて東・宮島論文の指摘を確認しておこう．

東（2000）では，国と地方の財政関係を地方交付税，国庫支出金，地方債に分けて課題を整理している．このうち，地方交付税制度に関しては，「交付税率の下方硬直性と地方財政計画算定基準の裁量制」を 1 つの問題点として取り上げ，この中で「景気拡大により地方交付税の主要な対象税目である法人税・所得税と地方団体の主要な税目である住民税・事業税の税収が大幅に増大すると見込まれる場合には，地方財政計画の歳出総額のうち裁量部分を増大させ，財源余剰の発生を避けようとする誘因が働くことになる」[11] と述べている．つまり，一般会計から交付税特会に繰り入れられる額と地方団体の収入額に合わせて，需要額が拡大してきた可能性があることを指摘している．これに基づき，宮島（2001）では需要額が収入額の増大によって拡大してきたと解釈し，対前年度伸び率を利用しながら，収入額と需要額に相関性が存在する可能性を指摘している．つまり，東（2000）の景気拡大期に財源余剰を回避するため，需要額の拡大が実施されてきたという主張を，宮島（2001）は需要額と収入額という，検証しやすい一般的な関係で捉え直している．

東・宮島論文は需要額の算定を扱っている論文ではないため，これらの指摘を除くと実証的な検証は行われていない．だが，宮島（2001）は 75 年度から

---

11) 東（2000）138 頁参照．

2000年度までの比較的長期の関係から需要額と収入額の連動性を抽出しており，需要額の拡大という観点からは収入額との連動性を分析することに妥当性があるだろう。需要額は以下で検討するように外生的に決定される要素が多いため，裁量制によって需要額を拡大させる可能性はあまり大きくない。恐らく最も需要額を拡大させてきた裁量的運用は収入額に連動してこれを決定する，すなわち東・宮島論文で取り上げられた裁量制である。このため，本章は需要額を拡大させてきた裁量的運用として東・宮島論文が指摘した需要額と収入額の関係を取り上げ，地方交付税制度が施行された54年度から2000年度の市町村を対象に検証していく。

3. 需要額と収入額の計量分析

本節では東・宮島論文の指摘を踏まえ，需要額と収入額の関係を以下の手順で検証する。まず，3.1項で全期間を対象とした時系列分析を行い，3.2項で東（2000）が指摘している好不況の概念を導入する。3.3項では式2.2が実際には交付団体の財源不足額を対象としていることに着目し，財源超過団体と財源不足団体に分けて時系列分析を行っている。

3.1 需要額と収入額の時系列分析

地方交付税制度が始まる54年度から2000年度までの市町村全体，すなわちすべての市町村の集計値を利用して需要額と収入額の長期的関係を把握していく。需要額と収入額のデータには系列相関など，時系列データ特有の問題が存在するため，階差を取って時系列分析を行っている。t年度における需要額をSFR_t，収入額をSR_tとすれば，時系列分析は式2.3を推定することで行っている。合わせて図2-1に散布図を示した。

推定式：$\Delta SFR_t = \gamma \Delta SR_t + u_t$ (式2.3)

ただし，$\Delta SFR_t = SFR_t - SFR_{t-1}$，$\Delta SR_t = SR_t - SR_{t-1}$，
γは回帰係数，u_tは誤差項

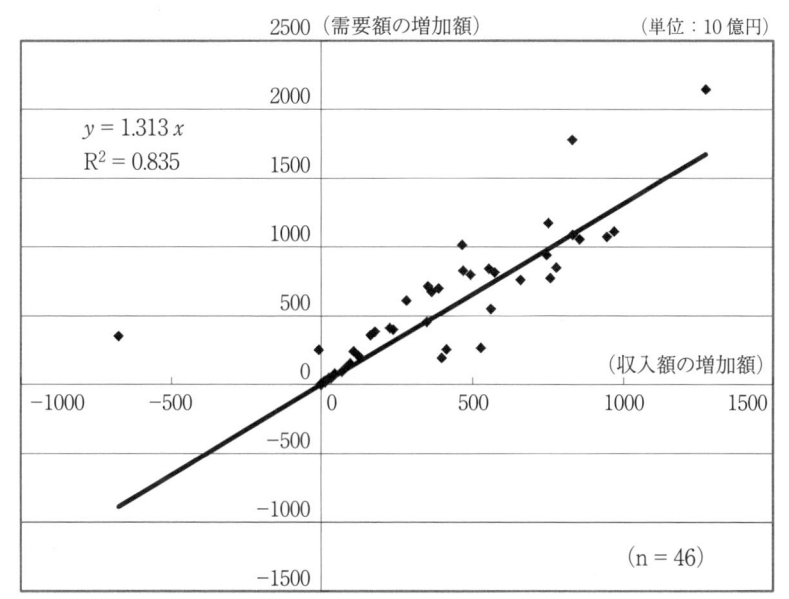

2500（需要額の増加額）　　　　　　　　（単位：10億円）

$y = 1.313\,x$
$R^2 = 0.835$

注：回帰係数のt値は16.4である。
資料：地方財政統計年報

図2-1　需要額と収入額の分布（1955-2000年度）

推定結果は自由度修正済み決定係数（以下，決定係数という）が0.835と高く，t値も十分に有意である。回帰係数は1.313と収入額の1.3倍程度で需要額が決定されてきたことを示しており，収入額に普通交付税を加えた金額と需要額が連動してきたことを示唆している。この結果は東・宮島論文の指摘に妥当性があることを示している。

3.2　景気循環を考慮した時系列分析

東（2000）では好況時に歳入の伸張に合わせて需要額を拡大してきたことが指摘されていたから，ここでは景気循環を新たな条件に加えて検証していく。地方交付税制度の導入後に生じた景気の拡大過程を整理すると表2-1のようになる。本章では6月末時点が景気の拡大過程にあるか否かで好況の年と不況の年を分けている。さらに地方交付税制度では前年度に需要額と収入額が決定されていることを勘案し，1年ずらして好況と不況を決定している。つまり，

表2-1 分析対象の景気拡大過程とその時期[12]

	開始時期	終了時期		開始時期	終了時期
2	51年10月	54年1月	8	75年3月	77年1月
3	54年11月	57年6月	9	77年10月	80年2月
4	58年6月	61年12月	10	83年2月	85年6月
5	62年10月	64年10月	11	86年11月	91年2月
6	65年10月	70年7月	12	93年10月	97年5月
7	71年12月	73年11月	13	99年1月	2000年11月

注：戦後の景気循環は14あり，本節の対象とはそのうち12循環で，表中の数字は『経済財政白書』で使用している景気循環の番号をそのまま記載している。

資料：経済財政白書（平成18年度）

表2-2 好不況別推定結果の概要（55-2000年度）

	好況時	不況時
サンプル数	31	15
決定係数	0.914	0.603
回帰係数	1.374	1.177
標準誤差	0.059	0.219
t値	23.190	5.383

資料：地方財政統計年報，経済財政白書（平成18年度）

70年度の好不況は69年6月時点の経済状況を反映している。これにより好況年度は31年，不況年度は15年[13]となった。

　好況時と不況時で需要額と収入額それぞれの階差を取って回帰分析を行った結果が表2-2である。ここでの検証結果も概ね東（2000）の主張に従ったものとなる。東（2000）では好況時に税収が拡大すると，交付税特会で財源余剰が発生するため，需要額の裁量部分を拡大させて均衡させようとする誘因が働くとしている。この場合，収入額に合わせて需要額を調整することになるため，需要額と収入額の相関は高くなる。実際，好況時の決定係数は0.835から0.914に改善されている。このことは需要額の算定が好況時において収入額に

---

12)『経済白書（平成18年度版）』302頁参照。
13) 不況年度に分類したのは，55年，63年，66年，72年，75年，78年，81年，82年，83年，87年，92年，93年，94年，98年，99年である。

合わせて調整されてきたことを示唆している。

一方,不況時の傾きが好況時より小さいことは,国からの移転分が減少していることを示しているが,これによって好況時に比べると,需要額の伸びは低下している。ただし,決定係数が低いことは収入額の説明力も低下していることになるから,好況時に比べると収入額以外の影響が大きいことを意味している。不況時には好況時に比べると,需要額が大きく伸びている年度があることから,不況時に決定係数が低下するのは単に下方硬直性のみが影響を与えてきたわけではなく,財政政策やその他の理由によって変動が生じてきたことを示唆している。

3.3 財政状況を考慮した時系列分析

第2節で示したように普通交付税に調整されるのは直接的には交付団体の財源不足額である。これより交付団体と不交付団体に分割して同様の検証を実施することには意味があるだろう。交付団体と不交付団体は普通交付税の有無による類型化で,普通交付税の算定段階では財源不足団体と財源超過団体が使用される。本項ではこの財源不足団体と財源超過団体別に需要額と収入額の関係を検証していく。

財源不足団体と財源超過団体は概ね交付団体,不交付団体の概念に一致するが,財源超過団体のほぼすべてが不交付団体になってきたのに対し,財源不足団体の5%程度は毎年不交付団体になっている[14]。このため,これらの概念は正確には一致しない。この点を踏まえつつ,ここでは財源不足団体と財源超過団体の需要額と収入額の関係を分析していく。

3.3.1 推定方法

財源不足団体と財源超過団体の団体数は毎年度変動するため,需要額と収入額は1団体当たりの平均値を求めている。これらの階差を年度間で取った後,

---

14) 地方交付税法10条2項但し書きに従って調整率が適用されると,財源不足団体でも不交付団体となる。一方,財源超過団体でも市町村合併に伴う合併算定替によって交付団体となることがある(『四訂地方財政小辞典』の224頁にある「財源不足団体・財源超過団体」の説明を参照した)。

時系列分析を行った。ただし,団体数が 56 年度以降しか入手できないため,分析対象は 57 年度から 2000 年度までである。

3.3.2 財源不足団体の推定結果

財源不足団体における推定結果が図 2-2 である。この結果を見ると,市町村全体を対象とした表 2-2 と比べ,好不況のいずれの場合も決定係数の改善が見られる。好況時の決定係数は市町村全体で見てもかなり高いものであったが,財源不足団体のみを取り出すとさらに改善されている。

また,不況時を見ても市町村全体の決定係数 0.603 は大幅に改善して 0.817 となっている。依然,不況時に好況時と比べてばらつきがあるものの,市町村全体で見るほどの差はない。このことは,財源不足団体の場合,財源超過団体と比べると,収入額が安定していて,好不況で変動が小さいことが理由として考えられる。

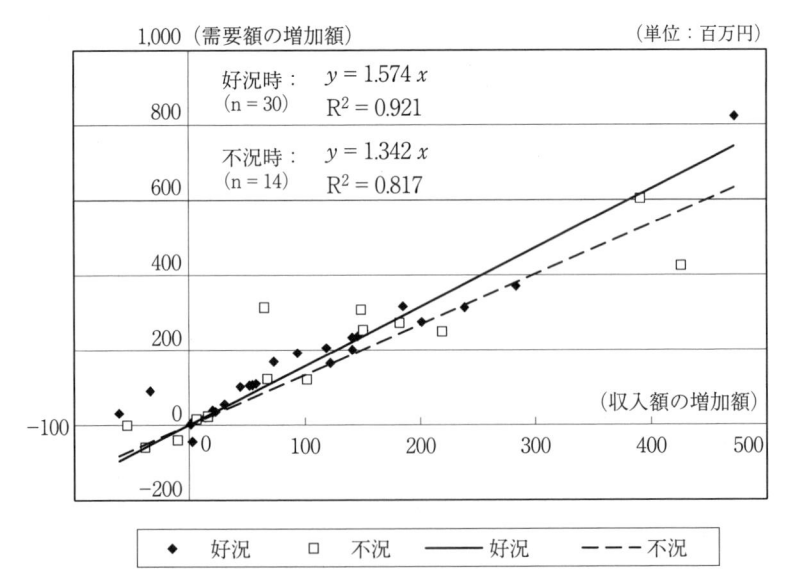

好況時:(n = 30) $y = 1.574\,x$ $R^2 = 0.921$

不況時:(n = 14) $y = 1.342\,x$ $R^2 = 0.817$

資料:地方財政統計年報,経済財政白書(平成 18 年度)

図 2-2 財源不足団体 1 団体当たりの需要額と収入額(57-2000 年度)

3.3.3 財源超過団体の推定結果

財源超過団体の推定結果は表2-3にあるように東・宮島論文とは不整合なものとなっている。

好不況の決定係数がほぼ同じで，しかもどちらも極めて高い。また，収入額の回帰係数がいずれも1.0をわずかに割り込み，好不況で回帰係数にほとんど差がない。財源超過団体の回帰分析から得られる標準誤差が好不況でそれぞれ0.042，0.035となっており，t検定を利用すると，いずれを基準にしても，5%の有意水準で2つの回帰係数が一致するという帰無仮説を棄却できないという結果が導出できる。このため，この2つの係数は一致する可能性があり，仮に全期間を対象に時系列分析を行うと，回帰係数は0.93，決定係数は0.940となる。また，詳細は次項で検討するが，需要額と収入額を入れ替えて改めて推計を行った結果を，表中説明変数の変更として整理し，この場合の回帰係数は1.04となっている。

表2-3 財源超過団体1団体平均の推定結果（57-2000年度）

	好況時	不況時	通期	説明変数の変更
サンプル数	30	14	44	44
決定係数	0.907	0.906	0.940	0.940
回帰係数	0.90	0.95	0.93	1.04
標準誤差	0.042	0.035	0.027	0.031
t値	21.5	27.1	33.8	33.8

資料：地方財政統計年報，経済財政白書（平成18年度）

3.4 2つの裁量的運用

財源超過団体の決定係数が財源不足団体を上回ることから連動性によって因果関係を評価すると，財源超過団体の収入額の伸びに合わせて需要額が決定され，この結果が財源不足団体の需要額に反映するという理屈になる。だが，普通交付税に相当する財源不足額は財源不足団体のそれであり，財源超過団体のものではない。従って，これらの推定結果は財源超過団体と財源不足団体で異なる運用が行われてきたことを示唆している。

好況で財源不足団体の収入額が伸びれば，需要額はこれに調整され，不況になって伸びが低下すると需要額との連動性は確保できずにやや失われる。しか

し，いずれの場合も需要額と収入額の連動性は高いと言える。このことは，財源不足団体の需要額がある程度収入額に調整されて決定されてきた可能性が高いことを示している。財源不足団体で需要額が決定されると，財源超過団体でもこれが決まるため，この需要額によって財源超過団体の収入額も決まってきたと解釈できる。このため，財源超過団体では好不況に関係なく，決定係数が高く，しかも回帰係数もほぼ一致する結果が導出されたものと考えられる。

収入額に合わせ需要額を決定するという裁量的運用は財源不足団体の好況時に特に顕著であり，不況時も決定係数が高いことから収入額との連動性は考慮されてきたものと考えられる。これに対し，財源超過団体ではこれとは異なる裁量的運用が存在してきたことを示唆している。財源不足団体で需要額が決定されると，その算定式は財源超過団体にも適用される。財源超過団体ではこの需要額に合わせて収入額が調整されてきた可能性がある。つまり，財源超過団体では，時系列分析の結果に従えば，需要額の4％を追加して収入額が決定されてきたことを示している。収入額は外生的な要因が大きいために裁量的に決定することは難しいが，しかしそれでも地方譲与税や各種交付金などの配分を調整することでこうした結果が生まれてきたものと考えられる[15]。このことは財源不足団体と財源超過団体それぞれに対し，異なる裁量的運用が適用されてきたことを示唆している。そして東・宮島論文が指摘する需要額と収入額の関係は主に財源不足団体で成立していたことが分かる。

4. 裁量的運用に基づく時代区分と裁量的運用

東・宮島論文の指摘を時系列分析で検証していくと，需要額は収入額に連動してきたことが分かる。しかし，収入額に合わせて需要額を拡大したのであれば，発生するはずのない地方財政対策が70年代以降慢性化してきた。こうした実態を踏まえ，この連動性に地方財政対策を考慮して収入額に調整する裁量的運用が採用されていた時期をここでは特定する。その上で需要額の裁量的運

---

15) 不交付団体に対する財源調整措置には様々なものがある。例えば，地方道路譲与税法2条3項による減額措置や，国有提供施設等所在市町村助成交付金に関する法律施行令3条2項などで，これによって収入額は減額できる。

用を具体的に明らかにしていく。

4.1 需要額と収入額の連動性の経年変化と地方財政対策の推移
4.1.1 収入額との連動性に関する経年変化の検討方法
　時系列分析では55年度から2000年度までの需要額と収入額の相関を把握することができるが，これは長期的な関係である。この方法ではその時々の需要額と収入額の関係の変化が検証できない。しかし，そのために短期間の時系列分析を適用すると，データ量が少なくなり，精度が低下するため，このような方法を採用することは回避されてきた。

　ここでは，短期の変動を把握するため，連続する6ヵ年の需要額と収入額から相関係数を求めた。次に移動平均を算出する要領で年度を入れ替えて，新たに相関係数を求め，これを繰り返す方法を採用した。例えば，55年度から60年度までの需要額と収入額で相関係数を算出し，次に56年度から61年度のデータを利用して相関係数を計算する。これをそれぞれ60年度，61年度に計上して図示していく。

　これによって6ヵ年のうちの最新年度のデータが過去5年間の需要額と収入額の関係と連動しているかどうかが把握できる。そして，個々の推定精度も前後の年度と比較することで，ある程度評価できる。なお，ここではそれぞれの年度データに階差を取ったものを利用した。

4.1.2 経年変化の結果
　各年度の相関係数を図示した結果が図2-3である[16]。相関係数は当初高い状態が継続しているが，75年度になると段階的に低下に向かい，84年度まで低い状態が維持されている。このあと，85年度には再び高い相関係数が実現されるが，その後は相関係数が低下傾向を示している。この値は低下と上昇を繰り返しながら推移するが，特に90年代に入ると，しばしば0.9を割り込み，98年度以降は0.7を記録していたことが見て取れる。

　景気循環と相関係数の関係を見ると，不況の時にこれが低下する傾向は顕著

---

16) 7ヵ年分のデータが必要なため，図2-3では60年度から始まっている。

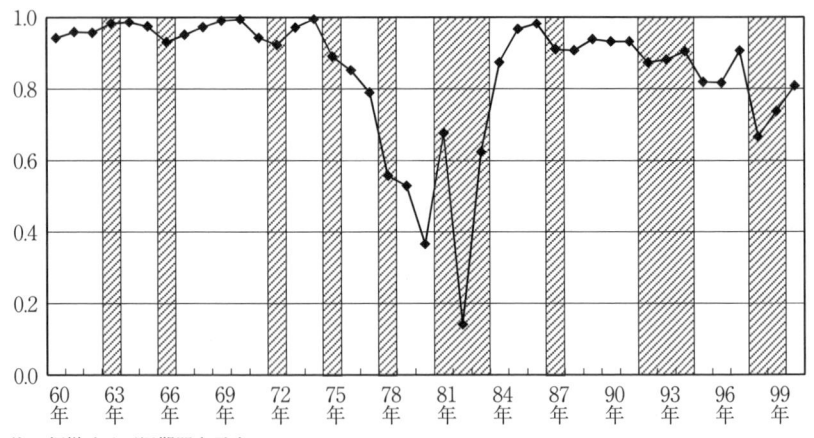

注：網掛けは不況期間を示す。
資料：地方財政統計年報，経済財政白書（平成18年度）

図2-3 需要額と収入額の相関係数の推移（60-2000年度）

ではないが，把握できる。これは前項の需要額と収入額の時系列分析とも概ね整合している。だが，需要額と収入額の関係を長期に捉えると，こうした景気循環では説明できない変動が生じていたことも分かる。こうした変動の存在を指摘した上で，次に地方財政対策について見ていく。

4.1.3 地方財政対策の推移

地方交付税法では普通交付税と財源不足額に乖離が生じた場合の調整方法などを既述したように法定しており，本来的には地方財政対策は必要ない。地方財政対策が実施された理由は，財源不足額に対して財源が著しく不十分な状況において，国の政策によってさらに不均衡が拡大していく場合に対処することにあった。次節以降で見ていくが，地方交付税制度の導入当初，その財源は著しく過少であったために，地方制度調査会は自治庁に対して国の制度変更によって地方財政で不均衡が拡大する場合にはその補塡を国に求めるように要求している[17]。地方財政対策が実施された理由にはこうした背景があり，これが

---

[17] 56年12月24日の地方制度調査会答申で，具体的には石原（2000）108-110頁を参照。

前例となり，その後も継続的に要請することになる。

　地方財政対策は，制度が導入された翌55年には早速実施されている。これはたばこ専売特別地方配布金と臨時地方財政特別交付金として地方に配分されているが，いずれも地方財政の危機的状況に対処して決定されたものである[18]。これらの地方財政対策によって地方交付税は増額されているが，これらはいずれも立法措置を介して実施されている。前者は「地方交付税法の一部を改正する法律」によって，後者は「昭和30年度の地方財政に関する特別措置法」によって，それぞれ措置された。このことから分かるように地方交付税の総額は法定されているため，これを増額する場合あるいは減額する場合ですら，法改正によって行われてきた。このことは地方財政対策が典型的なルールに基づく運用であることを意味している。

　これらの地方財政対策がいつ，どの程度の規模で実施されてきたかを把握した結果が図2-4である。地方財政対策は地方財政計画の収支に対して実施されるため，都道府県と市町村に明確に分割できない。従って，地方団体全体を捉えて地方財政対策の実態を見ていく。

　地方財政対策として74年度以前については交付税特会の借入金に特例の各種交付金を加えた額を充てており，75年度以降は『地方財政要覧』の「財源不足とその補てん措置」に掲載されている財源不足額等を計上している。さらに地方財政対策を地方財政計画における歳入総額で除した比率（以下，地財比率という）も掲載している。なお，交付税率引き上げに伴う交付税財源の増額は含んでいない。

　地財比率を見ると，74年度までは安定的にかなり低い値を維持していたが，75年度に10％に上昇すると，79年度まで高い値が継続する。その後は82年度，83年度に6％前後を記録するが，傾向的には低下している。これがバブル経済の崩壊とともに急激に上昇し，98年度にこれまでのピークとなる15.1％を記録している。これらは収入額に需要額を調整する運用では発生することのない歳入欠陥と捉えることができる。このことから地財比率が高い時期

[18) たばこ専売特別地方配付金は55年5月4日の衆議院予算委員会，5月14日の衆議院予算委員会等の会議録参照。また，臨時地方財政特別交付金に関しては55年12月6日の衆議院，8日の参議院の各予算委員会会議録などを参照。

(兆円)　　　　　　　　　　　　　　　　　　　　　　　　　　　　（％）

図2-4　地方財政対策の推移

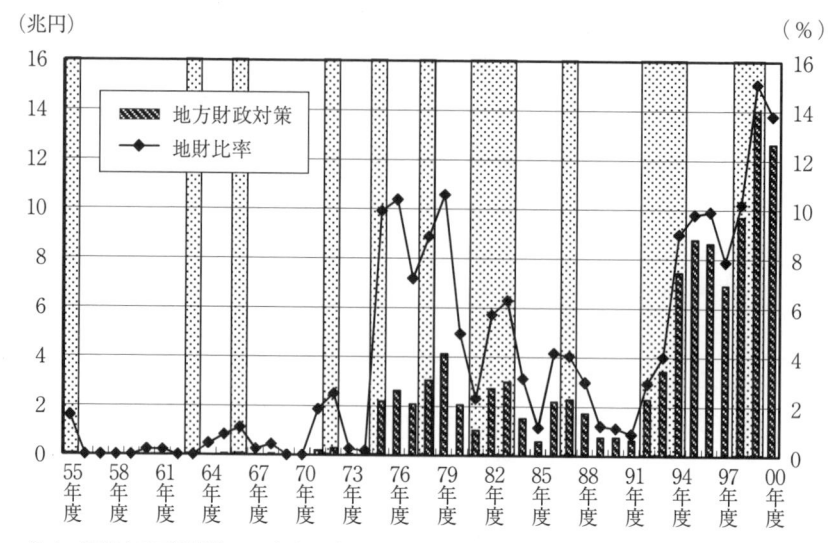

注1：網掛けは不況期間で72年度は沖縄が返還された年である。
資料：地方財政要覧

には収入額に調整する運用が必ずしも機能していなかったと考えるべきだろう。

4.2　裁量的運用を基準とした需要額算定の時代区分

収入額で需要額を決定する裁量制は交付税特会で収支を均衡することを目的としていた。このことは東（2000）でも指摘されており，本章でも基本的にこれを支持している。需要額と収入額の連動性と地財比率との関係は，交付税特会に債務が存在しなければ比較的分かりやすい。地財比率が著しく低く，連動性が高ければ，交付税特会の収支均衡を実現するための裁量制と判断できる。ところが，既に交付税特会に多額の債務があり，国がその一部を負担する場合，政府資金が投入されるため収支均衡の意図があっても地財比率が高くなることがありうる。このとき，収入額との相関係数と地財比率から需要額の裁量的運用が採用されている時期を特定することは簡単ではない。この種の困難さはあるが，ここでは需要額と収入額の相関係数と地財比率を基準に需要額算定

の裁量制を抽出してみたい。

相関係数が高く，地財比率が低い時期を図2-3と図2-4から抽出すると，制度導入から74年度までがこの基準に合致する。一方で75年度から79年度はこの基準を全く満たさない時期である。80年度以降はこの基準に照らして明確に判断することが難しくなるが，80年度から91年度まではある程度収入額との相関が高く，比較的地財比率が低い時期となっており，裁量制が存在する可能性がある。ただし，74年度までと比べると，地財比率が高まる傾向があり，収入額との連動性が交付税特会の収支均衡と十分に連動していない。これに対し，92年度から2000年度までは収入額との相関が高くても，地財比率が急激に高まっており，ここでの基準を適用することが適当ではない時期と捉えることができる。

図2-1で見たように需要額と収入額の連動性が長期的な傾向として把握することができたとしても，これによって収入額が需要額を決定してきたとは言えないことを，これらの結果は示している。収入額によって需要額を決定する裁量制は74年度までは存在している可能性が高く，80年度から91年度にも弱い傾向になるが裁量制が需要額の決定に影響を与えていた可能性がある。これに対し，75年度から79年度はこうした傾向は全く存在せず，92年度以降も相関はあるが，地方財政対策は急増していく。これらの時期は，たとえ収入額との相関があっても収支を均衡させる意図は存在しない。従って，本研究で検証している裁量制はこの時期あまり主要な運用ではなかったと考えられる。このように見てくると，収入額に連動させる裁量的運用を基準に2000年度までの需要額算定を捉えると，それぞれ異なる特徴を持った4つの時期に分割できることが分かる。

4.3 自治省関係者の需要額算定に関する説明

74年度までの需要額の算定では，収入額に調整する裁量的運用が存在していた可能性が高いことを見てきた。ここでは国会会議録を利用して，自治省関係者の発言から収入額に需要額を調整する裁量的運用が，74年度以前には明確に存在していたことを確認していく。

4.3.1 奥野誠亮自治省財政局長の答弁

61年4月13日の参議院地方行政委員会における奥野誠亮自治省財政局長と鈴木壽,加瀬完両参議院議員のやり取りは式2.2の財源不足額を式2.1の普通交付税に調整していたことを示している。

高度経済成長期に当初予算を大幅に上回る税収が発生した場合,補正予算を組むことでこの種の増収分を処分していた。補正予算で計上される地方交付税は,地方交付税法6条の3第1項に従って特別交付税として配分されるため,単位費用の改善につながらないという問題があった。これに対し,60年度の補正予算では200億円余りが特別交付税として配布されず,単位費用を改善する原資として翌年度に繰り越された。鈴木,加瀬両議員は,60年度の需要額が,地方団体の要望を行政指導によって低く抑さえ込むことで実現したことを指摘し,地方には依然多額の財源不足が存在していることを認識しながら,制度上の財源不足額を充足したからという理由で特別立法によって次年度に繰り越したことは[19],地方への財政資金の減額を画策する大蔵省に誤ったシグナルを発することに加え,地方の固有財源という地方交付税の本質を歪めるとしてその姿勢を質している。

これに対して,奥野財政局長は「現在の単位費用が地方のあるべき姿から見て十分ではないという感じを持っている」が,「基準財政需要額を増額する場合にも財源がなければそれが困難である。しかし,幸いにして二百七億を繰り延べることができる。それを使って単位費用を引き上げる。そうすれば,将来に亘ってそれだけの水準が維持されることになる。そういう意味でより合理的な配分ができる」と,繰り越した理由を述べている。

このことは,国の予算によって普通交付税が決定すると,この額に合わせて需要額を調整してきたことを明確に示している。つまり,収支が均衡するように需要額を調整した結果,需要額と収入額に高い連動性が生じていたことになる。

---

19) 例えば60年度であれば,「昭和35年度分の地方交付税の総額に関する法律」によって財源の一部を次年度に繰り越している。同様の措置は,63年度まで継続し,順に207億,99億,100億,137億円がそれぞれ繰り越された。

4.3.2 松浦功自治省財政局長の答弁

75年4月18日の衆議院地方行政委員会で小川省吾議員は，文部省が義務教育で法定している事務量に対して職員数が適切ではないため，市町村が自らの財源を充てて不足分を補っている状況を取り上げている。法定している条件が市町村の実態と整合していない点を質したとき，松浦功自治省財政局長は以下のような答弁を行っている。「基準財政需要額というのは，地方財政計画の税収入と交付税でもう総枠が決まってしまうわけでございます。それの配分を，各省からの御要求を承りながらどういうふうに配分していくか，これが自治省の大きな役目になっているような気がいたします」と需要額が決定している理由を明らかにしている。

そして，このような制約がある中で義務教育の教員給与がほぼ100％需要額に組み込まれることになったことを指摘し，教育費でさらに法定された条件をすべて満たすとすれば，当然，他の行政経費を60％なり，70％に削減しなければならないと説明している。

この約1月後の5月29日の参議院地方行政委員会では「地方財政計画が決まりますと，基準収入というのは，地方税収入の，都道府県では八割，市町村では七割五分と，もう法律で決まっておりますから，財政計画に盛られた地方税の一定割合を掛ければ収入の額が出てまいります。そうしますと，交付税の額をそれに乗せたものが需要の最高限度だということにもう当然法律上なってしまうわけでございます」と，松浦財政局長は小山一平参議院議員との質疑の中で発言している。

松浦財政局長は，本来需要額の算定後に行うべき調整を理由に挙げ，需要額が収入額や普通交付税に調整されてきたことを認めている。すなわち，このことは算定後の調整が事前の段階で裁量的に行われていたことを示すとともに，これが70年代まで適用さていたことを明らかにしている。

4.3.3 長野士郎岡山県知事の意見

77年4月13日の衆議院地方行政委員会では参考人として長野士郎岡山県知事が招致されている。長野知事は自治事務次官を経て72年に岡山県知事になっており，こうした経歴を踏まえ小川省吾議員は需要額に本来計上すべき経

費が十分に計上されていないのではないかと質問している。

これに対し，長野知事の回答は次のようなものであった。「基準財政需要額の算入について落ちているものがないかということであります。これはたくさんございます。……要するに（普通交付税の）額が一定しておりますから，その中へどうしても（需要額を）抑え込まなければなら……ない。ぴしっと額が決まっておるということから結果として起きるわけであります。……そういう意味では，（需要額が）実態と必ずしも合っていないということはたくさんございます」[20]と述べている。

これは普通交付税と財源不足額を調整するため，本来算入すべき経費の多くが需要額に算入されることなく放置されてきたと説明しているのである。長野知事は72年まで自治省に在籍していたことから，概ねこの時期までは普通交付税に需要額を調整する運用が採用されていたことを明らかにしている。さらに長野知事は単位費用の算定に組み込む経費を裁量的に調整していたとも述べており，単位費用の積算基礎の選択も含め，需要額を調整する裁量的運用が存在していたことを示している。

4.4　74年以前の裁量的運用の実相

需要額と収入額の相関係数を見ると74年度までは高い相関性を示しており，地方財政対策も地方財政計画の総額の2％以下に抑制されていた。これより74年度以前には交付税特会における収支均衡を維持するために需要額を調整する裁量的運用が採用されてきたと想定した。実際にこの時期の需要額の算定方法について国会会議録を見ていくと，データが示す結果を裏付ける議論が行われていたことが分かる。

自治官僚や元自治官僚の国会における答弁等は61年，75年，77年に行われており，74年度以前の需要額の算定を説明していたと言えるだろう。これらを整理すると，次のようになる。まず，地方財政計画で地方税収が決まり，国の予算で国税収入が決定すると，収入額，地方交付税の総額がそれぞれ導出される。これを限度として新たな予算が配分できる場合には地方団体や各省の意

---

20) 括弧内は筆者による補充，……は省略箇所であることを意味している。

見を聞きながら需要額に算入する事務を選択していく。こうして需要額の算定は決定されていくが，これが本研究の対象となる需要額算定の裁量制である。

法定事務の財源措置は国に義務付けられていることから，本来法定事務の事業費は地方財政計画に算入しなければならない[21]。しかも，財源措置を全額国庫支出金で措置しなければ，その事業費はほぼ必ず普通交付税か，特別交付税の算定対象となる。地方交付税法2条7号や地方自治法232条2項を充足するにはこのことが満たされていなければならない。ところが，制度施行当初から交付税財源は不十分であり，これを満たすことはなかった。単位費用があるべき額より低いといった奥野氏の発言や，本来需要額に算入すべき項目がたくさん漏れているという長野氏の説明はこうした実態を示している。財源が過少なために法定事務すべての財源措置ができず，このことが自治省に地方財政計画に対する予算編成権を発生させていた。全ての法定事務に自動的に財源が付与できれば，自治省の編成権は発生しない。だが，財源が不十分なために国の予算に対する大蔵省の役割を自治省に与えていたのである。自治省は地方団体に対する行政指導でその要求額を抑える一方，各省庁に対する予算措置を通じて需要額に算入する事業費を調整してきた。これがこの時期に実現した需要額算定の裁量制の1つの構造である。

5. 裁量的運用の導入の背景

国会での自治省関係者の発言から交付税特会の収支均衡を意図した，需要額算定の裁量制が採用されていたことが分かる。この運用が採用された背景に地方交付税制度が財源保障機能を担っていたことがある。国会での議論からも財源保障機能を維持するために十分な財源が確保されていれば，この種の裁量制は選択されなかったことが示唆されている。つまり，裁量制は脆弱な財源保障機能を背景に導入された可能性が高いことから，本節では地方交付税制度の初期の財源保障機能の実態を見ていく。

---

21) 公営企業特別会計に計上される法定事務はこの限りではない。

5.1 地方団体に対する政府の思想
5.1.1 地方財政委員会資料とその解釈

地方交付税制度は地方財政平衡交付金制度を引き継いでいるが,前身の地方財政平衡交付金制度では大蔵省と地方財政委員会が激しく対立を繰り返していた。このとき,地方財政委員会は「『地方財政の問題点』と題する大蔵省の意見について」という資料を作成している。この資料には当時の国と地方の関係に対する政府の根強い思想を見ることができる。

GHQの占領下における地方制度の構築を理解する上で政府のこの思想は重要であり,地方財政平衡交付金制度や地方交付税制度の財源保障の対象を理解する上でも貴重な資料となっている。しかも,これは現代の地方制度の構築や運用の根幹にある考え方と言ってもよいだろう。ここでは地方財政委員会資料から該当箇所を引用し,これらの思想を明確にすることから始める。

「多くの事務は国の計画したものであっても,その民主的な運営を図るため,実施はほとんど全部都道府県や市町村に委ね,もってその行政の運営に当り都道府県住民や市町村住民の意志が十分反映されるよう期待されている。

都道府県や市町村は,国から委ねられた事務の実施に必要な財源として交付される補助負担金は,多くの場合,経費の全部を補償するものではなく,その一部に過ぎないものであるが,その所有する財源もこれにつぎ足して,国の計画した事務は完全に達成遂行されるよう全力を尽くしているのである。

当然のことではあろうが,都道府県や市町村は従来から国の計画は最大限度にこれを尊重して,その達成に全力を尽くしてきたし,国もまた,都道府県や市町村がその財政運営に破綻を来さないように,あらゆる配慮を払ってきたのである」[22]。

筆者なりにこの文章を解釈すると,第1段落は,地方の事務の多くは国の制度,計画であるが,地方団体にこれらの制度,計画の実施を任せることで,国の制度,計画が地域住民の意志との間で調整が図られ,国が実施する場合に比べると,はるかに民主的な運用が可能になるということになるだろう。ただし,戦時中の軍国主義的体制の中で地方団体が国の政策から離れて独自の行政

---

22) 自治大学校 (1978) 214-217頁参照。

サービスを提供できるとは思えないし，また終戦の経済的混乱の中で満足な財源を確保できるとも思えない。この状況で地方団体が独自の事務を展開することは期待できないから，実施する事務のほとんどが国の制度，計画になることはある程度自明である。このことを前提とすれば，地方財政委員会は，地方団体の役割が専ら法定事務と地域住民の意向を調整することであると述べているのである。

次に第2段落で国の制度，計画であるから直轄で実施することもできるが，これを地方に委任することで，国が全額補填することなく，地方団体がかなりの経費負担を行いながら，しかも全力で達成遂行してくれるという主旨の説明となる。これを第1段落の内容と併せて考えると，地方団体は，国の事務を地域住民のニーズと調整しながら提供してくれる上に，これに掛かる費用まで自らの財源から充当してくれている。こうした地方団体による協力体制があって初めて，国の政策は実効性が担保できるという説明になるだろう。

そして，最終段落ではそれゆえ国は都道府県や市町村が財政運営に破綻を来さないようにあらゆる配慮をしているのであると述べている。これらを踏まえ上記の引用にはないが，大蔵省のように一方的に地方に財政負担を押し付けようとする姿勢はこうした国と地方の関係を無視するものであるといった批判に結び付いていくのである。この地方財政委員会資料には国と地方の関係に係わる2つの典型的な思想が見て取れる。この2つの思想を明確にしてみたい。

5.1.2 国は政策の立案機関，地方は実施機関の思想

地方財政委員会資料には国を政策の立案機関に位置付け，地方団体をその実施機関と捉える思想が背景にある。これは戦前，戦後を通じた国と地方の関係に対する政府の伝統的な考え方であり，恐らく地方制度に関与するすべての省庁に共通したものであろう。

この思想に従って国が政策を立案すると，この政策は地方自治法の規定によって必ず法定事務として地方団体に委ねられる。この仕組みは52年の地方自治法改正によって確立し，法律と政令によってその事務内容や事務量なども明確にしなければならない。そして，これらの手続きを経て地方団体は法定事務を実施に移していくことになる。

国の政策は全国一律で設計されるから画一的になりがちで地域住民のニーズを反映していないといった問題が発生する。法定事務を介して地方団体が運用することで地域ニーズに調整されることも期待できる[23]。これは国を政策の立案機関，地方を実施機関とすることのメリットであり，これによって国は立案機関としての地位を維持することにもなる。なぜなら，国の政策が地域ニーズに調整されれば，その実効性が高まるからである。

国が政策の立案機関，地方が実施機関という思想は戦前の中央集権体制の下で形成された。戦前は地方団体の政策立案機能は大幅に制限され，この機能を持つことは期待されていなかった。従って，地方団体が政策立案機能を持てるはずもなく，これは戦後になっても継続する。特に終戦直後は処理しなければならない課題が山積していたことを考えると，これを迅速に処理しようとすれば，結果的に国の政策立案機能は強化され，政策の提供者は専ら国になる。この種の思想が，戦後も長く維持されてきたのは戦後初期におけるこうした背景があったものと考えられる。

5.1.3 地方は法定事務経費の負担機関の思想

国と地方の関係についての2つめの考え方は，地方団体を法定事務経費の負担機関と捉えるもので，地方財政委員会資料でも明確になっている。ただ，この場合国の役割は戦前と，戦中，戦後では大きく異なり，地方団体を単なる負担機関とみなす考え方はむしろ戦前の思想である。例えば，高木（1974）は，知事公選制の導入を分析する中で戦前の「府県が自治団体としての性格をもち，府県会が設置されていたことは，極論すれば官吏の知事が執行する国政事務の執行とその費用を分担させるためであって，自治団体の府県は国政事務に対する「費用負担を主たる任務」としたものにすぎなかった」[24]と述べている。これと同じ主張は，戦後内務省が公選知事を官吏とする地方制度改革を実施する際，その根拠を示した資料にもある。ここには「都道府県の事務の大部

---

[23] 74年4月29日の日本経済新聞には地方制度を所管する省庁が，革新自治体を敬遠して直轄で実施する傾向が顕在化してきたことを伝えている。ここでの自治省の主張からもこの思想が継続していることが窺える。

[24] 高木（1974）260-261頁参照。

分は国家事務として編成され，都道府県はその費用の負担を命ぜられるのに止まるのが多い」[25]と記載されている。これらの説明は戦前の地方団体を国政委任事務の単なる負担機関としてしか位置付けていない。

　この関係に変化が生じたのは戦時中の1943年で府県制，市制，町村制などが改正されたときである。戦時下において市町村の国政委任事務が拡大する中，「国政事務の一方的押しつけだけでは市町村の抵抗が強いため，従来は，これらの事務委任にともなう費用は市町村の負担となっていた点を手直しして，国の事務の処理執行に要する費用の財源につき「必要な措置を講ずべきものとす」との一項」[26]が追加された。この必要な措置として政府は補助金，交付金，地方分与税などを挙げ，従来から一歩進んだ費用分担の考え方を導入している。これは戦時下において，省令でも地方団体に事務が委任できるように法律を緩和し，国政委任事務が拡大していく中で，しかもその実効性を担保する必要に迫られた結果とも言える。40年に地方分与税制度が導入され，地方団体の財源が強化されたのもこの一環であろう。戦時下という特殊な状況ではあったが，政府はより積極的に財源を負担する役割を担うことになったのである。

　戦後地方自治法の施行に伴い，まず47年に委任事務に対する財源措置が政府の義務となる。さらに52年の地方自治法と地方財政平衡交付金法改正によって法定事務を実質的な財源保障の対象に拡大している。このように国の財政責任は戦前，戦中，戦後と法的に強化されていくが，地方団体の役割は経費の負担機関で一貫している。これが地方財政委員会の資料に反映しているが，問題は国が十分な財政責任を果たすことはなかったところにある。これは戦後しばらく継続する国，とりわけ大蔵省の姿勢であり，国の一般会計の収支均衡を優先することでしばしば地方財政に深刻な影響を与えることになる。この問題を以下では地方財政平衡交付金制度を対象に見ていきたい。

5.2　地方財政平衡交付金制度における脆弱な財源保障機能の形成

　ここで見てきた政府の2つの思想や，大蔵省による地方に負担を転嫁する姿

---

25) 自治大学校（1961）160頁参照。
26) 都丸（1982）171頁参照。

勢は地方財政調整制度の運用にもしばしば影響を与えてきた。特に完全な財源保障制度である地方財政平衡交付金制度でその影響が深刻であった。地方交付税制度はこの財源保障機能を引き継いでいるから，その初期の運用を理解するにはこの制度は重要である。これらの理由から地方財政平衡交付金制度の財源保障機能を概観していく。

5.2.1 委任事務に支配された戦後の地方事務

戦前の地方制度は中央集権体制の下で運用され，地方に権限がほとんど与えられていなかった。この構造の中で国が特権的に政策の立案機能を担えば，地方にこの権限が与えられることはない。この結果，地方の事務のほとんどが国政委任事務で占められていくから，立案機能を担う人材も存在しなくなる。このことは次の2つの内務官僚の説明によっても裏付けられる。1つは，戦後の民主的な地方制度改革に抵抗して，選挙で選ばれた知事の身分を官吏にしようとした際，内務官僚が行った説明である。「形式は都道府県の事務でも，実はその地域内における国家事務の執行にすぎない。国家事務の執行がその事務の大部分である都道府県の執行機関は官吏を充てるのが適当である」[27]。

今1つは委任事務を法律で規定する理由を内務官僚が説明した際の記述である。この中で，「従来わが国の市町村における自治の実情は，固有事務は殆どいうに足らず，その事務の過半甚だしきは殆ど全てが委任事務と称しても過言ではなく，自治は殆ど抹殺された観を呈していた」[28]と述べている。これらは戦前の都道府県，市町村のいずれもその事務が国の事務で占められていたことを説明したものであり，戦後のスタート時点における地方団体の事務の実態を示していた。

藤田（1976）が地方財政平衡交付金制度の調査を実施した際，「義務的な事業や行政の実施に精いっぱいで，自主的，任意的な行政の拡充に手を伸ばす余力をもたない」と述べている。これも地方団体が委任事務を専ら執行していたことを示している。本来地方自治法では，地方団体が条例等を根拠に地方独自の事務を実施する環境を整えている。しかし，この時期の地方団体はこうした

---

27) 自治大学校（1961）160頁参照。
28) 自治大学校（1963）150頁参照。

環境とは無関係に，ほとんど委任事務が支配する状況にあったことを示している。

5.2.2 法定事務の膨張

戦後の地方事務は戦前の国政委任事務を抱え込むことで始まるが，その後も「国は政策の立案機関，地方は実施機関」の思想は継続する。しかも，内務省が解体されたことで各省庁の事務を調整する機能は弱体化している。この役割は予算編成における大蔵省の予算措置に委ねられるが，大蔵省は国が担う財源保障をほとんど無視していたから法定事務は膨張していく。法定事務の実態は52年の地方自治法改正によって別表が作成されてから概ねその姿が把握できるようになる。この別表を利用してこの時期の法定事務の膨張を見ていく。

本研究で定義した法定事務は2つの委任事務に公共事務（固有事務）に含まれる法定事務を加えた概念である。公共事務（固有事務）に含まれる法定事務はその多くが自治省所管の事務である。一方，地方自治法の別表に整理されている事務は，都道府県の機関委任事務が別表3に，市町村が別表4にまとめられている。団体委任事務は法律で義務付けのあるものに限定して都道府県が別表1に，市町村が別表2に整理されている。ただし，別表に掲載されている事務は自治省が所管する法律の多くを含んでおらず，また警察法なども対象から除外されている[29]。地方自治法の別表に掲載されている委任事務を法定事務とすると，対象から漏れる事務があるが，自治省所管の事務を含めた法定事務の件数を正確に把握する方法はないから，本書では別表の事務を法定事務の件数の手掛かりとして使用していく。

別表は主に地方自治法改正によって更新されるからこれを利用して，地方財政平衡交付金制度が導入される49年から56年までの法定事務の推移を整理する。なお，52年以前の別表導入前については，52年の別表に掲載されている法定事務の公布年を調べ，例えば49年の末日時点で公布されていない法定事

---

29) 長野 (1995) は別表に掲載されていない事務として地方自治法，地方財政法，地方公務員法などによるものを挙げている。また，地方行政の組織や運営に関する法律なども除外対象となっており，警察法による委任事務については，当初別表に掲載されていたが，その後削除されている。

表2-4 地方団体における法定事務の推移   単位：件，件／年

		都道府県			市町村			地方団体		
		団体委任	機関委任	法定事務	団体委任	機関委任	法定事務	団体委任	機関委任	法定事務
実数	49年	27	106	133	32	67	99	59	173	232
	·51年	35	157	192	38	93	131	73	250	323
	53年	44	193	237	45	102	147	89	295	384
	54年	45	189	234	43	96	139	88	285	373
	56年	55	231	286	43	103	146	98	334	432
指数	49年	100	100	100	100	100	100	100	100	100
	51年	130	148	144	119	139	132	124	145	139
	53年	163	182	178	141	152	148	151	171	166
	54年	167	178	176	134	143	140	149	165	161
	56年	204	218	215	134	154	147	166	193	186
年平均	50-51年	4.0	25.5	29.5	3.0	13.0	16.0	7.0	38.5	45.5
	52-53年	4.5	18.0	22.5	3.5	4.5	8.0	8.0	22.5	30.5
	53-54年	1.0	-4.0	-3.0	-2.0	-6.0	-8.0	-1.0	-10.0	-11.0
	54-56年	5.0	21.0	26.0	0.0	3.5	3.5	5.0	24.5	29.5

注1：49年の数字は52年の別表から50～52年に制定された法律の事務を控除し，51年の数字は同様に52年の事務を差し引いた推計値である。
注2：49年，51年はそれぞれ年末時点であり，これ以外は地方自治法の改正時点の法定事務の件数である。
資料：衆議院HP[30]

務を控除して，それぞれの年の事務件数を推計した。これをまとめたものが表2-4で，地方財政平衡交付金，地方交付税それぞれの制度が導入された年度の算定対象に網掛けを付した。

53年以降原則的に1件の法定事務に1件の法律が対応している[31]。ただし，1件の法律は都道府県と市町村にそれぞれ機関委任事務と団体委任事務を設定できるからその逆は成立しない。1件の法律に対応する法定事務の件数はまちまちで，また法律が課す事務量も一定ではないから，事務件数と事務量，ある

---

30) 第1章注19参照。
31) 52年時点では1件の委任事務に複数の法律が対応しているケースがあったが，53年の法改正で1項目を除いて1対1の関係に修正されている。

いはそのための必要経費は必ずしもリンクしない。

　法定事務の件数は必要な財源と直接リンクしないとしても，その手掛かりにはなる。地方財政平衡交付金制度が導入された 50 年度は 49 年の法定事務を前提に決定されているはずだからその件数は 232 件であった。これが 51 年には 323 件，地方交付税制度に移行する 53 年には 384 件となっている。53 年までの 4 年間に件数で 152 件，65.5% の膨張である。

　地方交付税制度に移行すると，54 年には法定事務が 11 件削減され，この時期唯一減少している。しかし，その後は再び増加に転じると，年間 30 件ずつ増えている。これによって地方交付税制度に移行した後，法定事務は 3 年間に 48 件，12.5% 拡大していたことが分かる。法定事務がこれほど膨張してきた背景には内務省の調整力が失われたことが一因であるが，これ以外にも財源措置が伴っていなかったことが示唆される。地方に財政負担を転嫁すれば，国の負担は増えないから政府が法定事務を抑制するインセンティブは存在しない。次項では財政面からこの時期の実態を把握していく。

5.2.3　大幅に縮小していく財源

　戦後の地方財政調整制度は地方分与税制度に始まり，地方配付税制度までが財政調整制度であり，財源保障制度として地方財政平衡交付金制度，地方交付税制度がある。財政調整から財源保障へと制度の形式は発展していくが，制度の機能を左右する財源はむしろ縮小していった。

　地方配付税制度では 49 年度の配付税率がドッジラインの影響から 33.14% から 16.29% に半減し，地方配付税は 667 億円となった。翌 50 年度の平衡交付金総額は当初，補正を含め 1,085 億円となったが，これには国庫支出金の整理に伴う振替分 305 億円が含まれていた。これを控除し，地方配付税に対応した平衡交付金を求めると 780 億円となり，配付税率 19.05% に相当している。この時期の地方配付税制度は制度が不安定で単純に比較することは難しい。しかし，平衡交付金の財源は本来の配付税率 33.14% と比べると，著しく低く，48 年度以前の所得税，法人税に対する配付税率 23.32% と比べても低いことが分かる[32]。財政調整制度から財源保障制度に移行し，本来的には国の財政責任が重くなったことを考えれば，明らかにその機能は低下していたと評価せざ

表2-5 平衡交付金と地方交付税の財源比較（当初予算）　　　　単位：億円，%

		50年度交付金	51年度交付金	52年度交付金	53年度交付金	54年度交付税
名目値	調整財源 (A)	1,050	1,100	1,250	1,300	1,216
	A/B	26.9	27.9	22.4	22.4	19.7
	A/C	23.6	24.7	19.6	18.2	15.8
	指数	100	105	119	124	116
	地方税収	1,900	2,087	2,777	3,047	3,474
	指数	100	110	146	160	183
	国税3税 (B)	3,903	3,937	5,592	5,807	6,160
	B/C	87.8	88.6	87.6	81.4	79.8
	指数	100	101	143	149	158
	国税合計 (C)	4,446	4,445	6,382	7,133	7,718
	指数	100	100	144	160	174
実質値	調整財源	1,050	881	985	954	895
	指数	100	84	94	91	85
	地方税収	1,900	1,671	2,187	2,238	2,558
	指数	100	88	115	118	135
	国税3税	3,903	3,152	4,405	4,264	4,536
	指数	100	81	113	109	116
	国税合計	4,446	3,559	5,027	5,237	5,683
	指数	100	80	113	118	128

注：制度施行時の交付税率は22%であったから54年度のA/Bが19.7%となっているのは減額措置が取られた結果である。
資料：国の予算，荻田（1954）

を得ない。

　次に平衡交付金と地方交付税の当初予算における財源を比較したものが表2-5である。表中，50年度から53年度までが平衡交付金で，54年度が地方交付税である。「調整財源」とは平衡交付金あるいは地方交付税の総額であり，「地方税収」とは地方財政計画に掲載されている地方税，「国税3税」とは所得税，法人税，酒税の予算額の合計である。「国税合計」とは一般会計の租税及び印紙収入を示し，実質化も行っている。

　実質化された計数で推移を見ると，51年度にドッジラインによる経済の落

---

32) 48年度の地方配付税の財源は所得税，法人税以外にも入場税の30.78%があったため，実際の財源規模はさらに大きいことが分かる。

ち込みがあり，52年度には朝鮮特需による景気回復の影響が見られる。このように経済が変動する中で，調整財源は50年度を100とすると，地方交付税制度が始まる54年度には85にまで落ち込んでいる。国税3税が16%，国税合計が28%増加しているのに比べると，地方への配分は大きく後退していた。国税関連が朝鮮特需による回復が大きいのに比べ，調整財源では交付税率に対応するA/Bが大きく低下したために50年度を超える水準に達していなかったのである。

調整財源は地方税収や国庫支出金など，他の財源を補塡する仕組みであるから他の財源が増加していれば，相対的に低下しても問題はない。表では地方税収についても扱っており，この値は国税3税，国税合計に比べると，その伸びは大きく，実質で35%の伸びを示している。しかし，調整財源と地方税収を合わせると，4年間の伸びは17%に留まっている。

表2-4の法定事務と比較すると，その深刻さは明確である。地方交付税制度の導入された54年度で見ると，法定事務は50年度に比べて，率で66%，件数で152件増加していた。これに対して，調整財源と地方税収で，この間17%しか拡大していないから事務量の拡大に財源は全く追いついていない状況にあった。

地方財政平衡交付金制度は地方配付税制度と比べて過少な財源でスタートしていた。しかも，その運用期間を通じて，地方税収こそ国税程度に拡大したが，平衡交付金の財源の伸びは鈍く，実質で見ると縮小すらしていた。このように段階的に縮小してきた制度を，地方交付税制度は導入時点でさらに縮小するかたちで引き継いでいたのである。

5.3 財源保障機能の構造的欠陥

地方財政平衡交付金制度はシャウプ勧告に従って導入されたが，奥野誠亮氏は88年の『自治論文集』の中でシャウプ勧告や地方財政平衡交付金制度についてその経験を整理している。奥野（1988）の説明は，端的に言えば，財源保障機能を整備した地方財政平衡交付金制度が当時の日本にとって絵空事であったことを示していると言えるだろう。

奥野（1988）は，地方財政平衡交付金制度が，地方財政委員会と大蔵省が

別々に予算編成を行い,その齟齬を国会が調整する構造であったと説明している。国の財源が不十分なため,大蔵省が適切に予算を計上しないことを想定した措置であった。この制度がシャウプ勧告に位置付けられることを知った奥野氏は,地方財政委員会事務局長の荻田保氏とともに地方出張中のシャウプ博士を追いかけ,導入を思い止まるように説得した。その際,平衡交付金の決定方法が日本の実情にあわないことを説明し,従来通り国税の一定割合とするように求めたのである[33]。

奥野(1988)は地方財政平衡交付金制度のような完全補塡の仕組みをシャウプ税制使節団が導入しようとした背景に当時の米国の経済力があったと分析している。50年に奥野氏が米国政府を訪れ,財政当局から予算査定の説明を受けた際,米国では政府各部局から要求のあった額は概ねその通り認め,減額しても要求額の5%程度であったと聞かされている。このエピソードを引用して「当時の日本の予算査定の実情とは,あまりにも大きくかけ離れた金持国の話だった」と感想を書いている。その上で米国の経済力があれば,平衡交付金も全額予算計上できただろうし,地方団体との間で額を巡る争いも起こらなかっただろうと述べている。

GHQは委任事務の財源措置を国に義務付け,最終的な財源保障の役割を地方財政平衡交付金制度に与えた。だが,奥野(1988)の説明は制度の導入当初から財源保障が全く期待できなかったことを示している。少なくとも当時の日本の経済力や財政規模と,地方財政平衡交付金制度を維持するために必要な財源に大きな乖離が存在していたことを明確にしている。これは既にほとんどが委任事務という状況で,地方財政に対する財源保障機能を地方財政平衡交付金制度が担うことの限界であった。

シャウプ勧告は国と地方の事務の再配分に対する考え方を提示している。このことは地方財政平衡交付金制度を機能させるために委任事務の整理が不可欠であることをシャウプ税制使節団自身が認識していた証左であった。9月に勧告が出ると,地方自治庁は12月に神戸正雄氏を委員長とする地方行政調査委員会議を設置し,委任事務の再編に着手した。そして,50年12月に事務再配

---

33) 奥野(1988)779-780頁参照。

分に関する第1次勧告を,翌51年9月に第2次勧告を発表した。ところが,GHQは,このとき既に分権化政策を推進する意欲を失っていたことから,神戸勧告が実現することはなかった。従って,地方制度を所管する省庁はその委任事務を地方団体に移譲することも,整理することもほとんどしなかった。この結果,地方団体は法定事務の実施機関として固定されていくことになる。しかも,委任事務の整理に失敗したことで,地方財政平衡交付金制度は,対処できない規模の委任事務を抱えることになる。つまり,地方財政平衡交付金制度の財源保障機能がその役割を果たすことができないことが決定的となったのである。

これは事務全体が地方財政平衡交付金制度の財源保障の対象となったことの必然的な帰結であり,この意味で構造的欠陥であった。しかも,導入時点で財源保障の目途が全く立っていなかったにもかかわらず,法定事務は膨張し,平衡交付金の財源は縮小したから,不均衡は拡大したはずである。戦後の新たな体制の下,各省庁は多くの法律を生み出し,「国は政策の立案機関,地方は実施機関」の思想に従い法定事務を整備していった。戦後の状況は法定事務を拡大させる環境であったことは明らかであるが,法定事務をコントロールするはずの自治省は内務省解体によりその調整能力を著しく低下させていたから,その役割は専ら大蔵省の予算措置に委ねられることになる。

大蔵省は「地方は法定事務経費の負担機関」の思想を取りながらも,国の財政責任に対する意識が希薄であった。法定事務が拡大し,地方団体の財源がこれを充足しなければ,平衡交付金は拡大することになるが,むしろその財源は縮小していった。法定事務が増えても,一般会計の負担が軽減できれば,「国は政策の立案機関,地方は実施機関」の思想よろしく法定事務を拡大しようとする各省庁の動きに大蔵省が歯止めを掛けるインセンティブは生じない。このことが法定事務の拡大に拍車を掛け,例えば地方全体で50-51年は年に45.5件,52-53年には30.5件といった規模で増えていくことになる。

地方財政平衡交付金制度の財源保障機能は政府の2つの思想が生み出す法定事務と財源の不均衡を抱えて始まり,これらの姿勢が生み出す法定事務の膨張と平衡交付金の縮小という不均衡の拡大に直面する。地方財政平衡交付金制度の構造的欠陥は運用とともにその深刻さを増したため,財源保障制度としての

地方財政平衡交付金制度はわずか4年で終わる。だが，地方交付税制度に移行しても財源保障機能は維持される。政府は「国は政策の立案機関，地方は実施機関」と考え，「地方は法定事務経費の負担機関」の思想を放棄することなく，地方財政平衡交付金制度の財源をさらに縮小して引き継いでいたのである。従って，地方交付税制度は地方財政平衡交付金制度よりさらに深刻な状況で構造的欠陥を引き継いでおり，このことが地方交付税制度の初期の運用にも大きな影響を与えることになる。

6. 裁量的運用の導入の理由[34]

地方交付税制度は，地方財政平衡交付金制度から財源保障機能と，さらに縮小した財源を受け継いだ。しかも，地方財政平衡交付金制度の下，予算編成のたびに対立を繰り返した国と地方の関係も引き継いでいる。需要額算定の裁量的運用は，悪化した国と地方の関係の中で地方交付税制度を維持していく方策として選択されたことを明らかにしていく。

6.1 地方財政平衡交付金制度における総額を巡る争い

地方財政平衡交付金制度では，財源不足額の要求を行う組織，すなわち地方財政委員会を政府から独立した機関として整備している。これは，大蔵省が要求額を計上しないことを想定した措置[35]で，しかもこの委員会の委員も5人中3人を地方団体側の推薦者とした[36]。つまり，地方団体の意見を吸い上げやすい構成を取っており，さらに大蔵省による計上額に不満がある場合，地方財政委員会設置法第13条で地方財政委員会が内閣や国会に意見書を提出するこ

---

34) 本項は主に地方自治百年史編集委員会（1993a）の615-625頁，自治大学校（1978）187-193頁，203-218頁に基づき，他の文献は個々に注を付した。
35) 奥野（1988）779-780頁参照。
36) 地方財政委員会設置法5条1項で委員会の委員が5名であること，3項で「全国の都道府県知事及び都道府県議会の議長の各連合組織が共同推薦した者」，「全国の市長及び市議会の議長の各連合組織が共同推薦した者」，「全国の町村長及び町村議会の議長の各連合組織が共同推薦した者」を必ず含まなければならないと規定している。このため，政府が一方的に都合の良い委員を任命して地方財政委員会を支配することが難しい仕組みとなっていた。

とができるとしていた[37]。このうち国会に対する意見書は，地方財政委員会と大蔵省の意見が異なる場合に大蔵省の予算案に対して地方財政委員会が対案を示し，国会がこれを調整する仕組みであった[38]。これらが地方財政平衡交付金制度の基本的な構造となっていた。

平衡交付金を巡る大蔵省，地方財政委員会，地方団体の争いは制度が導入された50年度の当初予算から始まっている。50年度当初予算の平衡交付金の総額をシャウプ勧告では1,200億円としたのに対し，大蔵省は国庫補助金の整理額が減少したことを主な理由に1,050億円に減額した。これに対して全国知事会など地方6団体から猛烈な反対意見が唱えられ，これを機に対立は深刻化していく。

50年度は補正予算の編成が決定されたため，地方財政委員会は平衡交付金の134億円増額を要求した。この補正予算案を支持している地方団体では，仮に予算案が通らない場合，例えば全国知事会では政府の公共事業の返上や知事の総辞職といった強硬意見も出されていた。これに対し，大蔵省は35億円の平衡交付金の増額を決め，国会に補正予算案を提出した。これを不服とした地方財政委員会では衆参両院議長に対して88億円の平衡交付金の増額を求めて意見書[39]を出している。

こうした経緯を踏まえ，国会では野党側から修正の試みも行われたが，結局政府原案通りの補正予算が成立している。この結果，50年度の平衡交付金総額は当初，補正を含め1,085億円となったが，これには国庫支出金の整理に伴う振替分305億円が含まれていたため，実質的にはドッジラインによって大幅にカットされた地方配付税667億円をやや上回る程度の水準に過ぎなかったのである[40]。

補正予算の編成と併行して進められた51年度の予算編成でも，大蔵省と地方財政委員会の意見対立ははなはだしく，大蔵省は「地方財政の問題点」と題

---

37) 地方財政委員会設置法の条文は衆議院HPの制定法律（第1章注19参照）を参照。
38) 荻田（1954）397-398頁参照。
39) 50年度補正予算に対する地方財政委員会の意見書は例えば50年11月29日衆議院地方行政委員会会議録などから把握できる。
40) 藤田（1976）303-304頁参照。

する文書を作成し，地方団体が経費を節約すれば，300億円程度の減税も可能であると主張した。これに対し，地方財政委員会も既述した「『地方財政の問題点』と題する大蔵省の意見について」で反論している。この対立は51年度補正予算でも継続し，いずれも国会に意見書が提出された[41]。51年度当初予算では参議院予算委員会に地方財政平衡交付金に関する小委員会が，51年度の補正予算では参議院地方行政委員会に地方財政の緊急対策に関する小委員会がそれぞれ設置され，議論が重ねられた。国会での議論は地方財政委員会に好意的であったが[42]，いずれも政府原案が優先され，大蔵省の圧勝に終わっている[43]。

6.2 発言力低下が著しい旧内務官僚

GHQの戦後改革により，国による統制の多くが廃止され，地方団体は政府に対する要求を強める。地方財政委員会はこうした地方団体の意見が反映しやすい制度であったため，平衡交付金の総額を巡る争いは熾烈を極めることになる。特に都道府県は平衡交付金の増額に関する意見書などを国会に提出し[44]，首相官邸で座り込み[45]，池田勇人大蔵大臣に直談判するなど，複数のルートを使って平衡交付金の上積みを要求した。このことが国と地方の対立をさらに激しいものにした。

一方，内務省が解体されたことで，この時期の旧内務官僚の政策決定に対する影響力の低下は著しいものがあった。戦前の内務省は，大蔵省とともに，あるいは大蔵省以上に「官庁のなかの官庁」[46]という自負が強かったと言われている。だが，平衡交付金の決定に関して言えば，ほぼ大蔵省の独壇場であった。総額決定で大蔵省に連続して完敗したことで，旧内務官僚には大蔵省から十分な予算を確保するだけの力量がないことを地方団体に印象付けた。地方財政平衡交付金制度が完全補填を謳ってみても全くの空証文に過ぎず，その達成

---

41) 51年3月14日参議院地方行政委員会会議録などから把握できる。
42) 51年8月14日，15日参議院地方行政委員会会議録から把握できる。
43) 藤田（1976）284-318頁参照。
44) 51年2月21日参議院地方行政委員会会議録参照。
45) 石原（2000）64頁参照。
46) 後藤田・御厨（2006）26-31頁，169-170頁参照。

は不可能に近いものであった。総額を巡る争いが旧内務官僚の地盤沈下を際立たせる効果しかなければ，彼らがこれを避けようとするインセンティブを持っていたことは首肯できる。

　54年に地方交付税制度に移行すると，この制度を前提に地方財政再建促進特別措置法を55年に成立させている。この法律によって深刻な財政危機に直面していた地方団体は自治庁の監督下で財政再建の取り組みを始めた。さらに54年に警察法改正，56年に「地方教育行政の組織及び運営に関する法律」を成立させ，53年に独立後の地方制度のアウトラインを示した第1次地方制度調査会の答申が概ね実現している。これらを経て，自治庁は56年に戦後改革を終了し，制度の構築から運用に移行したことを宣言している[47]。地方交付税制度は，正に戦後改革が運用段階を目指す過程で，その運用を開始していたのである。

　戦後の地方制度が運用に移行しようとする中，その中核を占める地方交付税制度が崩壊すれば，計画全体が頓挫する。このため，自治庁には地方交付税制度を維持しようとするインセンティブが生じる。ところが，地方交付税制度の財源保障機能は地方財政平衡交付金制度と比べても脆弱であり，しかも既に見てきたように戦後の地方財政調整制度は短期間に入れ替わってきた。従って，地方交付税制度もこれを維持できる保証はなく，廃止されてしまう可能性すらあったと言えるだろう。

　財源保障制度を巡る争いは，国と地方の関係に対立の構図を持ち込み，自治庁の存在感を希薄にし，地方交付税制度の崩壊をも導出する可能性があったとすれば，自治庁がこれを避けようとするのは当然である。そもそも国と地方の対立を回避するために地方交付税制度の導入を決定している。混乱を避けるために地方交付税制度に移行したのであるから，需要額が対立を喚起するように算定されることがないことは自明である。このことが，需要額算定の裁量制が選択された大きな理由となっている。

---

47) 鈴木 (1956) 7-8頁，藤井 (1956) 2頁参照。

6.3 第6条の3第2項とその意味

　平衡交付金の総額を巡る争いを回避するため，財源を国税の一定割合とした地方交付税制度に移行した。これによって大蔵省と総額を巡って争う必要はなくなっていく。ただし，地方交付税制度が財源保障機能を維持したことで，財源を保障するための規定が地方交付税法6条の3第2項として追加された。そして，この規定が新たな国と地方の対立を生み出す要因となり，需要額はこの規定が適用されないように決定されていく。このため，この規定を詳細に見ておくこととしたい。

　6条の3第2項には「毎年度分として交付すべき普通交付税の総額が引き続き第10条第2項本文の規定によって各地方団体について算定した額の合算額と著しく異なることとなった場合においては，地方財政若しくは地方行政に係る制度の改正又は第6条第1項に定める率の変更を行うものとする」と記されている。ここで「第10条第2項本文の規定によって各地方団体について算定した額の合算額」とは財源不足額のことであり，「第6条第1項に定める率」とは交付税率を指す。

　さらに54年5月4日の参議院地方行政委員会での塚田十一郎地方自治庁長官の答弁から「著しく異なる」とは10%程度で，「引き続き」とは2年以上と理解されている。従って，交付税財源と地方団体の財源不足額の間に10%を超える差が2年続き，かつ将来に亘って継続すると考えられる場合には交付税率を変更するか，制度を見直すかのいずれかを実施しなければならないと，この規定は政府に義務付けているのである。なお，石原・遠藤（1986）は，この時の財源不足額には臨時地方特例交付金や借入金とともに起債振替措置も含むとしている[48]。

　地方交付税制度は交付税財源を，需要額と収入額から求められる財源不足額に応じて地方団体に配分しているから常に財政調整機能は満たしている。だが，財源保障機能を満たすためには交付税財源が財源不足額を充足する必要がある。交付税財源は国税の一定割合で法定されているから，地方制度が追加され，財政需要額が増大すると，交付税財源と財源不足額が乖離していく。6条

---

48) 石原・遠藤（1986）88-89頁参照。

の3第2項は財源保障機能が充足していない条件を示し，その場合の対処方法を規定したのである。この規定があるため，財源保障機能は長期的に維持され，地方交付税制度も地方自治法や地方交付税法の規定を満たすことになる。

6.4 導入初期における6条の3第2項の適用可能性

6条の3第2項の問題に初めて直面するのは77年度の予算編成であった。このことは77年度までこの規定を満たす状態が存在しなかったことを意味しない。むしろ，地方交付税制度が導入された当初はこの規定が適用されてもおかしくない状態が継続していた可能性の方が高い。しかし，地方交付税制度に移行すると，財源不足額は把握できなくなるため，財源不足を具体的に評価することは困難になる。これに対し，地方財政平衡交付金制度では地方財政委員会と大蔵省が別々に財源不足額を算定していたから，これを利用して財源不足額と実績との乖離を，ある程度定量的に検証できる。ここでは荻田（1954）や各年度の『国の予算』から地方財政平衡交付金制度の財源不足額を把握し，これを参考に6条の3第2項の適用可能性を議論していく。なお，54年度の地方交付税制度についても荻田（1954）は扱っていることから，ここでは54年度も対象にしている。

荻田（1954）は地方財政委員会の要求額と決定額を，それぞれ平衡交付金と地方債に関して掲載している。このうち，地方財政委員会の要求額がより平衡交付金本来の額に近いと判断できる。このため，地方財政委員会の要求額を本来の財源不足額とし，平衡交付金の決定額から，この時期平衡交付金で措置されず放置された額が平衡交付金の10%を超えていたことを確認していく。これをまとめたものが表2-6である。

「財源措置額」には平衡交付金の決定額を充てたが，53年度以降は普通平衡交付金，普通交付税の額を計上した[49]。「財源不足額」には地方財政委員会の要求額から地方債で措置された額を控除したものを掲載している[50]。「未措置

---

49) 52年の法改正から普通平衡交付金と特別平衡交付金に分割され，普通平衡交付金は総額の92%である。これは54年度の普通交付税も同様である。
50) （平衡交付金の要求額）＋（地方債の要求額）－（地方債の決定額）を財源不足額とした。この理由は本章7.1項を参照。

表2-6 財源不足額の未措置分の推計　　　　　　　　　　　　　　単位：億円，％

年　度	50年	51年	52年	53年	54年
財源措置額	1,050	1,100	1,250	1,196	1,119
財源不足額	1,190	1,395	1,300	1,469	1,406
未措置額	140	295	50	273	287
未措置率	13.3	26.8	4.0	22.8	25.7
経費の節約分	—	80	147	48	120
節約前未措置額	—	375	197	321	407
節約前未措置率	—	34.1	15.8	26.8	36.4
対国税3税比率	26.9	27.9	22.4	22.4	19.7
実質赤字額	—	102	301	462	640

資料：国の予算，荻田（1954）

額」は財源不足額から財源措置額を控除したもの，「未措置率」は未措置額を財源措置額で除した比率である。

　この時期，地方財政計画の策定では恒常的に既存経費の節約が行われていた。この種の経費の節約は国の一般会計の節約に準じて行われるケースもあったが，政府に比べ，国の事務の制約が大きい地方団体において一方的に経費の削減が行われたのは，単に財源不足額の縮小が目的であった可能性が高い。柴田（1975）は実際に55年度の地方財政計画で財源不足額を調整するためにこの節約費を増額したと述べている[51]。しかも，多額の実質赤字額を計上していた時期でもあったから，これを財源不足額とみなすことに妥当性はあるだろう。こうした観点から表2-6には「経費の節約分」を追加している。これには『国の予算』の地方財政計画の値を充てているが，50年度の記載がないため，データは欠落している。「節約前未措置額」，「節約前未措置率」は財源不足額に準じて算出した。加えて，「対国税3税比率」，「実質赤字額」も併せて掲載している。

　未措置率を見ると，52年度を除くと，既に10％を超えており，20％を超える年も3年ある。52年度は経費の節約分が大きく，意図的に財源不足額を減額していたことが示唆される。これは，52年以降地方財政委員会が廃止されたことから大蔵省との対立関係に変化があり，財源不足額や経費の節約分が持

51）柴田（1975）168頁参照。

つ意味が修正されていた可能性がある。52年度の実質赤字額も，未措置額が大幅に減額されたにもかかわらず，むしろ増加している。しかも，交付税率に相当する対国税3税比率は前年度から5.5%も低下している。法定事務が大膨張している時期に国の負担が大幅に軽減されたことは意図的に調整が行われたことを示している。経費の節約を考慮して節約前未措置率で捉えると，この比率は15.8%に上昇する。これらの結果は地方財政平衡交付金制度の段階から恒常的に平衡交付金の10%以上の乖離が生じていたことを示しており，地方交付税法6条の3第2項に照らすと，財源保障機能は充足していなかったことが分かる。

　本来法定事務が増加すれば，国の負担は増えるはずなのに対国税3税比率はむしろ低下している。事務が増えても，国の負担が増えなければ，法定事務を抑制するインセンティブは失われるからますます増加することになる[52]。こうした状況が，52年度から54年度に掛けて法定事務の拡大に寄与していたと考えられるが，その一方で実質赤字額は急増していく。6条の3第2項に照らして財源保障機能を評価すれば，その実態は節約前未措置率で捉えた15.8，26.8，36.4%に反映していたと考えられる。

　55年度になると，財源不足額は『国の予算』などにも掲載されなくなるが，経費の節約分は地方財政計画に掲載されている。これによると，地方全体で191億円，交付団体に限定すると，163億円となる。この額は51年度以降で最大であり，しかも実質赤字額は前年度から200億円近い増額となっている。このことから55年度は54年度より状況は悪化している可能性が高いと言える。55年度の経費の節約分は，交付団体に限って見ても11.9%で，これだけで既に財源保障機能は充足できない。

　自治庁は54年度から町村合併を強化し，8,000を超えていた市町村を56年度までに4,000弱にまで削減している。これによって地方財政計画の職員数は1割程度削減される。また，56年には都市計画税，軽油引取税が創設され，57年には軽油引取税等で税率が引き上げられ，特別とん譲与税なども新設された。こうした努力にもかかわらず，柴田（1975）は54年度から56年度を地方

---

52) 戦後の民主的なシステムに移行したことが，立法件数を増加させたもう1つの原因である。

財政がどん底にあったと説明している。50年代前半の地方財政平衡交付金制度には未措置率が恒常的に10%を超えていたと考えられるが，地方交付税制度に移行すると，さらに財政状況は悪化している。これより地方交付税制度の導入時，財源不足額は確実に10%を超えていたと考えられる。56年度になると，柴田（1975）はどん底で光を見出した年と評しているが，これが直ちに57年度から財源保障機能を実現したと捉えることは難しい。60年度に単位費用を引き上げるために交付税財源を繰り越した際，国会で多額の財源不足が存在するのを行政指導によって抑え込んだといった指摘があったように，60年度においてもかなりの財源不足が生じていたことが分かる。この時点で財源保障機能が充足していたかは不明であるが，60年度時点の状況を勘案すれば，57年度以降少なくとも数年は10%以上の乖離が存在していた可能性が高いと言えるだろう。

6.5 対立を生む構造と裁量的運用の導入

地方交付税制度に移行すると，財源不足額は55年度以降明確に示されず，地方財政計画でも経費の節約が掲載されなくなる。これは6条の3第2項に配慮して，総額を巡る混乱が発生することを回避するための措置であったと考えられる。少なくとも地方交付税制度に移行した後も財源不足額は普通交付税から10%以上乖離していた可能性が高い。これらの結果から，地方交付税制度に移行した後もしばらくは6条の3第2項が適用されてもおかしくない状況にあったと言える。

6条の3第2項が適用されると，国と地方の対立が発生したであろう。実際には需要額の裁量制が支配していた74年度までにこの規定が適用されることはなかった。ところが，この裁量制が終わると，早速77年度予算でこれが問題となり，地方団体は交付税率の引き上げを強く国に求める事態が発生している。例えば，坂田（1978）は「地方六団体などは「交付税率の引き上げ」をかなり強く主張し」たと述べている。

仮に地方財政平衡交付金制度の経験が鮮明な時期にこの問題が発生していれば，地方団体の反応はさらに過激なものになった可能性がある。56年に地方自治法改正が行われたが，これは55年に一度国会に提出されたものであった。

その内容が地方議会の権限を制限するものであったため，地方議会の強い反発に会い，結局成立を見ることはなかった[53]。

地方平衡交付金制度で生じた国と地方の対立はこの時期常に再燃する可能性があったのである。従って，6条の3第2項が適用されることになれば，とりわけ大蔵省と地方の対立を生み出す恐れがあり，自治庁が地方交付税制度の継続に懸念を持った可能性もあるだろう。仮に地方交付税制度の運用が頓挫することになれば，地方制度の構築から運用へと移行しようとする自治庁の計画そのものが行き詰まることになる。この時期の自治庁はこうした事態を回避するため，実際には6条の3第2項を適用する状況にあったにもかかわらず需要額を裁量的に収入額や交付税財源に調整することで，この適用を回避していたと考えられる。そして，このことが需要額算定で交付税特会の収支均衡を意図した裁量的運用が導入された理由であったと言える。

7. 裁量的運用に対する特例措置の効果

需要額算定の裁量制は74年度まで継続するが，裁量的運用が長期にわたって維持できたのは様々な特例措置が講じられたからである。ここで扱う特例措置は交付税率の引き上げと地方財政対策である。これらはいずれも立法措置を介して実施されているからルールに基づく運用であった。つまり，需要額の算定で裁量的運用が支配的な運用として実現していた背景にはルールに基づく運用のサポートがあった。これら特例措置を位置付けていくに当たり，まず交付税率の引き上げと地方財政対策の実態を見ていくこととする。

7.1　74年度以前の交付税率の変更

交付税率は54年度に20％[54]であったものが，55年，56年，57年，58年，59年，62年，65年度に段階的に引き上げられ，66年度に32％となってからは，その後しばらくこの割合が維持された[55]。交付税率は，制度導入時22％

---

53) 読売新聞の55年6月20日朝刊，同21日朝刊社説，7月5日朝刊，7月26日朝刊，56年2月9日朝刊等を参照。

54) 正確には酒税に対しては22％，法人税，所得税では19.874％であった。

表2-7 74年度以前の交付税率の変更　　　　　　　　　　　　　　　単位：％，億円

年度	交付税率	措置額	変更理由等
56	22→25	194	地方債の一般財源振替，地方財政の赤字発生阻止及びその合理化に対する措置
57	26.0	72	所得税減税による減収を回避するための措置
58	27.5	116	既発行地方債にかかわる公債費問題の恒久的解決及び勤務地手当制度の改正のための措置
59	28.5	82	国税の減税及び入場税の減税に伴う減収の補塡のための措置
62	28.9	60	地方公務員の退職年金制度の創設，臨時地方特別交付金制度の廃止等のための措置
65	29.5	145	64年度，65年度の国税の減税に伴う減収の補塡のための措置
66	32.0	586	地方団体の財源需要の増嵩，国税減税による減収等に対処するための措置

資料：地方財政要覧

であったから54年度は減額措置が取られていた。これが55年度に22％に回復すると，その後も毎年度交付税率は引き上げられていく。交付税率の引き上げとその理由を整理したものが表2-7である。

このように交付税率が引き上げられていく契機となったのは56年12月24日の地方制度調査会答申であった。55年に地方財政再建促進特別措置法が成立し，地方財政は立て直しに向けて動き始める。その矢先，大蔵省が所得税減税を計画していることが分かり，交付税財源が縮小することを危惧した地方制度調査会は「ようやく一応の安定をみた本制度を基礎として，各地方団体においてその財政の健全化への歩みを踏み出そうとしている際に，制度本来のたてまえ上当然とるべき措置を講じないというようなことがあってはならない」として，自治庁に所得税減税への対応を強く求めた[56]。これ以降，自治省は国税減税等に伴う交付税財源の減少には主に交付税率の引き上げを求めていくことになる。

---

55) 89年度に国税5税となり，消費税とたばこ税が加わるまで継続している。
56) 石原（2000）108-110頁参照。なお，引用文中の「本制度」とは地方交付税制度のことである。

このため，需要額の内生的な要因から交付税率が引き上げられた例は少ない。これに最も近い事例が56年度であろう。この当時の交付税率は本来必要な財源に比べると，著しく低いものであった。このことが地方財政危機の原因であったが，大蔵省は行政整理を条件に，これらを反映してもなお不足する財源について交付税率の引き上げを認めている。このため，教育委員会の公選制の廃止，議会の開催回数の制限，行政機構の簡素化，これらに伴う地方公務員の削減などが進められることになる。

　需要額では56年度以降地方債の発行額を削減して一般財源に振り替える措置が取られた。地方債の償還費が増加する中，投資的経費の調達で地方債のウェイトを引き下げることが目的であった。これは，56年度の措置では不十分であったため，58年度にも追加措置が実施されている。国が公共事業を計画すると，半分程度は地方団体が支出することになる[57]。56年までは需要額の単位費用から地方債が控除されており，地方債を発行すると，とりわけ平衡交付金では総額を削減できるメリットがあった。このことが50年度に210億円であった地方債収入が，地方交付税制度の導入時に957億円にまで膨張する理由となっていた。つまり，56年度と58年度の交付税率の引き上げは財源措置で安易に地方債に依存しない仕組みへと転換したもので，国の制度運用の修正といった意味があった。

　57年度以降の交付税率の引き上げは，国の減税政策によるもの，地方公務員制度の改正に伴うものが基本である。62年度の臨時地方特別交付金制度も住民税の減税措置を補塡するものであった。また，66年度には29.5％の交付税率を32.0％に引き上げているが，ここでは国税減税とともに地方団体の財源需要の増嵩を理由に挙げている。これは65年度の公債政策の導入によって公共事業費が拡大するため，これを円滑に推進させることを目的に地方の財源を補強した結果である。従って，これも国の政策による地方への財政負荷を軽減する措置であったことが分かる。

　56年度の交付税率の引き上げも，低く抑制した交付税率を見直した結果と捉えると，需要額が内生的に膨張して交付税率を引き上げた事例は存在しな

57）自治大学校（1978）205頁参照。

い。つまり，交付税率の引き上げは，専ら国の制度運用の変更に伴って生じる地方財政の不均衡拡大を緩和することを目的としていたことが分かる。引き上げられた交付税率も減額分を完全にカバーするものではなかったが，それでも部分的に補塡してきたことは財源不足額の拡大を抑制する効果があったと言えるだろう。

7.2 67年度以前の地方財政対策

地方財政対策の第1の目的は地方団体の財源不足額を補塡することにあるが，この手続きの中でその額の妥当性を示し，補塡方法を決めなければならない。補塡方法の選択によって，地方財政対策による補塡は，需要額に含まれる場合もあれば，含まれない場合もあり，また国の一般会計の負担になる場合もあれば，ならない場合も出てくる。つまり，補塡方法によって，本来全額国の一般会計が負担しなければならない財源不足額を他の会計システムに分散することができる。この結果，地方財政対策の多くは，最終的，長期的には国の一般会計が負担するとしても，形式的，短期的には交付税特会の負債にも，地方団体の負債にもできるのである。補塡方法の選択によって負担が移動するため，地方財政対策は地方交付税を，とりわけ一般会計から分離することに利用されてきた。これによって一般会計の負担が軽減されるが，このことが地方団体の財源補塡とともに地方財政対策の重要な目的となっている。

74年以前の地方財政対策を見ていくと，67年度と68年度を境にその性格は明確に変化している。68年度以降になると，地方財政対策の目的は一般会計の負担軽減が急増し，地方財政あるいは需要額の伸びとは直接関係がなくなる。こうした質的な変化が存在するため，地方財政対策を2つの期間に分割し，まず67年度以前の実態を見ていく。

67年度以前の地方財政対策では地方交付税の総額を増額する場合と減額する場合があった。このうち，増額する場合を表2-8に整理した。

表2-8を見ると，地方財政対策の理由は住民税減税や給与改定であったことが分かる。この時期の地方財政対策は概ね交付税率の引き上げと同じような理由で行われた。55年度に地方財政危機に伴って地方交付税制度の下で初めて地方財政対策が実施されている。だが，交付税率が引き上げられていた時期

表 2-8 67 年度以前の財源補塡を伴う地方財政対策　　　　　　　　単位：億円

年　度	措置額	措置内容	根　　拠　　法
住民税減税に伴う措置			
60 年全体	35	臨時地方特別交付金	臨時地方特別交付金に関する法律
61 年全体	40	臨時地方特別交付金	臨時地方特別交付金に関する法律
62 年当初	2	臨時地方特別交付金（過年度精算分）	臨時地方特別交付金に関する法律
63 年当初	5	臨時地方特別交付金（過年度精算分）	臨時地方特別交付金に関する法律
66 年当初	414	臨時地方特例交付金	昭和 41 年度における地方財政の特別措置に関する法律
補正	51	臨時地方特例交付金	昭和 41 年度における地方財政の特別措置に関する法律の一部を改正する法律
給与改定に伴う措置			
64 年補正	150	借入金	昭和 39 年度分の地方交付税の総額の特例等に関する法律
65 年補正	300	借入金	昭和 40 年度分の地方交付税の総額の特例等に関する法律
その他			
55 年当初	45	たばこ専売特別地方配布金	地方交付税法の一部を改正する法律
	160	臨時地方財政特別交付金	昭和 30 年度の地方財政に関する特別措置法
65 年補正	512	国税 3 税の減額補正の補塡	昭和 40 年度における財政処理の特別措置に関する法律
67 年当初	120	臨時地方財政交付金	昭和 42 年度における地方財政の特別措置に関する法律

注 1：臨時地方特別交付金は地方交付税同様国税 3 税の 0.3％に法定されたため，一般会計の手続きに合わせて当初，補正，決算を経て確定する。それゆえ，当初分と補正分を合算して計上した。
注 2：臨時地方財政交付金とは 66 年度に不況対策として発行された特別事業債の償還費である。
資料：地方財政要覧，国会会議録

にはほとんど実施されていない。

　財源補塡のための地方財政対策は 55 年度，60 年度，65 年度を契機に進められている。55 年度の地方財政対策は 205 億円で実施され，当時としては比較的大規模なものであった。しかし，高度経済成長で経済規模が拡大していたことを考慮すれば，その後の地方財政対策は 55 年度と比べれば，極めて小規模なもので，深刻な地方財政対策は 65 年度までは発生していなかったと判断できるだろう。65 年度に国の一般会計は戦後初めて国債を発行している。補正予算で国税 3 税が減額補正されたが，その際地方交付税の減額分を国庫が負担したことによる財源の追加分が地方財政対策の対象となっている。

　さらにこの時期の地方財政対策の特徴は単なる減額措置のみを実施するケースがあったことである。これは 4.3 項において奥野誠亮自治省財政局長の発言を引用したが，補正予算で発生した財源の一部を翌年度に繰り越すことで単位費用の引き上げを行っている。これが 60 年度以降，63 年度まで実施されていた。このような減額措置は地方団体に財源の余裕があって実施されたものではなかったが，それでも減額措置による地方財政対策が実施できたのは，補正予算で多額の税収増を見込むことができた高度経済成長という特殊な経済環境の結果であったことは明らかである。

　67 年度以前の地方財政対策は交付税率の引き上げと同様に国の政策に伴って実施されたものばかりである。このことは，拡大した需要額を地方財政対策を通じて補塡したのではなく，外生的に発生した財政需要の追加を地方財政対策を通じて措置した結果である。しかも，減税や給与の補塡が中心であったことは，裏を返せば，減税や国家公務員の給与改善に伴って発生した財源不足額を交付税率の引き上げか，地方財政対策かによって対処していたのが 67 年度以前の特例措置であったことを示している。

7.3　68 年度以降の地方財政対策

　67 年度以前の地方財政対策が財源不足を補塡するものであったとすると，68 年度以降の地方財政対策は国の一般会計の負担軽減が主たる目的となっていた。しかも，その頻度は多く，単年度で見ても様々な方法が駆使され，規模も段階的に拡大していく。ほとんど多重債務者の資金運転に近いため，その補

填方法も複数の会計間で，しかも複数の年度間で行われ，複雑化している。

このような地方財政対策が実施された理由は 67 年の統一地方選挙で首都東京に初めて革新知事が誕生したことにある。これによって地方の政策や財政に対する政府の姿勢が変化したため，国の財政に対する負荷が拡大していく。これがこの種の地方財政対策が採用された背景であるが，しかし地方財政が一般会計を負担できるだけの余剰財源を持っていたわけではない。このため，需要額算定の裁量制は強化されていくことになる。これらの詳細は第 3 章で扱っていくとして，ここでは複雑化していく地方財政対策の実態を具体的に見ていくことにする。

表 2-9 は 68 年度から 70 年度までの地方財政対策を掲載したものである。実際には 71 年度以降も地方財政対策は継続しており，67 年度までに見られた財源補塡を目的としたものも合間に入り込んでくる，さらに複雑な状況を生んでいる。表は一部補塡措置も含んでいるが，一般会計から分離する措置が中心となっている。

68 年度の当初予算では，450 億円を交付税財源から減額して一般会計に移し，69 年度から 71 年度に掛け 150 億円ずつ返済する措置が取られている。さらに 450 億円減額したため，これを補塡するために交付税特会が大蔵省資金運用部から 250 億円を借入れている。この借入金の金利は国の負担となっているが，地方団体は政府資金による災害地方債を 250 億円程度繰り上げ償還している。この地方財政対策を資金移動から捉えると，交付税特会から国の一般会計に資金が逆流し，これが年度を超えて交付税特会に還流してくることになった。そして，資金運用部から交付税特会に資金が移り，これが地方団体を通じてそのまま資金運用部に還流していく。これによって，国の一般会計は 450 億円と交付税特会の借入金の金利負担が債務として残り，交付税特会は資金運用部に対して 250 億円の債務が生じている。

これが 69 年度になると，さらに複雑化する。68 年度の補正予算で 684 億円の地方交付税が 69 年度に繰り越され，69 年度はこれに匹敵する 690 億円が地方交付税から減額され，国の一般会計に移動している。67 年度に減額された中から 150 億円が返済され，165 億円が借り入れられている。そして，補正では当初予算で減額された 690 億円のうち，380 億円が一般会計から交付税特会

表 2-9 68 年度から 70 年度までの地方財政対策　　　　　　　　　　　　　　単位：億円

	措置額	措置内容	根　拠　法	措　置　目　的
68年当初	▲450	総額の特例（減額分）	地方交付税法の一部を改正する法律	特別事業債の償還財源付与のための措置
	250	総額の特例（借入金）		
	90	特別事業債償還交付金		
補正	▲684	翌年度への繰越	地方交付税法の一部を改正する法律	交付税が補正予算に必要な財源を超えたための措置
69年当初	▲690	総額の特例（減額分）	地方交付税法の一部を改正する法律	
	150	総額の特例（加算分）	地方交付税附則	
	165	総額の特例（借入金）		
	103	特別事業債償還交付金	地方交付税法の一部を改正する法律	特別事業債の償還財源付与のための措置
補正	380	総額の特例（減額分の修正）	地方交付税法の一部を改正する法律の一部を改正する法律	給与改定に要する財源を超えたための措置
	▲382	翌年度への繰越		
70年当初	▲300	総額の特例（減額分）	地方交付税法の一部を改正する法律	
	80	総額の特例（借入金）	地方交付税附則	
	117	市町村民税臨時減税補塡債元利補給金	地方交付税法の一部を改正する法律	法人税率の負担引き上げに伴う増収があるため
	101	特別事業債償還交付金		
補正	300	総額の特例（減額分の修正）	地方交付税法等の一部を改正する法律	

資料：地方財政要覧，石原（2000），国立国会図書館 HP[58]

に返済され，これにわずかな余剰金を加えた 382 億円が翌年度に繰り越される。そして，この繰越相当額が国の一般会計の減額措置の財源となっている。地方交付税の減額措置は，その後 70 年度，74 年度に実施されているが，その

---

[58] 第 1 章注 29 参照。

基本的な方法は 69 年度に準じている。

　68 年度以降の地方財政対策の特徴は国の一般会計の負担軽減を主たる目的としたことにある。これが革新自治体に対抗して政策を充実したことに起因しているのであれば，法定事務も拡大するから政府だけでなく地方団体の財政負荷も高まっていたはずである。実際には地方財政でも不均衡が拡大していたが，それでも一方で一般会計の負担軽減に寄与し，もう一方で交付税特会の収支均衡を図ったから需要額算定の裁量制は強化されている。本来需要額に財源不足が存在しない状況で地方財政対策を実施しているから 67 年度以前の地方財政対策とは需要額算定上の意味は異なってくる。68 年度以降の状況については第 3 章で改めて議論するから，この種の地方財政対策による裁量的運用への影響も次章で扱っていくこととする。

7.4　特例措置の役割

　ここでは特例措置として交付税率の引き上げと地方財政対策を取り上げ，その実態を見てきた。交付税率の改定は地方交付税法 6 条 1 項の改正によって行われてきた。これは地方財政対策についても同様で，額の変更にはその都度立法措置が講じられている。需要額算定の観点から捉えれば，ルールに基づく運用であったことを示している。地方交付税の総額を増額する場合も減額する場合も，国会の審議を経てその妥当性が確認され，法律によって実現してきた。それゆえ，需要額算定の裁量制とは一線を画す運用であるが，しかし裁量制と密接に関わる運用でもあった。ここではこうした視点からこれらの特例措置を位置付けてみたい。

　地方交付税制度の導入当初，算定対象となった法定事務は 384 件あったが，柴田 (1975) がどん底で光を見出したとする 56 年には 432 件に増加し，交付税特会の収支均衡を意図した裁量的運用が終了する 74 年には 782 件にまで拡大している。これらの法定事務が導入されるには，地方財政措置が実施され，事業費の算出方法とその財源措置が決定される。法定事務が増加すると，地方の歳出は拡大するから実態が伴う財源措置がなければ，財源不足額は拡大していく。400 件もの法定事務が追加されると，その規模は膨大になるが，それでも需要額算定の裁量制を適用すると，財源不足額は形式的に解消できる。しか

し，法律によって，提供する事務が決められている以上，これに応じた歳出は計上されるから，配分された地方交付税が過少であれば，地方に多額の赤字が蓄積される。この場合，地方交付税制度では十分に財源保障が機能しているのに，地方財政は破綻するといった事態が発生しうる。

本章で取り上げた裁量制は直接財源を補強する措置ではなく，極論すれば，地方交付税法6条の3第2項の適用を回避することだけを目的としていた。それでもこれが採用されたのは，地方交付税制度の財源保障機能に著しい欠陥があり，その状況で地方団体との対立を回避することが重要な目的となっていたことがある。地方財政平衡交付金制度を廃止した後も地方団体の抵抗から国の政策が方向転換を余儀なくされることが起こっている。例えば，55年の地方自治法改正では経費の削減，業務の効率化を謳っているが，地方議会の権限を縮小する意図があったため，地方議会を中心に全国規模の反対運動が展開され，改正が阻止されている。この時期，財政危機に陥る地方団体が多かったから，地方交付税制度で6条の3第2項が問題となれば，地方団体がこれを要求することは容易に想定できただろう。当時の自治庁は，地方制度の安定を図ることを重視していたため，地方制度の見直しを含む同項の適用を回避するインセンティブがあった。

しかし，その一方で法定事務が増えているのにこの裁量的運用を継続すると，財源を補強する措置ではないから，地方団体に対して不当に負担を転嫁していくことになる。74年までに地方全体の法定事務は400件近く増加し，所得税を中心に減税政策も繰り返された。国家公務員の給与制度の見直しを通じて地方公務員制度も是正されてきた。これらはいずれも地方交付税の財源不足額を拡大させる効果しかないから，裁量的運用によって財源保障機能を維持しても，地方団体の財政はたちどころに行き詰まることになる。

こうした状況で74年度まで裁量的運用が維持できたのは，財源不足額に対して様々な財源対策を実施していたことにある。56年には都市計画税，軽油引取税が創設され，57年には地方道路税と軽油引取税の税率が引き上げられ，さらに国有提供施設等所在市町村助成交付金，特別とん譲与税が新設されている。自治庁は後に国庫支出金に対して批判的な姿勢を取るが，圧倒的な財源不足の状況では国庫支出金も重要な財源であるから地方交付税制度の導入初期に

はこれを活用している。例えば，柴田（1975）は，56年度の予算編成の際，大蔵省との交渉で義務教育職員の恩給費に対し5,000万円の新たな国庫負担を追加してもらったと述べている[59]。その一方で市町村合併が実施され，町村を中心に8,000以上あった市町村が4,000以下に削減された。加えて，行政整理が実施され，戦後改革に伴って膨張した組織を，機構改革を通じて縮小している。

　主に50年代を中心に講じられた，これらの財源不足額を縮小する措置を軸に，高度経済成長による税収の増加も寄与して，長期的に裁量的運用を維持することが可能となった。これらの措置は直接的には地方交付税制度と関係が無いように見えるものもあるが，実際には密接に関係している。しかも，法改正を伴っていたから，これらはルールに基づく運用に位置付けられる。つまり，需要額算定で裁量的運用が支配的であった時期においても，実際にはルールと裁量は併用されており，これらは相互に補完していたと捉えるべきだろう。

　地方交付税制度の導入当初，財源不足額は巨額であり，ルールに基づく運用によって段階的に縮小していくものの，しばらくは地方交付税法に照らして財源保障機能が成立している状態ではなかった。この間に6条の3第2項の問題が顕在化すれば，地方団体は確実にこの問題を取り上げる。こうなると，地方財政平衡交付金制度の混乱が再現されることは，当時の国と地方の関係を考えれば，ほぼ確実であった。この時期，自治庁は戦後改革の構築を終了し，運用へと移っていたから，地方制度の見直しを含む6条の3第2項が問題になると，構築してきた制度そのものに影響を及ぼしかねないことになる。6条の3第2項の適用を回避するために裁量的運用が選択されるが，しかしこれはルールに基づく運用によって段階的に財源不足が解消されていくことによって支えられていたのである。

　地方税創設や市町村合併などのルールに基づく運用で財源不足額と交付税財源の乖離は段階的に縮小していったと考えられるが，地方交付税制度の枠組みの中でその役割を果たしたのが交付税率の引き上げと地方財政対策であった。この時期の交付税率の引き上げは6条の3第2項に基づいて実施されたもので

---

[59] 柴田（1975）194頁参照。

はない。この場合，交付税率の引き上げと地方財政対策に本質的な差はなくなる。財源不足額を補塡する方法として自治省と大蔵省の交渉によってどちらかが選択されるに過ぎないからである。さらに言えば，これらは地方税創設などのルールに基づく運用とも基本的な役割に違いはなく，他の手法と役割分担を図りながら財源不足額の縮小に寄与していたことになる。74年度までに限れば，所得税減税などに対応していたのが交付税率の引き上げであり，不況に伴う歳入欠陥に対応してきたのが地方財政対策であった。ただし，地方財政対策は68年度以降財源不足の補塡ではなく，国の一般会計の負担軽減が新たな役割になっており，74年度まではむしろこれが主な目的であった。この点，地方財政対策はこの時期機能を拡大して裁量的運用と併用されていたことになる。

8. 需要額算定における裁量的運用の時代

本章は需要額と収入額の連動性と地方財政対策の規模から需要額算定に対する時代区分を4つの期間に分け，このうち制度導入から74年度までの支配的運用であった裁量制について検討してきた。本節は第2章の結論として，まずこの4つの期間を再構成し，これを踏まえて以下の章での検討内容を改めて示していく。そして，この新たな時代区分を踏まえて，地方交付税制度導入以降の裁量的運用についてまとめている。

8.1 需要額算定の時代区分

地方交付税制度の導入以降における需要額の拡大プロセスを需要額と収入額の連動性と地財比率という2つの観点から捉えると，このプロセスは主に4つの時期に区分できる。1つはこの連動性が非常に高く，地財比率も極めて低い制度導入から74年度までの時期であり，これに続く第2期は連動性が大きく低下し，地財比率も急増する75年度から79年度である。3つめの時期は，連動性も地財比率も改善に向かった結果，連動性が高くなり，地財比率は低くなっている80年度から91年度があり，最後に連動性が徐々に低下に向かいながら，しかし，地財比率は大きく拡大していく92年度から2000年度である。

これは式 2.1 が示す普通交付税額と式 2.2 の財源不足額を均衡させようとする裁量制を基準に時期を区分したものである。74 年度以前は需要額と収入額の連動性が高く，地方財政対策も小規模に留められており，こうした運用が適用された典型的な時期と言える。これに対して，80 年度から 91 年度には主要な運用として，こうした裁量制が採用されていたかはともかく，ある程度の役割を果たしていた時期と言える。つまり，この時期は裁量的な運用があったとしても他の運用か，ルールに基づく運用によって需要額は拡大していたと考えられる。これに対し，75 年度から 79 年度，92 年度から 2000 年度にはこうした裁量制が機能していた可能性は低い。特に 75 年度から 79 年度にかけては需要額と収入額の連動性も失われ，地財比率も急増するなど，裁量制が存在していた可能性はほとんどない。この時期は他の運用が需要額の算定を支配していたものと考えられる。このように見ていくと，需要額の算定は明らかに時期によって異なっていたことを示している。

　これらの検討を踏まえ，第 3 章と第 4 章の構成を示しておきたい。75 年度以降は 3 つの時期に分割できるが，本研究は需要額の拡大を引き起こしてきた，ルールに基づく運用と裁量的運用に焦点を当て，これを解明することを目的としている。74 年度までは専ら裁量的運用が需要額算定を支配してきたとして，本章はこの時期の算定について検証してきた。第 3 章は 75 年度から 80 年度を対象に，74 年度まで支配的であった裁量的運用が崩壊し，ルールに基づく運用へと転換したプロセスを扱っている。需要額算定を基準にすれば，75 年度から 79 年度が 1 つの区切りとなるが，この時期の需要額の算定を支配した運用は伯仲国会の解消をその動機としていたことから 75 年度から 80 年度を 1 つの時代区分と捉えることとした。

　第 4 章では 80 年度から 2000 年度までの需要額算定を分析する。この時期は 80 年度から 91 年度の運用に見られたように裁量制が抽出できる時期もある。しかし，80 年度以降の需要額と収入額の連動性は地方財政対策がルール化した影響によるところが大きい。つまり，これらの時期において需要額の算定を支配していたのはルールに基づく運用であった。従って，第 4 章ではこれらの時代をルールに基づく運用が支配した時期として分析を行っている。

　第 3 章，第 4 章の時代区分は概ねこうした位置付けを行っているが，特に第

3章については75年度から80年度に至る経緯として60年代からの地方団体を取り巻く環境変化を前提としている。これより第3章は60年代の中頃から議論を始め，裁量からルールに移行する過程を説明する中で，改めて裁量的運用の詳細についても扱っている。

8.2 74年度以前の裁量的運用

地方交付税法では需要額と収入額から算出される財源不足額と，交付税財源から決定される普通交付税を示し，その過不足を調整する規定を置いてきた。これは地方財政計画の策定を透明化して，地方自治を保護することを目的に導入された規定である。しかし，実際には事前の段階で需要額は収入額と交付税財源の一定割合に調整されてきた。この運用は自治官僚による国会での発言からも明確であり，本研究ではこれを需要額算定の裁量制と特定し，74年度までの需要額の拡大を支えてきたと説明してきた。この裁量制の最大の特徴は需要額と収入額との高い連動性であり，地方財政対策が財政規模に対して極めて少額であったことである。これによって交付税特会の債務を抑制することに寄与してきた。

この種の裁量制が導入されてきた理由は地方交付税法6条の3第2項の適用を回避することにあった。旧内務省も含め，政府は地方団体との関係に対して2つの特徴的な考え方を取っていた。1つは「国は政策の立案機関，地方は実施機関の思想」であり，いま1つは「地方は法定事務経費の負担機関の思想」である。後者の思想で，地方を単なる負担機関に位置付ける考え方は戦前に顕著で，戦後になると，法定事務に対する実質的な財源保障が国に課されている。しかし，大蔵省は，国の一般会計の収支均衡を優先したため，法定事務の負担を地方に転嫁し，戦前的な財政運営に終始していた。本来法定事務が拡大すれば，国の負担が拡大するからそこに予算制約が働くが，法定事務が拡大しても地方に負担を転嫁できるから予算制約は機能せず，結果的に法定事務は膨張していく。

この状況で財源保障制度である地方財政平衡交付金制度の運用が始まる。この制度はシャウプ勧告によって導入されたが，勧告の公表以前にこの構想を知った地方財政委員会は財源確保に不安を覚え，導入を思い留まるようにシャ

ウプ博士を説得している。シャウプ勧告は，この点を考慮し，大蔵省の予算に対して地方財政委員会が予算案を国会に提出し，国会がこれを調整する仕組みを導入した。さらに財源保障の対象となる法定事務を整理するように事務配分の勧告も行っている。しかし，法定事務の整理が見送られたことで，地方財政平衡交付金制度が財源保障機能を実現することは完全に不可能となる。その一方で平衡交付金の総額を巡る国と地方の対立は深刻なものとなり，こうした対立関係はその後もしばしば地方自治法の改正を阻止するなど，継続している。

　地方交付税制度は，地方財政平衡交付金制度により深刻化した財政状況を引き継ぎつつ，戦後改革を構築から運用に移行しようとする自治庁の意向を反映していく。地方交付税制度の導入後しばらくは地方財政の危機的状況が継続するが，この状況で6条の3第2項が問題になれば，地方団体の強い要求にさらされることになる。地方制度の安定を図ろうとしているところで，6条の3第2項が働けば，改めて地方制度の大幅な見直しを求められる可能性もある。地方交付税制度の財源保障機能の実態と，地方団体の要求の激しさはこうした可能性を考慮させるものであり，これが需要額算定の裁量制を導入する理由であったと言えるだろう。

　本章で扱った需要額算定の裁量制は財源不足額の欠陥を補う措置ではないから，新たな地方税等の導入や交付税率の引き上げ，地方財政対策など，いわゆるルールに基づく運用と補完的に運用され，その役割を担ってきた。ルールに基づく運用と併用されることで，74年度以前において地方交付税制度では裁量制が支配的な運用として顕在化していたと言える。

　本章では，この交付税財源の収支均衡を意図した需要額の算定を裁量的運用と呼んできたが，実際にはこの運用ですら法改正や国会の審議を経て決定されてきた。地方財政対策で地方交付税が増加する場合も立法措置が講じられてきたから，その過程で需要額の妥当性も議論されることになるだろう。需要額自体が単位費用と測定単位，補正係数を乗じて得られるが，単位費用の変更は常に国会の審議を経ており，地方交付税法を改正しなければならない。測定単位は地方交付税法によって使用する統計データが法定されている。しかも，需要額の拡大はほぼこの2つの計数の変化，とりわけ単位費用の拡大によって決定されてきた。つまり，需要額の算定自体がほとんどルールに基づく運用に分類

できるものであった。

　その一方で，単位費用の算定方法の持つ複雑さが大きな障害となり，本来ルールに基づく運用であるはずの需要額の算定で裁量的運用を可能としてきた。この点について本章はほとんど看過してきた。第3章は需要額の算定が裁量からルールに基づく運用へと転換していく過程を扱っているが，この中で具体的に裁量的運用の構造を明らかにしていく。これによって本来ルールに基づく運用と理解すべき需要額の算定において裁量制が存在していたことを示していく。

第3章

基準財政需要額算定における
裁量からルールへの転換

1. 本章の目的

　基準財政需要額（以下，需要額という）の算定が1974年度まで財源不足団体の基準財政収入額（以下，収入額という）に連動するかたちで決定されてきたことを第2章で見てきた。この運用は地方交付税法から逸脱した裁量的運用であるが，これによって交付税及び譲与税配付金特別会計（以下，交付税特会という）では概ね収支均衡が保たれていた。つまり，74年度までの需要額算定の特徴は収入額との連動性が高く，このため地方財政対策が限定されていた時期であった。これに対し，75年度から80年度は需要額を収入額に連動させる運用は失われ，地方財政対策の規模も地方財政計画の歳入総額の10%に達する，巨額の債務が蓄積した時期である。

　70年代後半に地方交付税制度で見られる拡張的な傾向は国庫支出金でも顕在化している。これは60年代から始まる保革の対立が70年代に入って国政に波及したことと無縁ではない。社会党を中心とする革新陣営は都市部で根付いた革新自治体を背景にして政府に対抗していく。オイルショックを契機とした物価高騰など，国民生活が急激に悪化していく環境変化も手伝って74年の参議院選挙で保革伯仲が実現し，76年の衆議院選挙ではロッキード事件の影響もあって自民党は過半数を割り込んでいる。

　伯仲国会に突入すると，政府は地方選挙での巻き返しを狙って地方制度に対する運用の見直しを始めるが，超過負担の是正はその重要な柱の1つであった。超過負担とは国庫支出金を伴う事務で国が国庫支出金の支払いを過少にすることで地方に負担を転嫁する問題のことである。伯仲国会が成立する前年に

は摂津訴訟[1]が提起され，行政内部に隠れていた超過負担問題は一挙に全国に知れ渡っている。この訴訟は革新自治体であった摂津市が保育所建設に対する超過負担の返還を求めて起こした裁判であったが，多くの地方公共団体（以下，地方団体という）の支援と市民団体からの応援によって全国的な運動へと発展していった。

伯仲国会が成立すると，政府は間髪入れずに超過負担の象徴的な存在であった摂津訴訟の解決に向かう。これは都市住民の期待が大きい福祉政策で政府の積極姿勢を示したかったことに加え，超過負担が伯仲国会を招く要因となっていたことが主な理由であった。これを契機に超過負担の是正が進み，法律の規定と実際の制度運用の乖離が修正されていく。このことは需要額の算定においても重要な意味を持っていた。これによって裁量的運用がルールに基づく運用へとシフトしていったからである。

本章の目的は70年代後半の国の政治状況と地方制度の関係を示しつつ，需要額の算定が法律に準じて運用される，ルールに基づくものへと転換していった実態を明らかにすることである。なお，ここではデータの制約から地方団体全体を対象に定量分析を行っている。

2. 保革の対立と財政への影響

2.1 伯仲国会と政府の対応
2.1.1 革新自治体の伸張と伯仲国会の成立

60年代に入ると，高度経済成長に伴う公害や都市の過密問題，物価の高騰などで都市住民の怒りは沸点に達し，環境福祉政策の推進を掲げる革新候補が都市部の首長選挙で当選していく[2]。そのさきがけは63年の第5回統一地方

---

1) 摂津市が市内4ヵ所に整備した保育所の建設費9,300万円に対し，国が250万円しか補助しなかったのは，半額補助を定めた児童福祉法に違反するとして残金の支払いを求めた裁判である。地方公共団体が国を初めて訴えた裁判として注目を浴びた。73年8月に東京地方裁判所に提訴され，途中裁判長が変更されるなど不可解な審議を経て76年12月に請求が棄却される。東京高等裁判所に控訴されたが，80年7月に控訴が棄却され判決は確定している。なお，摂津市は摂津訴訟に関する様々な文献を収集保管し，これを公開している。本章の作成に当たってはこれらの資料を活用させてもらっている。

選挙で，このとき横浜市，大阪市，北九州市といった大都市で革新市長が誕生している[3]。このうち横浜市では社会党の代議士であった飛鳥田一雄氏が当選し，同氏が翌 64 年に全国革新市長会を設立する。これによってそれまでばらばらに活動していた革新自治体が組織化されていく。続く 67 年の第 6 回統一地方選挙では首都東京に初めて革新知事が生まれる。これが社会党を中心とした革新陣営の活動を一挙に活発化させ，革新自治体の伸張を政権交代に結び付けようとする動きに発展していった。

一方，自民党では革新旋風のきっかけとなる 63 年の統一地方選挙を前に石田博英衆議院議員が「保守政党のビジョン」を発表する。石田（1963）は労働組合の組織された製造業などの就業者が増加すると社会党の得票率が伸び，農林業就業者が減少すれば自民党の得票率が下がるため，トレンドに従えば 60 年代後半に政権を失う可能性があると述べている。これは都市化による就業構造の変化が投票結果に影響を与えている現状を示し，都市化への対応として雇用者に焦点を当てた政策の重要性を説いている。これが発表された直後の統一地方選挙で上記の大都市において相次いで革新市長が誕生し，石田（1963）の指摘はまず地方選挙で現実のものとなる。

さらに 67 年の東京都知事選挙で美濃部亮吉氏が当選すると，自民党の危機感は高まり，田中角栄自民党都市政策調査会長が「自民党の反省」を直ちに発表する。この年は衆議院選挙でも自民党の得票率が初めて 5 割を割り，自民党の危機感は田中（1967）に凝縮している。田中（1967）は東京都知事選挙の敗北に対し，「地方選挙前半戦における全般的な退潮はおおうべくもない。……そして首都における革新知事の登場は，自民党の敗北感を決定的にした」と強い危機感を吐露し，今日の東京は明日の全国と述べて全国に波及することを警戒している。これらの結果は自民党政権が都市問題に適切に対処できなかったことに起因すると分析し，自民党の都市政策が脆弱化した理由を次のように説

---

2) 地方自治百年史編集委員会（1993b）297 頁参照。
3) 56 年以降内閣調査室では『調査月報』を刊行しているが，その時々の内閣の政治的興味がこの内容から把握できる。国政選挙の分析は毎回詳細に行われているが，地方選挙の結果を扱うのは 63 年からである。このときは，地方選挙全般の分析に加え，市町村の選挙結果について別途分析が行われている。

明した。自民党は政策立案を専ら官僚に依存してきたため，住民の意見を聞き政策を構想する政治家本来の姿を見失っていたと述べている。大蔵官僚の財源の配分能力を依然高く評価しながらも，これには限界もあるとして政治家が住民の意見を聞きながら政策を立案することが重要になってきていると主張する。そして，都市問題に有効な政策を提示した政党が今後の政権を担うとしながら，自民党が都市政策を内政の最重点施策のひとつとして取り組むことを宣言している。

石田 (1963) と田中 (1967) は，選挙結果の分析から都市化が投票行動に影響を与えていること，従って自民党が政権を維持していくためには都市化に合わせて政策を転換していく必要があるとする点で共通している。そして，石田 (1963) は雇用者を対象とした政策を重視することを提案し，田中 (1967) は都市政策の充実を宣言することになる。自民党は東京都知事選挙の翌年に『都市政策大綱』を発表し[4]，政府も都市住民を強く意識した「経済優先から福祉優先」をスローガンに掲げ，政策を転換していった。この結果，地方自治百年史編集委員会 (1993b) が指摘するように70年前後には地方制度においても環境福祉政策が整備されていくことになる[5]。

このような努力にもかかわらず，70年代に入っても都市部では革新自治体が増加する。71年には大阪府で，72年には埼玉県で革新知事が誕生し，73年には神戸市でも革新候補が当選したため，五大市すべてが革新市長となっている。続く75年には神奈川県が革新自治体に加わり，この時期革新自治体に居住する人が全人口の4割を占めるまでに拡大している。

こうした地方選挙の結果がついには国政にも影響を与える。74年の参議院選挙で自民党が敗北し，71年の改選時の135議席から126議席に後退する。これは全252議席を自民党と他党で折半する状態で，これより国会は保革伯仲時代に突入する。しかも，続く76年の衆議院選挙ではロッキード事件の影響もあり，自民党は72年の271議席から249議席に減少し，過半数を割り込んでいる。77年の参議院選挙，79年の衆議院選挙でも与野党の議席は拮抗し，参議院ではわずかに過半数を上回るものの，衆議院では過半数割れが継続す

---

4) 『都市政策大綱』の議論は例えば土山 (2007) 2-6頁参照。
5) 地方自治百年史編集委員会 (1993b) 307頁参照。

る。こうした状況は衆参同日選挙によって自民党が勝利を収める80年まで続くことになる。

2.1.2 伯仲国会成立後における政府の危機感とその対応

革新自治体の拡大に対し，政府はその環境福祉政策を取り込むことで対抗した。ところが，それにもかかわらず革新自治体の伸張を阻止できないまま，その影響は国政にまで及んでいる。伯仲国会に突入すると，政府はこれを解消するための対策を本格化するが，その重要な柱に革新自治体対策があった。田中 (1967) は自民党が革新自治体の強い東京や大阪の衆議院選挙では定数の3分の1程度しか候補者を立てられない実態を指摘している。つまり，革新自治体が強い都市部では既に67年時点の国政選挙で過半数に遠く及ばない状況になっていたことになる。首都東京で革新自治体が実現したため，その後革新自治体はさらに都市部で拡大する。中には多選化する首長も現れ，この場合選挙基盤も安定してくるからその選挙区では国政選挙においても自民党は後退することになる。このため，革新自治体対策は伯仲国会から脱却する上で重要な柱となっていた。

74年の参議院選挙後の伯仲国会に対する自民党政権の対策は上記の革新自治体対策を含んでいたが，実際にはこれをはるかにしのぐ包括的な政策が位置付けられていた。これは一般に想定しうる範囲を大きく超えた規模の計画で，このため70年代後半の政府には様々な変化が現れている。ここでは本研究と関連する事件に絞り，3つの出来事を指摘しておく。

1つめの出来事は75年頃に革新自治体に対する直接的な批判や攻撃が政府，特に自治省から始まったことである。これは80年に田原 (1980) によって明らかになるTOKYO作戦の存在と連動した活動であったと考えられる。このTOKYO作戦は，田原 (1980) によれば，田中角栄内閣の74年に計画され，その目的は概ね5年を目途に東京都，大阪府，京都府，横浜市，沖縄県の5つの革新自治体を保守化するというものであった。TOKYOとはこの5つの革新自治体の頭文字をとって名付けられたもので，95年7月18日の朝日新聞朝刊ではこの作戦の責任者が松浦功自治省財政局長と石原信雄財政課長であったと伝えている。

日比野（1987）は美濃部都政に対する自治省の財政統制を解説しているが，この中で75年1月から自治省がマスコミを利用して革新自治体の人件費や福祉政策に対する批判を開始したと述べている。そして，東京都に対し75年度以降需要額を操作して交付団体にならないように調整し，74年には地方債の起債を認めなかったために，東京都は深刻な財政危機に直面したと説明する。このように参議院で伯仲国会が実現すると，政府は革新自治体を直接批判し，攻撃するようになっていたことが分かる。

　2つめは，伯仲国会成立後に自民党を中心に財政規律を低下させる行動が顕在化していたことが挙げられる。この典型的な出来事の1つが76年の衆議院選挙である。この選挙は戦後唯一任期満了によって実施されたもので，ロッキード事件を抱えたことで解散ができずに追い込まれていった。このため，伯仲国会における自民党の対応が明快に現れたとも言える。

　76年に入ると，政権交代を目指す野党が政府に大型減税を要求する。この要求に大蔵省は既に赤字国債を発行していることを理由に拒否している。新年度に入ると，77年度を赤字国債から脱却する「財政再建元年」と位置付け，大蔵省は減税を一切見送る方針も打ち出した[6]。だが，選挙を間近に控え，ロッキード事件の影響が深刻になると，自民党政権は大きく減税政策に傾斜していく。選挙を1ヵ月後に控えた11月12日の経済対策閣僚会議で，自民党の説得を試みるとしていた大蔵省を押し切るかたちで77年度の減税が決定している。巨額な国債発行を控えた中での減税政策の選択[7]は，伯仲国会成立後の自民党政権が財政規律より選挙を優先したことを如実に示している。このことは伯仲国会に対する強い危機感からこの時期弛緩的な財政運営が行われたことを示唆している。

　自民党政権の危機感を表す3つめの出来事は，大平正芳首相による司法への介入である。国正（1996）はダグラス・グラマン事件を取材する中で，事件の

6）この文章以下の，この段落の内容は主に76年11月10日，11月13日，11月25日，12月2日の朝日新聞朝刊の記事に基づいている。また，財政再建元年については木下他（1976）を参照。

7）所得税と住民税の減税規模は約4,300億円で，大きなものではない。しかし，このとき国の一般会計の公債金収入は8.5兆円と過去最大を記録していた。

幕引きに大平首相の関与があったことを伝えている。この事件は第2のロッキード事件と呼ばれ，自衛隊機購入に際してダグラス社やグラマン社から岸信介元首相などに多額の資金が提供されたとする事件である。78年12月にアメリカで発覚すると，79年5月には政治家に対する刑事訴追が行われないまま，この事件は終結している。国正（1996）は大平首相から直接聞いた話として，ロッキード事件の田中角栄元首相に続いて，岸元首相などに捜査が及ぶと，保守政権にとっての危機であり，こうした動きに発展しないように検察庁や法務省に対して大平首相が直接要請していたことを紹介している。この事件はTOKYO作戦の成功がほぼ確実視される中，統一地方選挙の直前に発覚していた。このため，その影響を最小限にするように大平首相が要請したものと言えるだろう。74年の伯仲国会成立以降，TOKYO作戦など，政府の取り組みが正に結実しようとしているとき，すべての努力を水泡に帰す可能性がある大事件であった。これを回避するため，首相自らが要請する事態になったと考えられる。

　これらは伯仲国会が実現すると，自民党政権があらゆる手段を講じて政権維持に努めていたことを示唆している。このような政府の対応によって70年代後半になると，革新自治体の勢いは衰え，地方選挙では保守回帰の傾向が鮮明になっていく。この状況を次に見てみよう。

2.1.3 革新自治体の衰退と伯仲国会の解消

　74年7月に伯仲国会が参議院で始まると，自治省は75年1月頃から革新自治体の人件費が高いことを喧伝した。そして，その福祉政策をバラマキ福祉と呼び，さらには革新自治体の経営を放漫経営と批判している[8]。統一地方選挙を目前にした3月にはこれを実証するように個々の地方団体の給与水準を示すラスパイレス指数が公表される。革新自治体は75年の統一地方選挙で勢いを失うが，これには人件費問題が大きく影響していた[9]。さらに自治省の財政統

---

8) ここでの内容は例えば日比野（1987）81-84頁を参照。ただし，政府による地方公務員の給与批判は実際には74年から始まっている。これらは74年の朝日新聞10月1日，10月20日，11月1日等を参照のこと。

9) 東京市政調査会編（2009）200頁，日比野（1987）108-109頁参照。

制によって東西を代表する革新自治体である東京都と大阪府は実質収支の赤字を拡大させている。東京都と大阪府が赤字を拡大させたことで，革新自治体は放漫経営といった自治省の批判を多くの人に印象付けることに成功したと言える。これらの批判は実態を正確に反映したものではなかったが，多くのマスコミを通じて喧伝されたために革新自治体に与えたダメージは大きなものがあった[10]。

　一方，地方選挙で効果を発揮していた野党の選挙協力も徐々に崩壊している。77年には民社党が社会党と共産党を無責任政党と批判し，公明党も共産党との選挙協力を行わないと発表する。75年と79年の統一地方選挙における選挙協力の変化を分析した大森（1986）は，知事選挙で民社党と公明党が自民党との選挙協力を大幅に強化する一方で，共産党との協力関係を解消していたことを明らかにしている[11]。これは共産党が狭量かつ強行であったことも影響しているが，一方で同和問題などを持ち込むことで社会党と共産党の協力関係を破壊するような自民党の策略があったことも重要である。こうした選挙対策がTOKYO作戦に含まれるかは不明であるが，このことが革新自治体の崩壊に果たした役割は小さくない。

　伯仲国会を迎えると，政府は一方で革新自治体の運営を批判し，一部の地方団体には財政統制を加え，財政面からも追い込んでいる。その一方で野党の分断にも成功し，それまで成果を上げていた地方での選挙協力を崩壊させている。この結果，78年の京都府と沖縄県の知事選挙では自民党の候補が革新候補を破り，飛鳥田一雄氏の辞職に伴って行われた横浜市長選挙では保革統一候補の細郷道一元自治事務次官が当選している[12]。続く79年4月の統一地方選挙では東京都と大阪府でも革新自治体は終焉を迎える。革新自治体の衰退は全国革新市長会の会員数にも反映しており，74年に125あった会員数は79年には94，80年には89と減少している。田原（1980）はTOKYO作戦成功の総括が78年1月に行われたとしているが，79年の4月にその結果を確認した大平

---

10) 田原（1980）229-241頁，日比野（1987）76-96頁，高寄（1981）138-150頁参照。
11) 大森（1986）220-224頁参照。
12) 自治事務次官を経て市長となった人は細郷氏のみである。このことからも自治省がTOKYO作戦の成功に最大限の努力を行っていたことが分かる。

首相は 79 年 10 月には衆議院を解散して選挙を実施している。ただし，このとき大平首相は一般消費税の導入を公約に掲げようとしたために選挙には敗北し，結局伯仲国会から脱却したのは 80 年 6 月の衆参同日選挙で自民党が大勝したときである。このときは選挙中に大平首相が死亡したことが自民党大勝の要因であったが，少なくとも革新自治体という反自民勢力が地方選挙の基盤を築く中で国政選挙を戦うという構図はその後ほぼ解消している。

2.2　一般会計における国債の大量発行と財政移転の拡大

参議院で伯仲国会が実現すると，自民党政権は様々な対策を講じることで，70 年代後半には主要な革新自治体を崩壊させていく。この過程で注目すべき現象が起こっている。それは国から地方への財政移転の拡大である。本項では 70 年代後半に顕在化した地方への財政移転の拡大を，国債発行の膨張と関連付けて明らかにしていく。

2.2.1　国債発行と財政移転の推移

70 年代後半の財政資金の流れを示す先行研究として北村（2000），納富他（1988）などがある。北村（2000）は公債金収入[13]の拡大と地方への財政移転の増嵩が同時に起こった現象を議論する。ここでは国が財政危機の時期に地方交付税制度に発生した巨額な財源不足を補塡した理由を自治省と大蔵省のパワーゲームから分析している。その際，同時期の英国政府が自らの財政危機に際して地方への補助金を減らしたことを指摘し，この時期政府は国の財政より地方財政を優先させており，国に従属する弱い地方といったステレオタイプとは異なる姿があると述べている。また，納富他（1988）は，70 年代後半の国民経済計算における一般政府の部門別勘定を引用して，国の貯蓄のマイナスが徐々に拡大しているのに対し，地方団体は国からの経常移転のため，貯蓄が拡大していたことを指摘している[14]。

従来，国債発行の拡大は，歳出面では社会保障関係費や不況に伴う公共事業

---

13) 国債発行によって調達された資金が一般会計に計上される際の費目である。
14) 納富他（1988）306 頁，371 頁参照。また，本間編著（1994）にも同様の記述がある（77-80 頁参照）。

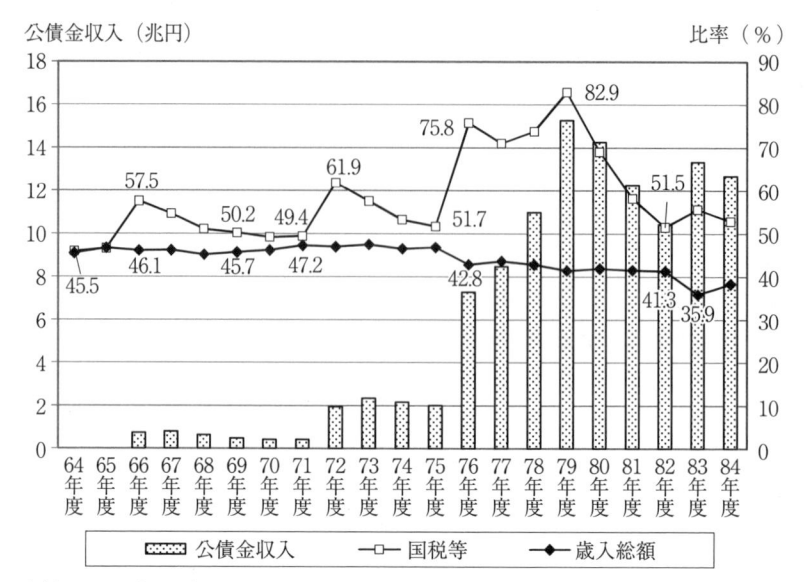

公債金収入（兆円）　　　　　　　　　　　　　　　　　　　　　　比率（％）

図3-1　財政移転の割合と公債金収入の推移

資料：国の予算，地方財政要覧

関係費の伸びが原因とされてきた。確かに伯仲国会が継続していた時期に最も伸びたのは社会保障関係費であった。74年度から80年度までに当初予算で2.9兆円が8.2兆円と2.8倍になっている。ところが，同じ期間に一般会計における補助金や負担金，委託金などの補助金等は5.4兆円から13.9兆円へと，2.6倍拡大している。伸びは社会保障関係費に劣るものの，この間に補助金等は8.5兆円増加し，これは80年度の社会保障関係費の総額を超えている。この6年間に補助金等では社会保障関係費の総額を超える額が増加していたのである。しかも，社会保障関係費には国と地方双方の経費が計上されているが，補助金等にはほとんど国の経費が含まれていないため，これが拡大すると国の財政は直接制約を受けることになる[15]。一般会計を解説している『国の予算』にも国債発行と補助金等の関係について説明はないが，その理由としてこの措置が革新自治体との対立の中から発生していた可能性を指摘できる。つまり，

---

15) 補助金等には社会保障基金に対する負担金が含まれ，厳密には政府職員などの給与費の一部を負担している。

伯仲国会がこうした補助金等の拡大を促進していた可能性がある。

70年代後半は国の一般会計で巨額の国債発行が行われ、地方交付税制度でも地方財政対策が実施された。これらを考慮して、ここでは本来国の一般会計で負担すべき地方への財政移転を国債を発行しないで行った場合と、公債金収入を確保し、かつ地方財政対策を実施した場合の2つのケースで、一般会計に占める財政移転の割合として比較してみる。

前者の財政移転額には地方財政計画の国庫支出金と地方交付税を充て、これに地方財政対策[16]で発行された財政対策債と財源対策債を加えた[17]。国の一般会計には当初予算の歳入総額から公債金収入を控除したものを国税等と定義して使用している。これに対し、後者では財政移転額に地方財政計画の国庫支出金と、国の一般会計に実際に計上された地方財政関係費を充て、一般会計には公債金収入を含む歳入総額を利用している。これらを図3-1の中で、前者を国税等、後者を歳入総額として表し、公債金収入額を棒グラフで示した。なお、これらはすべて名目値である。

当初予算を見る限り、国税等に対する地方への財政移転の比率は公債金収入の拡大と明確に関係していることが分かる。66年度、72年度、76年度と公債金収入は急増しているが、そのいずれも財政移転の比率が高まっている。ただし、66年度と72年度の場合、国税等に対する財政移転の比率が急増した後、これが漸減する一方で、公債金収入は横ばいで推移した。これに対して76年度はそれまでとは全く異なる傾向を示している。まず、75年度の51.7%が76年度には25%近く急上昇して75.8%に達し、79年度にはピークとなる82.9%を記録する。しかも、それまでは公債金収入が増加した後に小康状態があるのに、76年度以降は79年度まで年平均3兆円程度上乗せされ、76年度の7兆円が79年度には15兆円にまで膨張している。このことから国債発行が地方への財政移転と強く連動していたことを示す一方で、75年度以降の国債発行や地

---

16) 第2章でも見てきたように長期的には一般会計が負担することになるが、短期的には他の会計システムに債務を移転することで一般会計の負担を軽減できる。ここではこうした経費も一般会計の負担として計上した。

17) 本来一般財源に加えるべき投資的経費が地方債として配分されていたことは、石原・遠藤 (1986) 88-89頁、石原 (1977) 870頁、875頁などを参照のこと。

方への財政移転がそれ以前とは全く異なる運用であったことが分かる。

　一方，歳入総額の比率は国税等と比べると，はるかに安定している。この比率は75年度までほぼ一定で45％程度に維持されていた。ところが，国税等が急増する76年度にはむしろ低下して42.8％になり，公債金収入が増加していく中，82年度までこの水準が維持されている。このことは，地方への財政移転が拡大する中，国債発行と地方財政対策を駆使することで一般会計への負荷が調整されていたことを示している。

　この結果から地方への財政移転を確保するために国債を発行していたことが分かる。そして，この財政移転が国税等に占める割合が70％を維持している時期は伯仲国会が継続していた時期にほぼ一致している。しかも，80年に伯仲国会が解消されると，この割合は急速に低下し，70年代前半の水準へと戻っている。このことは70年代後半の財政運営が伯仲国会を回避することを念頭に行われていた可能性が極めて高いことを示しており，これによって地方団体に巨額の財政移転が行われていたのである。

2.2.2　窮乏していく一般会計

　財政移転が拡大していくと，政府が直接消費できる財源が縮小する。このことと，70年代後半に膨張した国債発行との関係を改めて検討してみたい。75年度の補正予算以降政府は建設国債に加え，赤字国債を継続的に発行しているが，これはこの時期経常経費の確保すら難しくなっていたことを意味している。ここでは政府の直接消費できない財政移転や国債費などを控除して，政府の手元に残る財源を残余財源と定義し，これを給与費で除した値を検討してみたい。

　当初予算と補正予算を対象に，歳入総額と，公債金収入を控除した国税等それぞれを財源として残余財源を算出している。歳入総額に基づく残余財源は，歳入総額から補助金等と一般会計に計上されている地方財政関係費，さらに国債費の3つを控除した。これは，実際の一般会計を反映したものである。これに対し，国税等に基づく残余財源は，国税等から補助金等，地方財政計画の地方交付税，財政対策債，財源対策債，国債費を控除している。これは，国債発行をしない場合の財源から，地方財政対策分を含む，一般会計が本来負担すべ

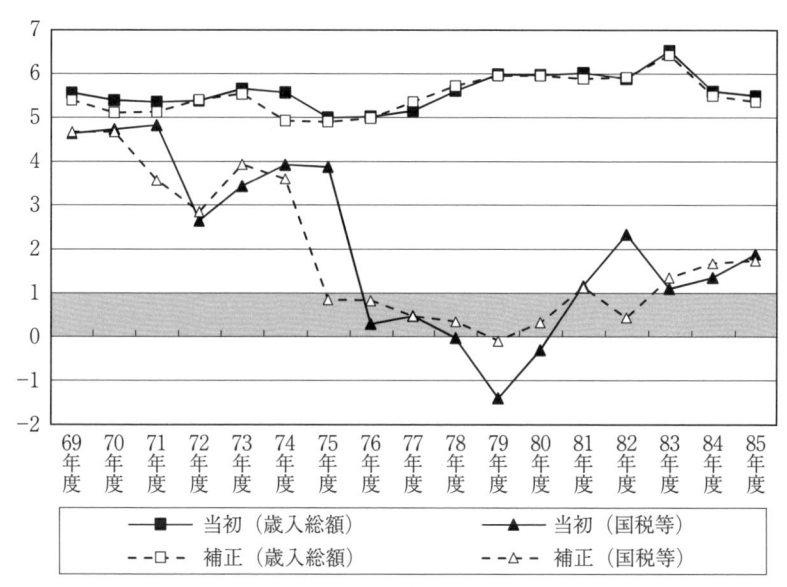

第3章 基準財政需要額算定における裁量からルールへの転換　　*117*

図3-2 一般会計の給与費に対する残余財源比率の推移（69-85年度）

資料：国の予算

き額を控除している。なお，地方交付税については『地方財政要覧』を利用して補正予算の補正額を算出した。

給与費は69年以降一般職員等と防衛庁職員，補助職員に分割されているが，ここでは補助職員を除いて給与費を算出した。当初予算と補正予算それぞれについて，歳入総額と国税等から残余財源を算出し，これを給与費で除した値を経年的に示したものが図3-2である。

図3-2には網掛けがあるが，この領域は残余財源だけでは給与費が確保できない領域であり，ゼロを下回る場合は控除額だけで赤字となっていたことを意味している。国税等の場合，補正予算の75年度から80年度までは政府が給与費すら確保できなかったこと，78年度と79年度はこれだけで赤字になっていたことになる。当初予算では76年度から80年度で給与費が払えず，79年度だけが赤字となっている。

これに対し，歳入総額に対する残余財源については補正予算で74年度から76年度にわずかに5倍を割り込む時期があるだけで，当初予算，補正予算と

も5倍を超える水準で安定している。この結果は75年度の補正予算以降国債を発行しなければ、給与費すら確保できなかったことを明らかにしている。このことが赤字国債を発行しなければならなかった理由であり、この時期の国債発行は補助金等や地方交付税の膨張にあったと結論付けることができる。

3. 革新自治体が生み出す財政メカニズムと超過負担問題

前節で革新自治体の拡大が伯仲国会を形成する経緯と、その中で政府債務と地方への財政移転が同時拡大していた事実を見てきた。これら2つを結び付ける財政メカニズムを、法定事務と財源保障という戦後の地方制度の仕組みから説明することが本節の目的である。その際、重要なキーワードは超過負担問題であることから、これについて改めて取り上げる。

3.1 超過負担の概念とその問題

超過負担とは『地方財政小辞典』によれば「国庫支出金が交付される事務について、地方団体が現実に支出した額よりも、国庫支出金の交付基準となった額（国庫補助基本額）が下回る場合において、当該支出額と国庫補助基本額との差額をいうこともあるが、厳密に言えば、本来地方公共団体が負担すべき部分以上に不当に負担を強いられている部分を指すものであって、デラックス部分等のつぎ足し単独部分は超過負担の中には含まれない」と記されている。つまり、法律が定める標準的な行政サービスに対する実際の支出と、国庫補助基本額との差額のことで、超過負担は国がこの国庫補助基本額を過少に算定していることを意味している。超過負担が大きくなると、地方団体に多額の持ち出しが発生するため、「国、地方の財政秩序をみだすものであり、ひいては、地方公共団体の行政水準を低下させ、住民に対する税外負担を誘う原因ともなるものであるので早急に是正すべき」[18]であると、自治省は述べている。

国庫補助基本額は、補助しようとする事務の面積、人員など、その事業量が測定できる数値に、補助対象となる経費から算出される補助単価を乗じて算定

---

18) 小林（1973）57頁参照。

している[19]。超過負担はこの算定方法にリンクして発生するため、一般的に単価差、数量差、対象差と説明されてきた。単価差とは実勢価格に対して価格を、数量差とは本来必要なサービス水準や施設規模を、過少に算定していることを意味し、対象差とはサービス供給に必要な経費を補助対象から除外していることを指している。これらの過少算定が国庫補助基本額を少額にし、結果的に国が支払う国庫支出金を少なくする一方で、実際にサービスを提供する地方団体に負担を転嫁してきたのである。

超過負担の概念は実態調査などを通じて明らかになってきたが、その額を具体的に算定しようとすると、さらなる問題が生じた[20]。それは国と地方で超過負担の算出方法に大きな違いがあったからである[21]。自治省は単価差を自らが積極的に解決すべき超過負担と限定し、数量差、対象差は補助基準の問題であるため、所管省庁が個々の制度で解決すべきと主張した[22]。このため、自治省は摂津訴訟以前の超過負担の実態調査では専ら単価差に絞って検討を行っていた。これに対し、地方六団体では数量差や対象差も深刻な問題であるとして、これを含めて超過負担額を算出したため政府との金額差が大きく、超過負担の認識に格差を生む原因となっていた。

このような見解の相違のため、坂田 (1978) は超過負担問題では水掛け論となる場合が多いと述べ、さらに比較的是正が進んでいる単価差にさえ大きな見解の相違があることを指摘している。例えば、施設整備で発生する仕様の問題である。建設事業の場合、床や壁に使用する素材によって建設コストが大きく変動するため、仕様の違いがコストに与える影響は大きい。これを解決するためには標準設計を導入する必要があるが、保育所や警察施設などでは標準設計が存在しなかった。標準設計の導入はナショナルスタンダードと主張しながら実際には曖昧であった行政サービスの提供水準を具体的に決定することを意味している。つまり、標準設計にはサービス水準を客観化するなど、制度の精緻

---

19) 『地方財政小辞典』の「補助基本額」を参照。
20) 具体的に超過負担を算出する先行研究に山内 (1975)、加藤 (1975) などがある。
21) 古川 (1981) ではこうした観点について議論している。
22) 71年3月25日の参議院地方行政委員会の森岡敞自治省財政課長、75年3月27日の衆議院地方行政委員会の松浦功自治省財政局長の答弁参照。

化を伴う難しい問題が含まれていた。これが政府の超過負担への対応を鈍らせる要因の1つになっていた。

超過負担の原因にはインフレの問題もあった。国の予算編成と地方団体の事業実施にはタイムラグがあるため，インフレが激しい場合には単価差が生じる。特に建設事業ではこの影響は無視できない。このように超過負担の原因は多様であったが，この時期の超過負担の根本的な原因は，国庫支出金を伴う法定事務の算定方法が不完全であったことと，事業費を過少に評価していたことにあった。これは大蔵省の財政運営に起因しており，地方に負担を転嫁する意図を反映したものであった。

3.2 革新自治体の法定事務への影響

3.2.1 法定事務の変動

63年の統一地方選挙から70年代後半までの法定事務の推移を地方自治法改正を利用して整理した。この時期地方自治法の別表が修正されたのは63年6月と69年3月，74年6月であり，さらに83年12月には「行政事務の簡素合理化及び整理に関する法律」によって別表は修正されている。

この期間に別表に追加，削除された法定事務を集計したものが図3-3である[23]。図中，増加数とは追加された法定事務の件数を別表1から別表4まで合算したもので，減少数とは削減されたものの合計である。さらに期間中の純増減数を算出し，改正までの期間が，6年，5年，9年間と異なるため年平均件数に修正して，折れ線グラフで表した。

74年までは年平均18.5件，16.2件とほぼ同じペースで法定事務が拡大していたことが分かる。これには三大都市圏に立地する地方団体や米軍基地などを有する市町村に限定した事務が含まれており，すべての地方団体で一様に事務量が拡大していたわけではない。しかし，平均で20件近い事務量が拡大していたことは，74年以前に国の立法措置に伴って地方の事務量がかなり拡大し

---

[23] 国立国会図書館の「日本法令索引」を利用して地方自治法の改正履歴を収集し，衆議院の「制定法律」より個々の改正内容を収集した。改正内容の中に別表の修正がありかつ法律の追加，削除があることを確認する。この条件を満たしているとき，地方自治小六法で内容を確認し，法定事務の追加，削除を判断した。

第3章 基準財政需要額算定における裁量からルールへの転換　　*121*

図3-3　法定事務の変動

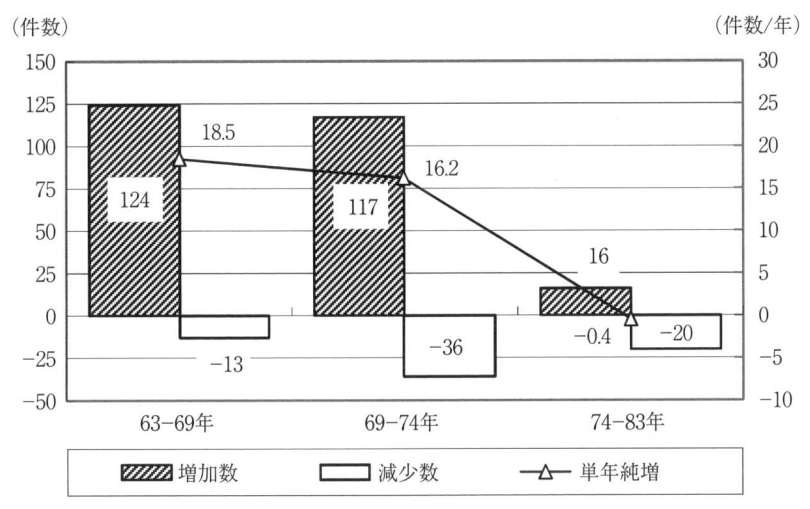

資料：国立国会図書館HP[24]，衆議院HP[25]，地方自治小六法

ていたことを示唆している。

　これに対して74-83年の法定事務は減少に転じている。平均件数も-0.4件で，わずかではあるが毎年度削減されていた。これは機関委任事務の件数が大幅に抑制されたことが原因である。このように法定事務は74年の伯仲国会を契機にその状況を大きく変えていたことが分かる。

3.2.2　革新自治体に対抗していた法定事務

　図3-3のそれぞれの期間に新たに追加された法定事務を対象にその内訳を見ていく。内訳では，福祉政策，都市環境整備，公害対策に加え，福祉政策に近い戦没者の家族等に対する生活補償を行う事務を戦後補償として分類した[26]。これらを整理したものが図3-4である。

---

24) 第1章注29参照。
25) 第1章注19参照。
26) 福祉政策とは老人福祉や児童手当などに加え，年金や医療などの社会保険制度を対象としている。都市環境整備には，首都圏基本計画など三大都市圏の整備に伴う法定事務に加え，各種インフラ整備に関わる法定事務，緑化保全や景観保護など都市環境を保全する法定事務などを含んでいる。

(124件) (117件) (16件)

図3-4 増加した法定事務の内訳

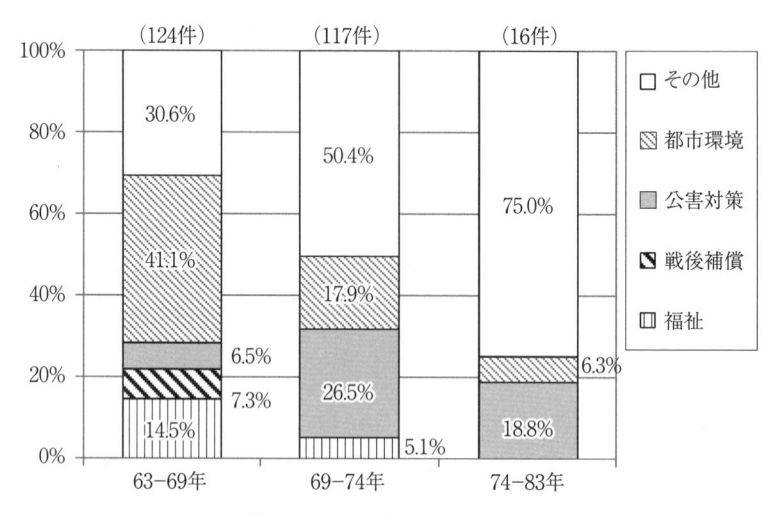

凡例: その他／都市環境／公害対策／戦後補償／福祉

63-69年: その他 30.6%、都市環境 41.1%、公害対策 6.5%、戦後補償 7.3%、福祉 14.5%
69-74年: その他 50.4%、都市環境 17.9%、公害対策 26.5%、福祉 5.1%
74-83年: その他 75.0%、都市環境 6.3%、公害対策 18.8%

資料：国立国会図書館HP[27]，衆議院HP[28]，地方自治小六法

63-69年は都市環境整備など，これら4つの事務が全体の69.4%と大きな割合を占めていた。69-74年にはこの比率は低下するが，それでも49.6%を維持している。63-69年は都市環境整備に関する法定事務が急増し，福祉も福祉政策と戦後補償の2つを加えると，21.8%と高い割合となっていた。69-74年には，70年に公害国会が行われたことが影響し，公害対策に関する法定事務が拡大している。これに対し，74-83年は法定事務の増加数自体が著しく減少している上に都市環境整備，公害対策の割合も25.0%にまで低下している。

このことは60年代以降，都市部で革新自治体が環境福祉政策の充実を掲げて拡大していた状況に対し，政府がこうした住民の不満を懐柔するため，政策を充実させていたことを示している。つまり，63年以降，政策面において従来の経済開発を中心とした政策から環境福祉政策へと重点を移していたことになる。

27) 第1章注29参照。
28) 第1章注19参照。

第3章　基準財政需要額算定における裁量からルールへの転換　　123

　この状況に関し，地方自治百年史編集委員会（1993b）は地方制度が70年前後に成長開発から環境福祉に転換したこと，その先導的役割を革新自治体が担ったことを説明しており，これは法定事務の内訳とも整合している。しかも，この転換が革新自治体の拡大に起因していたという説明は重要である。なぜなら，これらの法定事務が増加数の過半を占めていた事実は，この時期の法定事務の増加自体が革新自治体の拡大によってもたらされたことを意味しているからである。つまり，地方自治百年史編集委員会（1993b）に従えば，政府が革新自治体に対抗して環境福祉政策を充実させた結果，60年代後半から70年代前半に法定事務が拡大したことになる。

3.3　財政移転の推移

　図3-1の国税等は当初予算の財政移転額を国税等で除した値であった。この国税等に着目して，ここでは伯仲国会が始まる74年度を基準に，分子の財

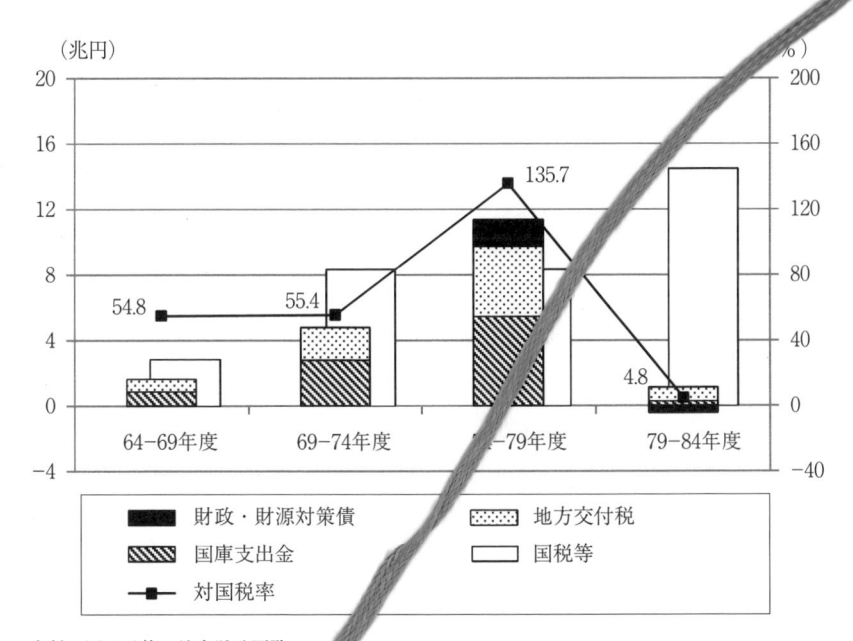

資料：国の予算，地方財政要覧

図3-5　国税等と財政移転の増加額の推移

政移転と分母の国税等の増加額を図3-5で比較した。図では5年ごとに階差を取り，財政移転増加額を国税等増加額で除した値を「対国税率」として図化している。なお，財政移転には「国庫支出金」，「地方交付税」，「財政・財源対策債」の増加額を積み上げ，「国税等」は歳入から公債金収入を控除した額で増加額を示している。

大蔵省は74年度以前には国税等の増加額のほぼ55％を地方に割り当てていた。国庫支出金のウェイトは64-69年度と比べて69-74年度に若干高まっているが，地方交付税と合わせると，ほぼ一定の比率となっていたことが分かる。これに対し，74-79年度の財政移転は5年間に11兆円増加しており，これは国税等の増加額の135.7％である。国税等はこの5年間に8.4兆円増加しているが，この増分すべてを財政移転に充当しても全く不足していたことを示している。

これらの結果は74年度以前の10年間は大蔵省が国の財政を優先して地方への財政移転額を決定していたが，ほぼ伯仲国会の時期と一致する74-79年度にはこうした財政規律は失われ，地方への財政移転が急増していたことを示している。そして，伯仲国会が終了する80年度以降，5年間の増加額は7,000億円に急落している。この財政移転の変動を見ると，伯仲国会の成立を機に大蔵省の財政規律は弛緩し，伯仲国会終了後，再び財政規律が回復していたと言えるだろう。5年ごとの財政移転の変化を見ると，この時期大蔵省の財政運営が大きく変化していたことが分かる。

3.4 地方財政制度に基づく超過負担の構造

法定事務が拡大すると，必ず地方団体の財政需要は増加する。74年以前は法定事務が平均して年間20件近く追加されていた。この時期の法定事務は福祉の占める割合が高いから国庫支出金を伴うものも増加していたであろう。新たに追加される国庫支出金を伴う事務が地方財政法の10条から10条の3に列挙されていれば，その地方負担分は同法11条の2に基づき需要額に算入される。法定事務の財源措置は実質的に国に義務付けられているから，地方税収などで確保できなければ，国庫支出金や地方交付税など地方への財政移転で確保せざるを得ない。これが戦後の地方財政制度の基本的な構造である[29]。

この構造を前提にこの時期の超過負担問題を考えていく。図3-3は63年から74年までに法定事務が192件純増していたことを示しており、地方団体全体で1年間に17.5件の法定事務が11年間にわたって増加し続けていたことを意味している。地方団体全体の法定事務は63年時点で590件であったから11年間で1.3倍に拡大したことになる。これに対して74年からの9年間は法定事務が年に0.4件ずつ減少し、件数は縮小している。

法定事務の変動から財政移転を想定すると、63年度から74年度に激増し、74年度から79年度には減少か、漸増していることになる。だが、図3-5は全く異なる結果を示している。74年度までは国税等の増加額の55％程度を地方団体に移転し、国債を発行していたとは言え、財政規律がある程度維持されていたことが分かる。ところが、74年度以降になると、国税等の増加額の1.4倍が地方団体に移転されていく。地方団体への財政移転額が11.4兆円増加したのに国税等は8.4兆円しか増えていなかったからである。74年度以前の財政規律が維持されていれば、財政移転額は4.6兆円となるはずだからまさに激増と言えるだろう。

このような法定事務と財政移転の関係が超過負担問題に影響を与えないはずがない。法定事務が拡大し、これに見合った財源を国が確保しない状況で、地方団体が国の想定するサービスを提供すれば、法律の規定とは異なる負担配分が実現するのは必定である。この法定事務が国庫支出金を伴う事務であれば、これが超過負担となる。従って、法定事務の拡大に対する財源措置が十分でなければ、超過負担は深刻化し、逆に法定事務が減っているのに財政移転を拡大すれば、超過負担は解消する。この時期の超過負担問題はこうした地方財政制度の基本的な構造と大蔵省の財政運営が影響していたことになる。そして、この法定事務に革新自治体の拡大が影響していたから、革新自治体と超過負担問題に構造的な結び付きを見出すことができる。この構造はこの時期の政治的変化や行政上の変化を理解するのに重要な意味を持っている。これらを前提に伯仲国会の成立から超過負担問題への政府の対応の変化を次節で考察していく。

---

29) 恐らく唯一の例外があるとすれば、法定事務の事業費全額が公営企業特別会計で負担される場合であるが、これは極めてまれなケースだろう。

4. 伯仲国会と超過負担問題への政府の対応の変化

革新自治体に対抗して環境福祉分野の法定事務を拡大すると，地方財政制度のルールを通じて財政移転が増加する。だが，大蔵省はこれを抑制したために地方で超過負担が増加していたことを見てきた。このメカニズムは伯仲国会に至る経緯や伯仲国会成立後の政府の対応を理解するのに有効である。このことを念頭に置きながら，政府の伯仲国会を契機とした超過負担問題への対応の変化について明らかにしていきたい。

4.1 革新自治体の拡大と伯仲国会の成立
4.1.1 革新自治体対策に起因する地方財政危機

67年に東京都で革新知事が誕生すると，革新勢力は政権の獲得に向けて活気づくが，一方で自民党政権もこれらに対して矢継ぎ早に対応策を講じている。68年の『都市政策大綱』や70年の公害国会，73年の福祉元年などはこうした顕著な例と言えるだろう。

変化は政策の充実だけに留まらない。68年度以降地方財政では，住民税を中心に減税が繰り返される。68年度から72年度までは800億円程度の地方税減税が毎年度実施され，課税最低限が引き上げられていく。そして，73年度にはこの規模が1,300億円に増嵩すると，74年度に1,700億円，75年度には4,600億円の減税措置が採られている。

この減税分は地方債収入が埋め合わせ，70年度に735億円の追加発行が行われると，71年度には当初，補正予算で3,350億円の発行措置が取られる。そして，72年度にこの額は8,000億円にまで急増していった。

前節の議論を踏まえると，法定事務が増加し，大蔵省が財政移転を抑制する中，地方財政では減税が繰り返されていた。これを補填するために発行された地方債は通常2, 3年すると，償還費の積み立てが始まり，歳出を拡大する。政府は地方財政の不均衡を助長する政策を繰り返したから地方財政の逼迫は急速であった。しかも，この状況で70年代に入ると，ドルショックやオイルショックなど国際環境の変化から税収が落ち込み，地方財政危機を煽ることに

なる。この種の財政運営を行えば、地方財政危機は不可避な現象であったと言えるが、このために全国の地方団体にとって、大蔵省が財源措置を渋る超過負担は看過できない問題となっていく。70年代に入り、全国知事会を中心にその解決を繰り返し、政府に要請したのはこうした背景があった。

4.1.2 歪みが集中する都市部と革新自治体の拡大

　地方財政危機は70年代に入ると、徐々に深刻さを増していたが、都市部の地方団体ではさらに危機は深刻であった。これは不況に伴う税収の落ち込みが相対的に大きかったことと、人口増加に伴う行政需要の拡大が財政危機に拍車を掛けていたことが原因として挙げられる。

　人口が増えると、義務教育施設、し尿処理場、ゴミ処理場などの社会資本整備の需要が高まり、これらの整備に追われることになる。この時期の財政状況を国会に招致された全国市長会の河津勝相模原市長は次のように説明している。人口が1万人増加すると、追加支出は新規建設事業と経常経費で31億2千万円余り必要になり、このうち、2億7千万円が経常経費である。一方、税収の追加分は約2億3千万円、国と県からの財政移転が8億1千万円となり、合計10億4千万円の増収となるが、差し引き20億円は市の新たな負担となっている。追加の税収では追加の経常経費すら支払えないため、財政は逼迫するばかりであると述べている[30]。

　また、別の機会に相模原市にある私設の下水道組合のことが紹介されており、これが市内に76組合あり、9,063世帯が加入していると説明されている。加入世帯は1世帯当たり7万円から16万円を負担して、住民専用の下水施設を整備し、1ヵ所に集めた下水を市が定期的にバキュームカーで回収していることが報告されている[31]。相模原市の場合、人口増加に伴う義務教育施設の整備が年間7校程度必要となるために市の財政はほとんどこれに費やされ[32]、他の社会資本整備の立ち遅れが著しく、これを住民が負担する構造になってい

---

30) 76年4月28日の衆議院地方行政委員会会議録から主旨を要約した。
31) 74年3月9日の衆議院予算委員会第5分科会で増本一彦衆議院議員が取り上げている。なお、74年の大卒男子の初任給は7.9万円である。
32) 76年4月28日の衆議院地方行政委員会会議録参照。

た。

　この時期，都市部の地方団体が社会資本整備に追われていたことは宅地開発指導要綱の普及状況からも分かる。この要綱は，一定規模以上の民間開発に対し，開発者が社会資本を整備することを条件に事業を許可するというもので，社会資本整備の一部を民間に負担させる仕組みである。斎田（1999）によると，67年に兵庫県川西市で取り入れられると，93年時点で1,405市町村が作成していると述べている。これは市町村全体の3分の1以上に普及していることになる。宅地開発指導要綱は民間の開発圧力が強い地域でしか成立しないことを考えれば，大都市圏のかなりの市町村が整備している可能性が高い。しかも，このうち，4割が72年から74年の間に集中的に策定されたと述べられているから[33]，相模原市の現象は一部の都市の例外的な現象ではなく，むしろ都市一般に発生していた問題であったと解釈できるだろう。人口増加に伴う社会資本整備が都市部の地方財政危機をさらに深刻にしていたことは明白である。

　都市化の進展とともに人口は膨張し，急増する人口に都市整備が追いつかない。基本的な社会資本ですら，地方団体で対応できず，住民にしわ寄せがいく。遅延が著しい社会資本整備は，人口が増えればさらに深刻になり，超過負担はこれに拍車を掛ける。とりわけ，超過負担は義務教育施設や下水道施設，ごみ処理場などの建設事業費で著しく，義務教育施設や保育所などの運営経費でも顕著であった。このため，都市部ではこうした施設を整備すればするほどその負担が追加的に大きくなっていく。地方団体は，ある程度財政規律を維持せざるを得ないから人口の拡大に合わせて社会資本を整備することは不可能である。人口が拡大する都市部では，従って住環境は悪化し，当然の結果として住民の不満は高まる。

　内閣調査室の『調査月報』では69年に「大都市圏市民の政治意識」というレポートをまとめている。この中で大都市圏市民の自治意識が高まっていたことを分析しているが，その理由を横浜市のアンケート調査結果を踏まえて次のように説明している。横浜市では既成市街地と近郊市街地の住民意識を比較し，いずれも「自治会はあった方がよい」という回答が7割を占めていたとい

---

33) 斎田（1999）117-118頁参照。

う。古くからの住民が多い前者の地域が親睦をその理由としたのに対し，新たに居住した人が多い後者では行政サービスを補完する理由を第1に挙げていたことを紹介している。レポートでは，アンケート調査結果を考察して「郊外住宅地のつねとして行政サービスの手がまわらず，日常生活上の障害を住民自身の手によって取り除かねばならないため」に自治意識が強くなっていると，その理由を分析している。このために「大都市圏市民は地方自治体に対するはげしい不満をもっている」と述べ，「都市問題をめぐる大都市市民の不満が，実は，大都市圏に数多くの革新首長を生み出した1つの重要な原因である」と解説している[34]。

大蔵省が財政規律を維持することで，地方団体は超過負担問題に直面し，財政危機に陥る。財政面で困難な状況になれば，社会資本整備などはさらに遅れ，これを補完しなければならない住民が結果として地域としての結束を高めていく。このことが，地方団体に不満を持つ住民の組織化を進めることに寄与し，革新首長を生み出す原動力となっていた。これがこの時期都市部の地方団体で革新首長を支える構造となっていたのである。

4.1.3 革新自治体の拡大の帰結としての伯仲国会

革新自治体の中には1期で崩壊していく場合もあったが，革新首長が多選化すると，その影響は国政選挙にも及んでいく。当初は住民のバラバラの不満を集約して登場した革新首長も，多選化することで一般的には支援団体の組織化を進めていくからである。こうした組織が強固に形成されれば，国政選挙に対しても影響が及ぶことになる。

田中（1967）は，革新自治体が多く存在していた東京や大阪では67年の衆議院選挙で既に定数の3分の1程度しか候補者が立てられなかったことに触れている。国会議員の定数は都市部を中心に増加したが，東京や大阪では過半数を大きく割り込む自民党の実態が60年代後半には顕在化していたのである。このため，67年に東京都が革新自治体となり，この影響が都市部に広がることになれば，国政選挙への影響は無視できなくなる。田中（1967）は，このこ

---

[34] 同レポート 32-33 頁参照。

とを恐れ,「今日の東京は明日の全国」と述べて危機感を示していたのであった。

実際に都知事選挙以降,都市部では革新自治体が増加している。73年の神戸市長選挙において宮崎辰雄氏が2期めを目指すが,その際革新候補に鞍替えをしている。これは都市部で革新候補が有利であったことを物語っているが,実際宮崎氏は当選している。そして,これによって横浜,名古屋,京都,大阪と合わせ五大市すべてが革新市長で占められたのである。

田中（1967）が恐れたように東京の出来事が全国へと伝播していくプロセスへと移行した。そして,当時の東京や大阪がそうであったように革新自治体の影響が国政選挙に反映することも時間の問題であった。つまり,遠からず伯仲国会に至る道筋はこのころには出来上がっていたのである。72年に公表された『調査月報』でも「高度経済成長政策による産業構造の変動,人口の都市集中化現象のなかで,都市に強い政治勢力は未来に伸び,弱い政党は先細りする」[35]といった意見が示されているが,これは政府の自民党に対する強い危機感が表れたものと言えなくもない。

こうした蓄積が74年の参議院選挙で伯仲国会を実現することになる。そして,この構造が存在していたために伯仲国会成立後,これから脱却する戦略としてTOKYO作戦が計画されたのである。この計画は保守回帰における「今日の東京は明日の全国」を目指したものであったが,これを実現する手法の1つとして超過負担が是正されていったのである。

4.2　超過負担問題に対する政府の対応の変化

伯仲国会に突入すると,大蔵省の財政規律が弛緩したが,超過負担問題に対する対応が変化したのは大蔵省だけではなかった。これら関係省庁の伯仲国会を契機とした超過負担問題への対応の変化を見ていこう。

4.2.1　伯仲国会成立前の対応

自治省が超過負担問題を認識し始めたのは53年ごろで,地方交付税制度導

---

[35] 72年2月の「東京都民の投票行動――都知事選を中心に」44頁参照。

入以前のことである。初めて実態調査を行ったのが61年度[36]で，65年度の調査では地方の超過負担が1,219億円に達するとして，66年度，67年度の2ヵ年でこれを解消するとした。しかし，政府としての本格的な取り組みは，67年度に関係省庁が共同の実態調査を行い，さらに68年度の予算編成に当たって自治・大蔵両大臣の間で「今後三ヵ年間で超過負担の解消を図る」という覚書が交わされたことによって始まる。このように超過負担の解消は，当初自治省が単独で始めた取り組みであったが，67年度から政府全体の取り組みに転換している。この67年は繰り返すが，東京都で初の革新知事が誕生した年である。

自民党政権は都知事戦後迅速に，自治省も独自に対応したが，大蔵省とは超過負担問題に関して明確な温度差があった。65年度の補正予算から国債を発行していた大蔵省は，その発行額を抑制しようと，67年にはマスコミなどを利用して国の財政硬直化による予算の編成難を喧伝する。この中で68年度予算における税収増加額の71%が既存経費で費消し，新規政策に振り向けることのできる財源が枯渇しつつあるとした。そして，既存経費のうち，地方交付税の占める割合が高いことから，大蔵省は国に比べて地方財政が好転してきたこと，地方交付税の自然増が国の財政を硬直化させているなどの理由を挙げ，交付税率の引き下げを要求している[37]。

この動きに対して地方制度調査会は66年度の黒字額750億円が地方財政全体に占める割合で1.5%と小さく，しかも，特別事業債1,200億円という臨時の地方債によって確保できたものであると主張し，地方財政の好転論を否定するとともに交付税率の引き下げにも反対している。こうした応酬の末，68年度予算では交付税率の引き下げを実施せず，その代わりに68年度の交付税財源から450億円を一般会計が借り入れ，これを69年度以降3ヵ年で分割返済することで決着している。交付税率の引き下げを行わない代わりに，地方財政は国の一般会計の負担軽減に一役買ったわけである[38]。

69年度の予算編成でも交付税率の引き下げ論が再燃し，森・遠藤（1969）に

---

36) 緒方（1976）13頁参照。
37) 68年度の『国の予算』169-172頁，69年度の同書169-178頁参照。
38) 首藤（1968）12-15頁参照。

よれば，大蔵省が1.5％の削減を要求してきたと述べている。交付税率の引き下げによる交付税の減額に加え，補助金の減額や政府負担としていた各種経費の減額など，総額1,400億円の予算カットを示してきたとしている。結局，68年度同様，一般会計の負担分から690億円を減額することとし，69年1月に大蔵大臣と自治大臣で今後当分の間，自治・大蔵の双方とも交付税率の変更を求めない旨の覚書が交わされている。

　政府として超過負担の是正を図るとしながらも，大蔵省は地方への財政移転を国庫支出金と地方交付税の総額でコントロールしていこうと画策したのである。伯仲国会成立以前は，このように大蔵省が国の財政規律を優先したため，具体的な対策は講じられていたが，超過負担問題が解消に向かうことはなかったのである[39]。

4.2.2　伯仲国会成立後の対応

　参議院において伯仲国会を迎えると，政府の超過負担問題に対する対応は一変していく。これが端的に表れたのが73年に提起された摂津訴訟への対応であった。この訴訟は地方団体が国を訴えるという初めての訴訟で，全国の注目を集めたが，その対応は当初政治と行政で若干異なっていた。摂津訴訟は地方制度における，実際の運用と法律の規定の乖離を争点としていたため，直接的には官僚の制度運用を問題としていた。このため，官僚が迅速に対応したが，自民党政権は摂津訴訟が保革対立の場となっていたために当初静観していたと考えられる。

　摂津訴訟はその冒頭から革新陣営が政府の福祉政策の問題点を糾弾するところから始まっている。摂津市が東京地方裁判所に提訴した日，厚生省で行われた記者会見には摂津市とともに全国革新市長会の飛鳥田一雄横浜市長も同席している。そして，飛鳥田横浜市長が「他の同市長会加盟市が摂津市につづいて意見書の提出や訴訟提起の"波状攻撃"をかけ，国に対して超過負担解消を迫る」[40]と述べ，国との対決姿勢を鮮明にした。市が国を提訴するという話題性

---

39) 大蔵省は65年度の補正予算で戦後初の国債を発行したため，財政を均衡する手段として68年に一省庁一局削減を実施し，69年には「行政機関の職員の定員に関する法律」により国の定数管理を採用するなど，国でも財政規律を回復する努力を行っている。

と，多くの地方団体が関心を向けていた超過負担問題を取り上げたことから，摂津訴訟は全国的にも知られ，超過負担の是正運動へと発展していった。実際，横浜市，名古屋市，京都市など 70 近い地方団体が 74 年の第 72 国会に意見書を提出しており[41]，超過負担の返還を求める訴訟も連続していく。年明けの 74 年 1 月には保育所の運営措置費の返還を求めた国分寺訴訟が始まり，76 年 6 月に農業委員会の人件費に関する筑後訴訟が，76 年 10 月に小学校の建設費に関する下松訴訟が提起される[42]。これらには自民党政権の都市政策が不十分なことを印象付けるねらいがあったものと考えられる。

摂津訴訟がこのように政治問題化したこともあり，自民党政権は当初目立った対応は取っていない。従って，摂津訴訟が提起された当初の対応は専ら関係省庁に現れたが，自民党政権の姿勢が明確でなかったこともあり，各省の対応も統一したものではなかった。このことを主に自治省と厚生省を対象に伯仲国会の前後で捉えていく。

伯仲国会以前の摂津訴訟への対応として，自治省では行政管理庁が新規組織の設置を厳しく制限している時期であったにもかかわらず 74 年 7 月に調整室を新設して超過負担問題の取り組みを強化している。厚生省でも保育所に対する補助を増額するなど，摂津訴訟を懐柔する方向で対応した。しかし，その一方で 73 年 12 月 26 日には児童福祉法の政令改正を行い，補助の対象を厚生大臣が承認した施設に限定し，補助単価も厚生大臣が定めるものとするなど，政令を厚生省の都合の良いように改正している[43]。また，大阪府下の保育所建設に補助金を配分しないなど報復的な対応にも出ていた[44]。このように伯仲国会以前は一方でこれを是正しようとする姿勢を示しながらも，一方で国の立場を守るような行動も目立っていた。

ところが，74 年 7 月 7 日の参議院選挙に敗北すると，まず厚生省の対応に

---

[40] 毎日新聞の 73 年 8 月 26 日を参照。
[41] 74 年 5 月 30 日の参議院内閣委員会会議録参照。
[42] これらは地方団体による訴訟ではなく，住民による訴訟（代位訴訟）である。
[43] 国立公文書館デジタルアーカイブにおける「児童福祉法施行令の一部を改正する政令（73 年 12 月 26 日）」を参照。
[44] 74 年 3 月 14 日の朝日新聞，サンケイ新聞を参照。なお，これらは当初ゼロ査定であったものが，3 ヵ所の保育所建設が認められたことを伝えている。

大きな変化が表れた。8月9日の閣議後の記者会見で斎藤邦吉厚生大臣は保育所建設に伴う超過負担を解消したいが，摂津訴訟の係争中では国が努力しても国民は評価してくれないと発言し，摂津市に話し合いによる解決を呼びかける。これを受けて9月に初回の協議を行うと，10月9日には厚生省が和解案の前提となる5項目の意見書を摂津市に提示している。その内容は，①保育所行政は国民の要望の強い重要な問題なので厚生省は最重点を置いて取り組むこと，②摂津訴訟の根底にある「国庫補助事業の超過負担の解消」はもっともな問題提起であること，③摂津市が保育所を整備した時期の国庫補助は不十分であったこと，④40万人分の保育所整備を3年間で実施し，建設単価を実勢価格に引き上げ，児童1人当たりの基準面積を適正化すること，⑤保育所行政に市町村の意向を十分に反映させることというもの[45]であった。この内容は，摂津市が要求した超過負担分の返還には含みを残すが，これを除けば摂津市の主張を全面的に受け入れた内容で，従来の態度を一変したものであった[46]。

伯仲国会成立前は，自民党政権が積極的な取り組みを見せなかったことから，摂津訴訟への対応にも省庁による違いがあった。あるいは同じ省庁でも異なっていたと言ってもよいだろう。ところが，伯仲国会が成立すると，一転して超過負担の是正は政府が一体となって取り組む課題となっている。参議院選挙後に急速に進展した摂津訴訟の和解交渉は，大蔵省の財政規律が弛緩し，超過負担が解消されていく転機であった。このことを次項では国庫支出金の計量分析から具体的に明らかにしていく。

4.3　国庫支出金の運用変化の計量分析
4.3.1　検証の目的と方法

一般会計における国庫支出金の変動から伯仲国会成立後に運用変化が生じていたことを確認する。一般会計の国債発行は75年度の補正予算から急増したため，補正予算を対象に一般会計における国庫支出金の変動を見ていく。ただし，『国の予算』では，補正予算における地方への国庫支出金やその内訳は把

---

45) 74年10月10日の毎日新聞，サンケイ新聞などを参照。
46) この経緯は摂津市史編さん委員会（1977）参照。ただし，摂津市議会が超過負担分の返還にこだわったため最終的に和解は成立していない。

握できないため，補助金等を対象に検証する。なお，補助金等のうち地方への配分は当初予算では把握でき，この割合は70年度，75年度，80年度で85.8%，83.8%，80.0%であった。

ここでは式3.1を利用した時系列分析によって，ダミー変数が有意な年度とその回帰係数から検証を行った。G_tはt年度の補助金等を表し，T_tはt年度の国税等で，D_Tがダミー変数で，T年度以降に対して1を割り当てている。なお，T−1年度までを前期，T年度以降を後期と呼ぶことにする。なお，α, β, γは回帰係数，u_tは誤差項である。

$$G_t = \alpha T_t + \beta D_T + \gamma + u_t \quad\quad\quad （式3.1）$$

使用するデータは補正予算の国税等と，補助金等であり，対象期間は63年度から80年度である。これらはそれぞれ『国の予算』の「補助金等の合理化」などに掲載されているデータを使用し，『日本長期統計総覧』の公的需要で実質化している。

4.3.2　補助金等の推定結果

ダミー変数のT年度を変更して補助金等の推定を繰り返した結果が表3−1である。比較的結果が良好な73年度から78年度までを取り出してみると，自由度修正済み決定係数（以下，決定係数という）は75年度をピークに，これから離れるに従って低下していることが分かる。これに対してDW比で両側検定2%の有意水準で系列相関が存在しないと判断できるのは74年度，76年度，77年度で，73年度は系列相関が存在し，75年度のDW比は判定不能という結果になっている。このうち，決定係数が他の年度に比べて高い75年度と76年度の回帰係数のうち，国税等とダミー変数は1%有意水準で有意であり，75年度の定数項は5%有意水準で有意となる。この2ヵ年の回帰係数は概ね良好であり，とりわけダミー変数が有意であることは，75年度か76年度に前期の推定式が上方にシフトして，後期の推定式に転換していたことを示している。

予算における国税等と補助金等の関係を散布図に示したものが図3−6で，75年度をT年度とするダミー変数を導入した推定量も図示している。検定結果から構造変化を抽出すると，76年度が最も有力かもしれない。しかし，

表3-1 補助金等の年度別推定結果　　　　　　　　　　　　　　　　　　　単位：億円

T年度	73年	74年	75年	76年	77年
決定係数	0.880	0.915	0.977	0.957	0.924
DW比	0.916	1.286	1.050	2.340	1.475
国税等 t値	0.498 5.15	0.454 6.41	0.414 12.29	0.422 9.01	0.457 7.26
ダミー変数 t値	18,047 1.45	27,742 2.99	39,044 8.55	38,426 5.75	33,430 3.45
定数 t値	-34,987 1.87	-27,363 1.90	-20,085 2.83	-19,603 1.97	-24,783 1.82

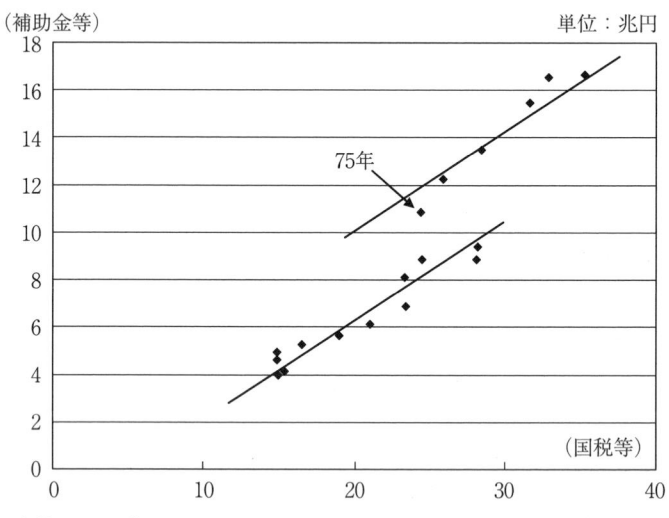

資料：国の予算，日本長期統計総覧

図3-6 補助金等の分布と75年度をダミー変数とした推定量（63-80年度）

DW比以外の結果は75年度と76年度で大きな差はないように見える。例えば，75年度に上方シフトがあったとすれば，その額はダミー変数の大きさから約3.9兆円になる。これは75年度の国税等の値を前期の推定式に代入して得られる75年度の推定量の48.3%に匹敵する額である。同様に76年度にシフトしたと捉えれば，その額は約3.8兆円で，76年度の推定量の42.9%に当

たる。75年度と76年度のいずれに上方シフトが生じたとしてもその規模はほぼ同じであり，前期の推定式による推定量の1.5倍になっていた。つまり，75年度あるいは76年度のどちらかの年に構造変化があったことは明確であり，この場合いずれの構造変化もかなり大規模なものであったことが分かる。

4.3.3 補助金等における内訳の推定結果

同様の分析を補助金等の内訳についても実施した。対象は社会保障関係費と，その内訳の生活保護費，社会福祉費，社会保障費である。さらに文教及び科学振興費とその内訳である義務教育費国庫負担金，公共事業関係費のうち一般公共事業費，住宅対策費，生活環境施設整備費の全部で9費目である。検討対象データは『国の予算』から取得しており，当初予算の額である。なお，これらについては結果のみを記していく。

社会保障関係費，文教及び科学振興費はいずれも75年度に構造変化があり，決定係数も補助金等の全体と比べかなり改善されている。ダミー変数の大きさを示す上昇率もそれぞれ55.4%，58.4%と補助金等と比べて高くなっている。ところが，さらにそれぞれの内訳を見ていくと，必ずしも75年度のみに構造変化が発生しているわけではない。社会保険費と義務教育費国庫負担金では76年度に構造変化が生じている。このように個々の経費に着目すると，75年度と76年度の双方に構造変化が発生していた可能性を示唆している。

公共事業関係費を見ると，さらに異なる結果が抽出できる。住宅対策費は76年度に上方シフトしているが，一般公共事業費と生活環境施設整備費では78年度に上方シフトが見られる。上方シフトが生じた76年度と78年度はいずれも選挙の年で，76年度には戦後唯一任期満了によって行われた衆議院選挙があり，78年度は京都府，沖縄県，横浜市の首長選挙が行われている。このことは『国の予算』が公共事業費の拡大を景気変動との関係から説明していることと明らかに齟齬がある。

これらの結果は超過負担の是正が構造変化を生じる規模で実施されていたことを意味しており，国庫支出金の運用にはその痕跡が明確に存在している。そして，その多くは75年度，76年度に集中的に表れている。ただし，公共事業関係費に関しては，例えば選挙に合わせて運用の変化が生じていた可能性があ

るが，このことは伯仲国会に直面していた自民党政権の危機感を反映した結果と捉えることができる。

4.4　国庫支出金の膨張と地方財政収支試算

国庫支出金では，統計学的に見ても75年度あるいは76年度に構造変化があったことを確認した。しかも，国庫支出金はその後も拡大し，地方財政計画では76年度から79年度の3ヵ年に3.5兆円増加している。構造変化後も国庫支出金は年平均で1.2兆円ずつ増えていたことになる。

巨額の国債発行の中，この種の財政運営を制御していたのが76年に策定された「地方財政収支試算」であった。この試算は伯仲国会から脱却するため，政府がTOKYO作戦とともに作成したものと言えるだろう。実際79年にTOKYO作戦が達成され，さらに80年に衆参両院において伯仲国会が解消されると，地方財政収支試算の作成は終了している。本項では70年代後半の財政運営に大きな影響を与えた地方財政収支試算を取り上げ，この時期の国庫支出金が計画的に増加していたことを見ていく。

4.4.1　地方財政収支試算策定の経緯とその概要

75年10月20日の参議院本会議で野々山一三議員は政府に対して将来の国債発行の見通しを示すように要求した。政府は当初難色を示していたが，75年度補正予算，76年度当初予算と国債発行が急増したことから，審議の過程でこの要求に応じている。76年1月23日に「昭和50年代前期経済計画概案」が閣議了解されたことで，この計画を前提に「財政収支試算」が一般会計を対象に作成された。そして，この財政収支試算を踏まえて地方財政計画を対象に策定されたのが地方財政収支試算であった[47]。

国の財政収支試算は昭和50年代前期経済計画概案を達成することを前提に歳出が設定され，歳入については赤字国債を79年度と80年度にそれぞれゼロとする2つのケースを検討している。この試算の特徴はこれら2つの条件を達成するために税収と税外収入の合計である国税等を機械的に割り戻していると

---

47) 76年度版『国の予算』56-59頁，252-254頁参照。

ころにある。しかし，経済計画が想定している経済指標では，この割り戻された国税等を確保できないため，税収の国民負担率を2%引き上げ，すなわち実質的な増税を実施することで税収を確保している[48]。

地方財政収支試算も地方税の国民負担率を1%引き上げることを前提に，この時期巨大化していた地方財政対策の将来見通しを示している。国民負担率を1%引き上げることは80年度までに14.5%程度の増税を行うことを意味しているが，それでも77年度に2兆円弱，78年度には1兆円程度の地方財政対策を見込んでいる。

財政収支試算，地方財政収支試算は76年以降も策定が継続し，財政フレームが追加されるなど，検討は多様化していく。さらに79年1月に「新経済社会7か年計画の基本構想」が閣議了解されると，79年度以降この新たな経済計画に基づいて試算が作成されている[49]。ただし，地方財政収支試算は80年度を最後に策定は行われていない。

4.4.2 2つの試算結果と実績との比較

ここでは，76年に初めて公表された地方財政収支試算と，新経済社会7か年計画の基本構想に基づいて作成された79年の地方財政収支試算から国庫支出金と歳出総額を取り出し，毎年度策定されていた地方財政計画の国庫支出金と歳出総額と比較した。これを整理したものが表3-2である。表中，「計画」とは地方財政計画の数字であり，「76年試算」，「79年試算」がそれぞれの試算値である。ただし，76年試算の75年は試算値ではなく，実績値である。

この結果には明確な特徴が存在する。76年試算の結果は国庫支出金，歳出総額とも76年に想定した金額が地方財政計画でほぼそのまま確保されており，試算結果が実績値に反映している。この点は79年試算の結果が，いずれも80年度以降実績値と大きく乖離していくのと，その違いは明確であり，対照的である。76年試算では80年度の国庫支出金に大きな乖離があるが，このとき既に新たな経済計画に移行した後であったことを考慮すべきだろう。少なくとも

---

48) 増税に関しては，例えば76年5月6日の衆議院大蔵委員会，5月18日，5月21日の参議院大蔵委員会会議録などを参照。

49) 79年度版『国の予算』247-252頁参照。

表 3-2 地方財政収支試算と地方財政計画の比較結果　　　　　　　　　　　単位：兆円，％

年度	国庫支出金 計画 実数	76年試算 実数	76年試算 割合	79年試算 実数	79年試算 割合	歳出総額 計画 実数	76年試算 実数	76年試算 割合	79年試算 実数	79年試算 割合
75年	5.54	5.82				21.56	22.03			
76年	6.46	6.46	100.0			25.26	25.26	100.0		
77年	7.50	7.50	99.9			28.84	29.15	98.9		
78年	8.81	8.70	101.3			34.34	33.58	102.3		
79年	10.01	9.94	100.7	10.01	100.0	38.80	37.87	102.5	38.80	100.0
80年	10.44	11.36	91.9	11.02	94.8	41.64	42.68	97.6	43.18	96.4
81年	10.69			12.13	88.1	44.55			48.11	92.6
82年	10.89			13.35	81.6	47.05			53.49	88.0
83年	10.40			14.70	70.7	47.49			59.24	80.2
84年	10.31			16.19	63.7	48.29			65.63	73.6
85年	10.20			17.82	57.3	50.53			72.70	69.5

注1：割合とは，(地方財政計画の計数)／(地方財政収支試算の計数)の％表示である．
注2：試算の75年は決算値のため当初予算の地方財政計画の数字とは一致しない．
資料：国の予算

「昭和50年代前期経済計画」が有効であった時期に限ってみれば，地方財政計画は地方財政収支試算に従って予算化されていたことを表している．

　こうした国庫支出金の伸びを支えたのが国の一般会計であるが，一般会計と財政収支試算でも同様の結果が抽出できる．図3-7は76年度の財政収支試算と一般会計の実績を比較したものである．「国税等(試算)」は80年度に赤字国債がゼロとなる場合の試算値で，「歳出(試算)」は歳出の試算値である．「公債金」，「国税等」，「歳出」は一般会計の実績値で，公債金収入については実際の額を「公債」の欄に掲載している．

　歳出(試算)と歳出を比べると，一般会計の歳出が財政収支試算に従って決定されていたことに疑う余地はない．その一方で歳入は当初から確保できないことが前提となっていたから実績値から乖離するのは当然である．財政収支試算では国債発行を前提としているが，当初前提としていた国債の発行額に国税等の試算値と実績の差額を加えると，この時期の公債金収入はほとんど説明できる．このことは70年代後半の公債金収入が財政収支試算の歳出を確保した

(兆円)

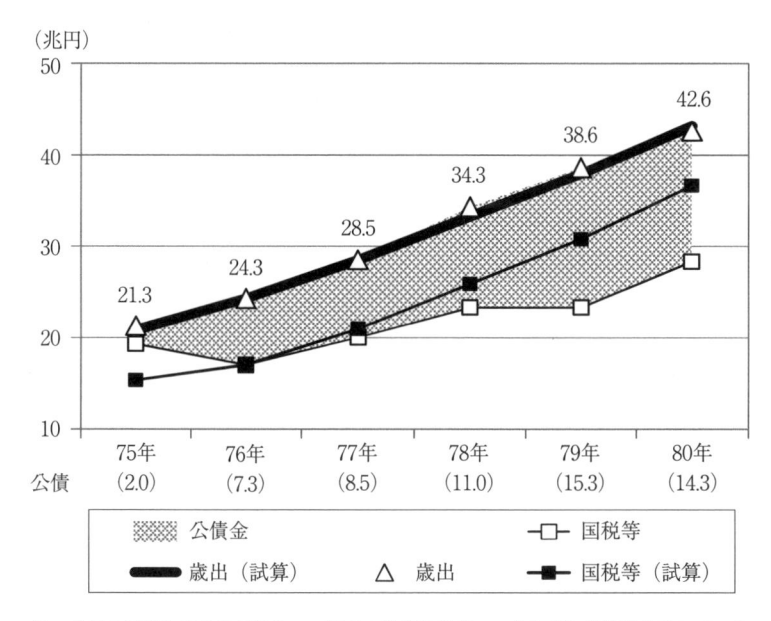

図3-7 財政収支試算と一般会計の比較（75-80年度当初予算）

注：公債の括弧内は公債金収入の，図中の数字は歳出の，それぞれ実績値を表している。
資料：国の予算

結果として必然的に発生したものであったことを意味している。これら財政収支試算や地方財政収支試算は70年代後半の歳出に強い制約を与えることで，この歳出を地方に配分していく仕組みとして機能していた。巨額の財政資金を地方に供給することで，立ち遅れていた環境福祉政策や社会資本整備を促進するとともに，この時期深刻な問題となっていた超過負担を解消していったのである。

4.5 超過負担の是正に対する評価

74年にTOKYO作戦が計画されたと言われているが，実際計画通りに78年に京都府，沖縄県，横浜市で革新自治体が終焉を迎え，79年には東京都，大阪府でも崩壊した。そして，80年には衆参両院で伯仲国会が幕を下ろしている。これらの事実は，従来環境福祉政策を支持してきた都市住民の投票行動に明らかな変化が生じていたことを示している。

第3節で見てきたように法定事務が増加しない状況で巨額の財政資金が投じられれば，通常超過負担問題は解消に向かう。70年代後半は正にこうした状況が実現している。しかも，地方財政収支試算や財政収支試算の存在は地方の財源問題を計画的に解消していた可能性を示している。

環境福祉政策では特に超過負担が深刻であったから，革新自治体が崩壊に向かったことは超過負担が是正された結果と捉えることができるかもしれない。超過負担の是正を定量的に評価する資料は存在しないが，ここでは国会の議論や世論調査からこれらを確認していきたい。

4.5.1 国会における議論に基づく超過負担の是正効果の検証

超過負担の是正効果を国会の議論から検証してみる。国会会議録で「超過負担」を検索すると，摂津訴訟が提起された直後の74年度にピークとなる159件を記録すると，その後は一貫して低下する。79年度には52件，82年度以降は20件前後にまで減少している。検索件数を見る限り，80年代には超過負担が国会で議論となる回数がかなり低下していたことが分かる。これを超過負担の深刻さと比例すると捉えれば，80年代に入ると，超過負担は急速に是正されていたことを示唆している。

国会会議録から超過負担の具体的な質疑を抽出しても件数の推移と連動している。例えば，80年4月10日の地方行政委員会で三谷秀治衆議院議員は単価差が概ね解消され，超過負担の中心は対象差に移ってきていると述べている。また，小濱新次衆議院議員は同年4月21日の地方行政委員会で保健所の措置費が最も超過負担が大きくなっていると指摘している。これらは超過負担が是正されたことで，その対象が変化してきたことを示唆している。摂津訴訟直後には超過負担を厳しく追及していた，これら野党の国会議員たち[50]も80年にはある程度超過負担が解消されてきたことを認めている。このことは国庫支出金などの拡大で，80年には超過負担がかなり解消していた可能性を示している。

---

50) 三谷秀治氏は共産党，小濱新次氏は公明党に所属している。なお，後述する和田静夫氏は社会党である。

第3章 基準財政需要額算定における裁量からルールへの転換　　*143*

図3-8　政策の要望項目の推移

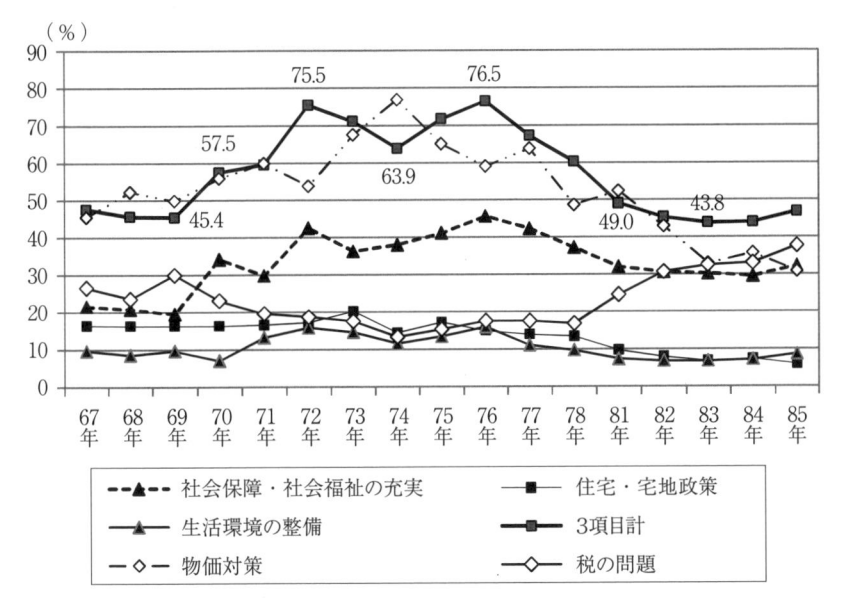

資料：国民生活に関する世論調査

4.5.2　国民生活に関する世論調査による環境福祉政策の評価

　総理府では58年から毎年『国民生活に関する世論調査』を実施している。対象は全国の20歳以上の男女で，層化2段無作為抽出法を利用している。本項の分析期間におけるサンプル数は2万人と1万人の2つの場合がある。

　この中で政府に対する政策の要望を尋ねており，1番目と2番目をそれぞれ回答するように求めている。この回答の中から，回答率の高いものと，革新首長がプライオリティを置いていた環境福祉政策に関連した選択肢に着目して「社会保障・社会福祉の充実」，「税の問題」，「物価対策」，「住宅・宅地政策」，「生活環境の整備」の5つを抽出した。これらの選択肢を1位，2位に挙げた割合を単純に合計し，革新自治体の政策に相当する「社会保障・社会福祉の充実」，「住宅・宅地政策」，「生活環境の整備」をさらに合算したものを「3項目計」として，これらを図3-8に整理した。

　79年，80年の調査では3つの政策を選択するマルチアンサー方式となり，他の年の調査とは形式が異なるため図には掲載していない。これらの調査結果

を参考のため記しておくと，79年度は「3項目計」が77.8%で，この中では「社会保障の充実（医療，年金，老人，生活保護など）」が45.0%と最も高く，「住宅・宅地政策」，「生活環境の整備（公害対策，ごみ処理，上下水道，公園の整備など）」はともに16.4%となっている。「物価対策」は55.7%，「税の問題」は31.6%である。80年度は「3項目計」が65.6%で，その内訳は「社会保障・社会福祉の充実」37.2%，「住宅・宅地政策」15.5%，「生活環境の整備」12.9%となっている。さらに「物価対策」が69.9%に，「税の問題」が35.0%にそれぞれ上昇している。これらはその大小関係において図の78年と81年の結果を補完するものと言えよう。

革新自治体が重視した3項目は60年代50%以下を推移していたが，70年代に入ると，上昇を始め，72年に75.5%を記録，76年には76.5%のピークに達すると，以降83年の43.8%まで低下していく。これら3つの項目に対する国民の期待の変動は国会における超過負担の議論とも概ね一致したものとなっている。

60年代に3つの項目が50%に満たない時期から，その比率を上昇させていく過程は革新自治体が拡大していくプロセスと一致している。つまり，革新首長は国民の政策に対するプライオリティに応えるかたちで政策を示し，これが支持されて拡大していったと評価することができる。これが政府の法定事務を拡大させ，超過負担も深刻化させたと言えるだろう。

一方，70年代後半には3項目に対する要望が段階的に低下している。これは国庫支出金が急増して超過負担を解消していく過程で，社会保障や，社会福祉，住宅・宅地政策，生活環境整備が進んでいたことを示唆している。裏を返せば，この世論調査の結果が，70年代後半に超過負担が是正されていったことを示している。政策的な充実があり，国民の要望が低下していく中，政府の政策に対する不満の受け皿として拡大してきた革新首長が徐々に勢いを失っていったことは当然の結果と言えるだろう。

5. 地方制度におけるルール化の進展

70年代後半「昭和50年代前期経済計画」とこれを根拠とする財政収支試

算，地方財政収支試算によって国と地方の歳出は完全にコントロールされている。これによって超過負担問題は解消に向かい，環境福祉政策や社会資本整備も充実していった。このうち，超過負担の是正は特に地方制度の運用をルール化していくことに寄与している。

法定事務の拡大に合わせて財源保障が実施できれば，超過負担が発生することはないし，法律から逸脱した運用が採用されることもない。法律を作成しているのは制度の所管省庁自身であるから財源問題を除けば，積極的に違法行為に及ぶ理由がないからである。従って，財源問題が解決できれば，法律に従った運用を採用する条件が整う。70年代後半は正にこれを実現した時期であり，個々の制度では法律に従った運用に移行する。これらの運用の見直しは実際には地方制度全般に及ぶ広範なものであった。こうした実態を明らかにすることが本節の目的である。

5.1 自治省の機構改革

行政管理庁を中心に新たな組織の設置を厳しく規制していた時期に自治省財政局では74年7月に調整室が設置され，翌75年から財務調査官制度の運用を開始している[51]。これらの組織，制度に関して詳細を伝える資料は少なく，特に財務調査官制度についてはほとんど存在しない。しかし，こうした機構改革によって財政局の課長職は74年6月の6名に調整室長と財務調査官が加わり，9.5名に拡大している。

調整室が設置された経緯が把握できる資料に75年1月の『地方財政』に掲載されている，自治省財政局各課の課長による「地方財政の回顧と展望」や，業務内容の詳細を解説している秋田（1994）などがある。このうち，秋田（1994）は，調整室の所掌事務の第1に「地方公共団体の負担を伴う法令及び

---

51) 自治省の組織図は，大蔵省印刷局が発行している『職員録 上巻』を使用するとその変遷とともに職員構成なども把握できる。自治省財政局は74年6月までは財政課，交付税課，地方債課，公営企業第1課，公営企業第2課，指導課の6課で構成されていたが，7月より調整室が加わる。さらに翌年には新たに財務調査官制度が始まり，財務調査官が課長級で配置されている。調整室の室長は当初大臣官房の筆頭参事官が兼務し，自治大臣の直轄組織であったことを示している。組織は5名でスタートし，翌75年から8名体制になっている。

経費の見積書について，意見を申し出ること（自治省組織令第25条第5項）」を挙げ，各省庁への申し入れが調整室の最も重要な仕事であると紹介している。そして，この申し入れの内容の冒頭に，「国庫補助負担金等の整理合理化の推進の観点から次のような問題のあるもの」として，その2番目に超過負担を挙げている。つまり，超過負担問題は調整室の極めて優先順位の高い業務となっており，自治省の他省庁に対する働きかけの中心を担っていたことを示している。

　自治省から各省庁への申し入れの内容は毎年『地方財政』に掲載されている。その執筆は74年までは財政課が担っていたが，75年度以降調整室が担当している。調整室が執筆し始めると，それまで50ページ前後であった要望は倍増している。このことは摂津訴訟を契機に超過負担問題に対応する組織として調整室が設置されたことを示している。そして，調整室が他省庁の地方制度に存在している超過負担問題を洗い出し，他省庁との調整の窓口になっていたのである。

　財務調査官制度に関しては石原（1996b）に説明があり，特別交付税の配分を適切に行うために地方団体から意見を聴取することが主な目的であると述べている。財務調査官は課長級で70年代には3名配置され，地方団体に対するヒアリングから地方制度の問題点などを抽出する仕組みであったと考えられる。地方団体の意見を直接聞くことで各省庁への要請事項を精査することができ，また，新たな摂津市が現れないように事前に地方団体の不満などの情報を収集する機能を担っていたと考えられる。

　摂津訴訟後，行政管理庁の規制があったにもかかわらず自治省財政局では機構改革を通じて組織が拡大している。財務調査官制度によって自治省は地方団体から，他省庁の事務も含め様々な情報を収集する機能を獲得している。そして，地方団体から収集した意見を踏まえ，超過負担の洗い出しと関係省庁との調整を担う組織として調整室が設置されていたのである。つまり，この機構改革によって超過負担に対する監視・調整機関が整備され，これによって法令順守の徹底を図る体制が構築されていたのである。

5.2 地方財政法に基づく法制整備

　摂津訴訟が始まると，厚生省は73年12月に厚生大臣が認めた補助単価と保育所建設以外補助しないと児童福祉法の政令を改正した。これは国会でも取り上げられ，制度の改悪であるといった批判が出ている。その際，自治省は児童福祉法における補助規定と運用実態に乖離があるため，実態と法律の乖離を埋めることを優先して，改正に同意したと答弁している[52]。超過負担は政府が作った法律を自らが破るという問題を含んでいたが，このことは法律違反が常態化していたことを示している。摂津訴訟はこれを広く国民に知らしめることに貢献した。しかも，地方団体の多くが摂津市を支援したことから，現行制度の違法状態を解消することの重要性を改めて自治省が徹底していったものと考えられる。しかし，この時点の政令改正は恐らく大蔵省の意向が強く反映した結果と言えよう。このため，法律と運用実態の乖離を調整する政令改正が行われたものの，その内容は予算措置の実態に合わせて政令の内容を改正するという方法が採られていた。

　この種の法改正は参議院で伯仲国会が成立すると，大きく方向転換し，地方財政法に基づいた法制整備へと発展している。これは75年3月28日の参議院予算委員会で和田静夫議員が行った質問が発端となっている。同氏は地方財政法11条の規定に違反した国庫負担金が15件存在していることを取り上げ，違法状態を容認する姿勢が超過負担の温床になってきたとして，その修正を求めている。

　1952年の地方財政法改正によって11条は国庫負担金の算定基準や国の補助率を法律や政令で定めるように規定した。そして，これに違反する法律は1年間の期限を区切って改正するように義務付けられた[53]。しかし，砂防法，身体障害者福祉法などはこうした規定を無視し，法律違反が常態化していた。さらに吉國一郎内閣法制局長官は地方財政法の改正以降に成立した法律にも算定基準などが明確でない法律があることを指摘し，これらについては法律違反ではないが，国全体の法制整備という観点に立てば，改正することが望ましいと述

---

52) 74年2月14日衆議院地方行政委員会での松浦功自治省財政局長の答弁に基づいている。
53) 石原 (1996a) 162, 163頁参照。

べた。

　この中で法改正が必要な土地改良法，植物防疫法など10件の法律は地方財政法と一括して76年の第77国会で「地方財政法等の一部を改正する法律」として改正され，また他の政令によって対応すべきものは同国会の前までに修正された。このように20年以上常態化していた法律違反が1年足らずの間に是正されたことは，超過負担問題の解決が摂津訴訟や伯仲国会を契機に優先順位の高い問題となっていたことを示している[54]。

　このとき改正された規定は主に2つある。1つは国庫負担金の財源を国の予算内に限定していた点[55]で，今1つは算定基準を法律に明記していなかった点である。この改正によって，例えば「予算の範囲内において……補助金を交付することができる」，「予算の定めるところにより……補助することができる」といった規定はすべて撤廃されていく。また，後者は省庁間調整が障害になっていたり，既に制度として利用されていないために放置されていたりと理由は様々であったが，算定基準が明示されていない法律で改正が行われた。

　76年の地方財政法等の一部を改正する法律はルールに基づく運用に転換する上で3つの点で重要であった。1つは，ルールに基づく運用に転換するとしてもそのルール，つまり，法律自体が相互に矛盾していたが，これを解消したことである。ルールに基づいて運用する場合，そのルール間に大きな矛盾があれば，ルールそのものの信頼性を欠くことになる。地方財政法に違反する法律の改正を行ったことはルールに基づく運用へと移行するに当たってその前提が整備されたことを意味している。

　2つめは地方制度の運用ルールが地方財政法に統合されたことである。地方財政法11条の規定が，52年の改正以降に成立した法律に対しても適用[56]され

---

[54] 伊藤（1976）並びに75年11月11日の参議院地方行政委員会の国会会議録を参照した。石原（1996a）では同氏が52年の地方財政法改正に関わった経緯から法改正が実現したことに感無量であったと記しており，これが長年放置されてきた問題であったことを示している。

[55] この規定を持つ法律は森林病害虫等防除法，植物防疫法，農業委員会等に関する法律，森林法，主要農産物種子法の5つであった。

[56] 「補助金等の臨時特例等に関する法律」が改正されているが，この法律は52年の地方財政法改正後の54年に成立している。

ているが，これは極めて重要である。通常法律は後に成立したものが優先されるため，52年の地方財政法改正以降に成立した法律に関しては，第11条の規定の例外としてその運用が可能になる。吉國内閣法制局長官が法律違反ではないが，国全体の法制整備の観点からは適切ではないと述べたのは，52年の地方自治法改正以前から存在する法律とは根本的に異なるという事実を踏まえている。しかしながら，11条の規定を52年の改正以降の法律に適用したことは，地方制度に関連した法律については地方財政法が優先することを明確にしたことになる。このことはさらに言えば国の地方制度を地方自治法の体系に統合することを意味しており，法体系のプライオリティを明確にした点で非常に重要な改正であった。このことは，この時期地方制度の位置付けが政府内で大きく転換したことを示している。

　3つめは，国庫負担金の算定が国の予算の都合ではなく，法定された算定基準に従わなければならないという地方財政法の規定に従って法改正が行われたことである。超過負担問題は，国庫負担金の伴う事務において国の一般会計で確保できる予算に比べ，事業費が大幅に大きいことを意味していた。そして，大蔵省は国の財源確保ができないことを理由に事実上国庫負担金の減額を行ってきた。しかし，事業費の算定基準を明確にし，これに補助率を乗じた国庫負担金は，国の財政状況とは関係なく支出することを国に義務付ける，地方制度の運用上重要なルールの1つが改めて確認されている。

　地方財政法に基づく法制整備はルールに基づく運用に移行する過程で，ルールに首尾一貫した整合性を確保するという重要な役割を果たしていた。これらによって自治省の法体系に各省庁の法律を統合し，これに合わせて詳細なルール化も進められていく。特に超過負担の是正は，ルールの精緻化から運用の適正化まで，ルールに基づく運用を一貫整備した点で地方制度全般において重大な転換点となっている。

5.3　超過負担の是正

　縄張り意識の強い政府機関において他省庁の制度運用に介入する専門組織を新たに財政局に設置し，地方自治法の体系に他省庁の法令を統合した。これらは地方制度においてルールに基づく運用を実現する基本的な仕組みであっ

た。これによって革新自治体の拡大を許す原因となっていた超過負担を継続的に是正する体制を整えたのである。そして，この継続的な見直しによって地方制度の運用はルールに基づくものへと転換していく。この時期の超過負担の是正をここでは具体的に明らかにする。

5.3.1 超過負担の構造と是正の意味

　超過負担問題について改めてその構造に触れてみたい。自治省では超過負担は国庫支出金の問題であるとしてきた。ここで国庫支出金の算定方法を簡単に整理する。国庫支出金は義務的補助金と奨励的補助金に分割できる。国庫支出金の大宗は義務的補助金であり，例えば義務教育における職員給与に対する補助金のように，対象となる地方団体はすべて受け取ることができるものが多い。この種の国庫支出金の場合，地方団体ごとの国庫補助基本額に補助率を乗じて，配分する額を決定している。国庫補助基本額は，多くの地方団体が受け取ることから，通常個々の地方団体の事務量を測る指標に単価を乗じることで算出できるように工夫されている。単価は，事務を実施するのに必要な経費と，提供するサービス水準に合わせて具体的な予算単価を設定し，これらに実勢価格を反映して算出される。事務量を測る指標では人口や，その分野の基本的な統計データを利用して客観性を担保している。

　この算定方法の中で超過負担が発生してきたが，このうち対象差は必要な経費を単価に計上しないことから発生し，数量差は1人当たり基準面積が著しく狭いなどサービス水準が不当に低く設定されていることが原因となってきた。自治省はこれらの超過負担が補助制度の問題であると考えていた。数量差や対象差がサービス水準や地方団体の執行体制などを考慮して適切に制度設計を行うことで回避できるからである。これに対して，単価差は制度設計というより毎年度の運用に依存する。つまり，数量差や対象差は一度設定すると，前提条件が修正されない限り一定に維持すればよいが，単価差は物価変動などが存在する限り常に実態に合わせて調整していく必要がある。しかし，このことは，法律が規定する行政サービスに合わせて制度設計を適切に行えば，単価差を調整することで超過負担の多くは解消できることを意味していた。これによって個々の事務で予算単価を適切に改定すれば，超過負担が発生しないシステムに

移行できたのである。そして，このことは地方財政制度の基本法に則した運用，とりわけ財源保障の規定を実現することに寄与した。従って，超過負担の是正は，機構改革や法制整備と異なり，ルールに基づく運用を具体的に実現するプロセスであったと捉えることができる。

　伯仲国会成立以前の超過負担の是正は，三省共同実態調査[57]によって単価差を中心に行われてきた。この調査は大蔵省と自治省，所管省庁が参加して事務ごとに超過負担額を明確にすることを目的としていた。しかし，超過負担のうち，単価差を中心に是正していたことは，数量差，対象差を放置することを通じて超過負担を常態化することにもなっていた。こうして国庫支出金を伴う法定事務では，国が地方団体に法令に則した執行を義務付けながら，その経費負担は法律を無視して地方に転嫁してきた。これは，地方制度の運用より国の一般会計の収支均衡を優先させた結果であり，これが超過負担を生み，地方制度の法体系と乖離した運用を常態化したのである。70年代後半にこの問題を広範囲に解決し，超過負担も是正されたことからルールに基づく運用が実現していくことになる。以下では70年代後半の超過負担の是正を具体的に整理していく。

5.3.2　単価差における是正頻度と是正速度の向上

　伯仲国会成立以前の超過負担は単価差を中心に，主に三省共同実態調査を通じて実施された。この調査が始まったのは67年で，翌68年にも実施されたが，3回目は72年度で，4年の間隔がある。そして，73年度には調査は行われず，摂津訴訟が始まると，現在と比べても大規模な調査が74年度に実施され[58]，以降毎年度行われるようになっている。摂津訴訟が提起されたことで，一定間隔で実施される予定であった三省共同実態調査は毎年度行われるように変更された可能性が高いと言える。

　超過負担の是正では三省共同実態調査を実施し，その翌年度以降解消措置が

---

[57] 三省共同実態調査という名称は大蔵省が使用しているもので，自治省は共同実態調査という名称を使用している。
[58] 運営費関連で農業委員会補助金，職業訓練費補助金，保育所措置費補助金などが，施設関連で公立文教施設，社会福祉施設などが対象となっている。

採られていた。67年度，68年度，72年度の調査ではいずれも複数年度で解消されているが，伯仲国会成立以降これがほぼ単年度で解消されるようになっている。74年度以前の調査では，超過負担額が分かったとしても迅速に全額是正することは財政負荷が大き過ぎるため，段階的に手続きを踏んで進めたいという，大蔵省の意向が強く反映していたことが考えられる。ところが，74年度以降，この調査による是正は原則的に翌年度には全額是正されるように変更されている。

国庫支出金の予算単価は毎年度の予算編成において大蔵省が改定する単価表によって更新されてきていたが，これがかなり恣意的であったために超過負担が発生していた。毎年度三省共同実態調査を実施し，その結果を翌年度の予算にほぼ反映する制度運用に74年度以降転換している。これによって適宜予算単価を実勢価格に合わせて修正する仕組みが制度化され，ルールに基づく運用の要件が整備されている。

5.3.3 数量差と対象差の是正による制度設計の見直し

専ら単価差の解消に取り組んでいた三省共同実態調査は，70年代後半になると，頻度以外にも変更が見られた。三省共同実態調査ではその範囲を拡大し，数量差や対象差も扱うようになっている。加えて，この調査とは関係なく超過負担の是正が行われ，この中で数量差や対象差も見直されている。数量差や対象差の是正は制度設計の改定を意味しており，既述したように制度設計が適切であれば，予算単価の見直しを適切に実施することで超過負担は解消される。これによって個々の事務レベルでも運用ルールが確立することになる。この時期数量差や対象差が大幅に見直されたことは地方制度全般においてルールに基づく運用への転換が進んでいたことを意味している。

『地方財政』，『国の予算』，『地方財政要覧』から数量差と対象差の詳細を年度別に整理すると表3-3になる。これらは超過負担の是正が実際に実施された年度ごとに整理しているから，三省共同実態調査が実施された年度とは異なる。通常，77年度に実施された超過負担の是正は76年度の調査結果を反映している。

76年度の三省共同実態調査では警察署の面積基準が検討され，摂津訴訟で

表3-3 年度別数量差・対象差の是正措置の詳細

		対 象 経 費
77年度	数量差	警察署，養護老人ホーム，特別養護老人ホーム，公営住宅，改良住宅で面積基準の見直し
		高校産業教育施設整備費，学校給食施設整備費で建物構造比率の見直し
		保育所措置費における食糧構成基準の作成
	対象差	保健所運営費，農業委員会費，職業訓練等で公務災害補償費，共済組合負担金を人件費に追加
		警察署，公立文教施設，社会福祉施設で門囲障，屋外排水通路などを補助対象に追加
		統計調査委託費で管理職手当を補助対象に追加
78年度	数量差	農業委員会費の職員数基準の改定
		警察本部庁舎，小中学校校舎，重度身体障害者授産施設・更生援護施設，公営住宅，改良住宅の面積基準の見直し
		保育所非常勤保母などの改善
	対象差	保健所医師，精神衛生センター医師の初任給調整手当の追加
		幼稚園，廃棄物処理施設で門囲障，屋外排水通路などを補助対象に追加
	仕様	警察署，保育所で施設の標準仕様の導入
79年度	数量差	外国人登録委託費の職員算定基準の改定
		警察の待機宿舎，公立養護学校等施設，肢体不自由児施設，公営住宅，改良住宅の面積基準の改定
		学校給食施設の建物構造比率，面積基準の見直し
		保育所の非常勤保母，年休代替要員などの待遇改善等
	対象差	保育所における産休代替職員の対象の拡大
80年度	数量差	特別養護老人ホーム，養護老人ホーム，身体障害者授産施設，乳児院，派出所，駐在所，公営住宅，改良住宅などで面積基準の改定
		公立文教施設のへき地教員宿舎の建物構造比率の改定

注：建物構造比率とは木造，鉄筋コンクリート造など建設する建物構造の比率を設定し，工事費などを概算する係数のことである。
資料：地方財政，国の予算，地方財政要覧

標的となった保育所でも定員1人当たりの基準面積も対象となっている。この調査によって保育所では定員1人当たりの基準面積が5.0㎡から定員規模に合わせて5.1～6.0㎡に改定されている。保育所施設では標準仕様も導入され，建物の仕上材料から電気設備，機械設備についてその基準を設定し，加えて給食でも食糧構成基準を検討している。この時期の三省共同実態調査では単価差以外にも広範に超過負担の解消に向けた検討が行われていた。この結果を踏まえ，保育所の標準仕様は78年度に導入され，これ以外は77年度から新たな基準に移行している。

このように三省共同実態調査はその範囲を拡大し，さらにこの調査以外の是正も加え，この時期様々な行政分野において数量差と対象差が解消されていく。表では80年度までの超過負担の是正状況を整理しているが，広範な分野で超過負担の取り組みが行われていたことが分かる。

これらの是正措置の中で標準仕様の検討が最も困難であったと考えられるが，78年度に警察署や保育所で導入されると，79年度に派出所，駐在所，養護老人ホーム，特別養護老人ホームで検討が進み，これらは80年度に運用に移されている。さらに80年代に入っても職業訓練校，保健所で標準設計が実施されている。それまで自治省が関係省庁に導入を要請しながら進まなかった標準設計は伯仲国会が実現すると比較的短期間に整備されていたことが分かる。

5.4　特別交付税におけるルール化の進展

70年代後半にルールに基づく運用に転換した事例として特別交付税についても触れておきたい。特別交付税は地方交付税法15条により地方団体に特別の財政需要がある場合や，新たに災害復旧費を計上する必要がある場合，普通交付税の画一的な配分では調整できない経費を補塡する場合などを理由に配分されてきた。特別交付税は普通交付税より算定方法があいまいなため，その配分には自治省の裁量が入り込む余地があった。こうした特別交付税においてもこの時期ルール化が進展している。

第3章 基準財政需要額算定における裁量からルールへの転換　　155

図3-9　特別交付税に関する自治省令の項目数の変化（65-84年度）

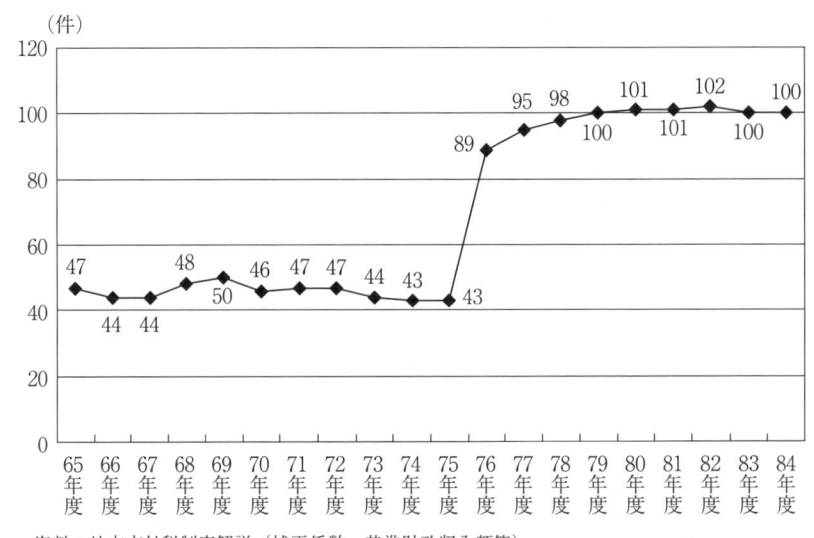

資料：地方交付税制度解説（補正係数・基準財政収入額篇）

5.4.1　特別財政需要額の対象の拡大

個々の地方団体の特別交付税は「特別交付税に関する省令」に規定された算定方法に従って特別財政需要額を算出し，これから調整的な経費を控除して支払われる。控除される経費としては，不交付団体であれば，需要額を超える収入額であり，公営ギャンブルを行っている地方団体であれば，その収入がある。さらに国の基準を上回る給与を支払っている場合も特別交付税の減額が行われている。特別交付税も普通交付税同様財政調整機能が備わっているから収入額が多い場合には特別交付税は配分されない[59]。

特別財政需要額の算定方法は「特別交付税に関する省令」に掲載されているが，ここに掲載されている項目数を，年度別に集計したものが図3-9である。76年に新たな省令が制定されると，それまで43件あった算定項目が89件に倍増している。その後もこの数字は拡大し，79年度には100項目に到達した。特別交付税の算定項目は76年度に急増したが，超過負担の是正が実施されて

---

[59] 控除額が特別交付税の額を上回った場合には特別交付税はゼロになる。

いた同じ時期に特別交付税でも大幅な見直しが行われていたことが分かる。

特別財政需要額には災害関連の経費が算入されるため，事前にすべての経費を決定することができない。これは災害復旧費に年度間の変動があるからで，このことが特別交付税の算定にあいまい性を生み出す理由にもなってきた。だが，算定項目を大幅に拡大したことはこの種のあいまいさを抑制していたことになる。つまり，この時期算定項目を拡充することによって，特別交付税でも裁量的に配分できる領域を制限し，ルール化を進展させていたことが分かる。

5.4.2 算定方法の精緻化

特別交付税に関する省令では算定項目が増加していたが，このとき新たに追加された項目を任意に選び，その算定方法を表3-4に整理した。

都道府県と市町村から1つずつ取り上げたが，重要文化財は文部省，簡易水道は厚生省の所管である。この時期新たに追加された算定項目の所管省庁は多様で，必ずしも自治省の所管分野を中心に開示されたわけではない。特別財政需要額は需要額と異なり，特定の事務ごとに取り上げられている。さらに表にもあるように細かく算出方法が明示され，個々の制度が詳細に整備されていたことを示唆している。単価などは毎年変更される可能性が高いから，これらは省令改正によって修正されることになる。

特別交付税の算定は省令で決定されているから，自治省の裁量がある程度反映できる仕組みであった。しかし，これらの項目の多くは自治省と大蔵省，所管省庁で内容を調整しなければ，決定できない。このため，この内容は省庁間の取り決めが前提であり，その意味でルールに基づく運用が大幅に導入されていたことが分かる。つまり，特別交付税の算定においても裁量に基づく運用がルールに基づく運用へと転換していたことになる。このことは裁量からルールに移行する動きが国庫支出金以外の分野においても取り組まれていたことを示している。

5.5 ルール化の意味するところ：戦後第2の地方制度改革

74年7月に参議院で伯仲国会が始まると，同年12月には新たな経済計画に向けた改定作業が始まる[60]。そして，76年1月23日に「昭和50年代前期経

第3章　基準財政需要額算定における裁量からルールへの転換　　　157

表3-4　特別交付税の具体的な算定内容

項目	算　定　内　容
都道府県 — 重要文化財に要する経費があること。	当該道府県の区域内に所在する文化財保護法（昭和25年法律第214号）第2条第1項に規定する文化財について，当該年度の11月20日現在における次の表の左欄に掲げる文化財の種類ごとの指定件数（埋蔵文化財については，指定件数又は届出件数とする。）にそれぞれ右欄に掲げる額を乗じて得た額の合算額とする。 | 区　分 | 額 | |---|---| | 建物 | 340,000円 | | 美術工芸品 | 32,000円 | | 名所・旧跡 | 310,000円 | | 指定件数に係る埋蔵文化財 | 22,000円 | | 届出件数に係る埋蔵文化財 | 180,000円 | | 無形文化財 | 1,200,000円 | | 民族資料 | 780,000円 |
市町村 — 簡易水道の高料金対策に要する経費があること。	次の各号によって算定した額の合算額とする。 1　簡易水道事業特別会計の前年度の決算において，給水原価（総費用（受託工事費及び減価償却費を除く。）及び地方債の元金償還金の合算額を年間有収水量で除したものをいう。）が80円以上で，かつ資本費（地方債の元利償還金の額を年間有収水量で除したものをいう。以下同じ。）が25円以上の場合において，一般会計から簡易水道事業会計に繰り出した額と繰出基準額（資本費から25円を控除した額の2分の1の額に年間有収水量を乗じて得た額をいう。）のうちいずれか低い額に0.8を乗じて得た額 2　簡易水道事業災害復旧事業に係る地方債の当該年度の元利償還金の額に0.5を乗じて得た額

資料：官報（昭和51年12月24日）第14990号

済計画概案」が閣議了解され，2月6日に財政収支試算が，2月24日に地方財政収支試算がそれぞれ国会に提出されている。これら2つの試算が巨額の国債発行と地方財政対策が繰り返された70年代後半の国と地方の財政規模をコントロールしてきた。つまり，これによって従来の財政運営から逸脱した規模の財源が地方に供給されたのである。

　地方財政では財源保障制度の先駆けである地方財政平衡交付金制度の時代か

60）例えば，74年12月23日の参議院予算委員会議録参照。

ら，地方が処理する事務を占有する法定事務と，それ故に過少となる財源に悩まされてきた。67年に東京都で革新知事が誕生すると，環境福祉政策の充実による法定事務の増大と，地方税減税などを繰り返すことで財源不足が深刻化していった。財政移転についても大蔵省が国の財政規律に固執したこともあって，十分な移転が行われなかったために，こうした問題を解決するには不十分なものであった。

　70年代後半に発生した計画的な財政資金の供給は地方制度が抱えていた財源問題をかなりの程度解消している。これは超過負担問題が国会で取り上げられる回数が減少していたこと，世論調査などで環境福祉分野に対する政策要望が低下していたことからも推察できる。だが，単なる超過負担の是正に留まらず，様々な地方制度の見直しがこの時期行われていたことを本節で明らかにしてきた。

　この時期の制度の見直しは，地方自治法を頂点とする地方制度の法体系に合わせて，関係省庁の地方制度を再編していくプロセスであった。70年代までの大蔵省の予算編成は国の財政規律を優先するあまり地方財政法などを無視しており，この意味で地方制度の法体系にとって超法規的な存在であった。しかも，他省庁にも地方財政法に違反した法律やこれから逸脱した法律が存在してきた。それまで比較的軽視されてきた地方制度の法体系が，76年の地方財政法等の一部を改正する法律の成立を前後してその位置付けを変えていく。地方財政制度の基本法が他省庁の法律に優先することを確認し，さらに国庫負担金に関しては国の予算を優先することが許されないことを明確にした。このように地方制度では，この時期その法体系に他省庁の法律を統合していく法制整備が行われていたのである。

　これに先立ち，自治省では機構改革も実施している。行政管理庁が組織の新設を厳しく規制していたが，74年に調整室が設置され，75年に財務調査官制度が導入された。調整室は自治省が所管する地方自治法などに照らして問題のある法律や制度，運用を監視し，さらに調整する役割を担っている。省庁の縄張り意識が強い中，他省庁の制度運用に介入していく組織の設置が認められたことは，この時期地方制度が政府にとって優先順位の高い問題となっていたことを示している。さらに自治省では財務調査官制度を導入して地方からの情報

収集能力の強化も図っている。これらの機構改革は地方制度の法制整備と合わせ，これを運用面からも徹底する組織体制を確立したことを意味している。

　地方制度の法制整備が進み，これを推進するための機構改革を達成したことで，この時期その基本法に則した運用が徹底されていく。国庫支出金では超過負担問題を解消するために従来回避されてきた数量差や対象差の是正や，施設の標準仕様の導入などが一挙に進展し，ルールの適用範囲の拡大とルールの精緻化が同時に進められる。このことは戦後改革によって導入された地方自治法や地方財政法といった地方財政制度の基本法に合わせて政府の法律，地方制度を全面的に見直していたことを意味する。しかも，こうした見直しは「昭和50年代前期経済計画」とこれに基づく財政収支試算，地方財政収支試算の存在を見ても分かるが，明らかに計画的に推進されていた。巨額の財政資金が投じられ，政府全般において実施されていたことはこれが戦後改革に続く第二の地方制度改革であったことを示している。この点からも70年代後半に生じた巨額の国債発行と地方財政対策は単なる財政危機ではなく，戦後長らく放置されてきた地方制度の矛盾を取り除く地方制度改革であったと言えるだろう。

6. 需要額算定のルールに基づく運用への転換

　70年代後半の地方制度改革は地方交付税制度にも大きな影響を与えた。本節は改めて需要額の算定に立ち戻り，第2章で示した裁量的運用が崩壊し，需要額でもルールに基づく運用に移行していたことを明らかにしていく。

6.1　需要額の算定方法

　需要額は単位費用に測定単位と補正係数を乗じて算出しているが，このうち，需要額の拡大に最も大きな影響を与えてきたのは単位費用である。単位費用の拡大は専らこれを構成する積算基礎の価格上昇あるいは事務の拡大に伴う積算基礎の追加によって生じてきた。積算基礎は法定事務の経費が抽出されている。そして，その価格は大蔵省の統一単価表や各省庁の補助単価に連動して決められてきた。このことは，需要額の算定に自治省の裁量が強く反映していた時期でも，積算基礎は自治省の意図とは関係なく外生的に決定されてきたこ

とを示している。これをまず70年代までの国会会議録を参考に具体的に確認していく。

国会会議録を見ると，積算基礎の価格が概ね2つの方法で決定されてきたことが分かる。1つは大蔵省が予算編成の際に作成する単価表に準じて，単位費用の算出でも各費目に共通する積算基礎を対象に統一単価表を作成する方法である。この統一単価表は地方財政平衡交付金制度の時代に導入され[61]，給与費であれば，国家公務員の俸給表に基づいて決定され，他の経費も大蔵省の予算単価を基準にしているか，これに一致している[62]。

地方財政法11条の2によって国庫負担金の地方負担分は需要額に算入することになっており，これが積算基礎の価格を決める2つめの方法となっている。大蔵省と関係省庁が国庫負担金の額を予算編成の段階で決定すると，単位費用の積算基礎は自動的に決定される。単位費用には，国庫負担金に係わる事務の積算基礎が含まれており，これらは予算編成の結果が直接反映することになる。ただし，一部の国庫補助金もその地方負担分は需要額に算入されているため，同様の措置が取られている。

これらの国会会議録の内容は『地方交付税制度解説（単位費用篇）』（以下，『制度解説』という）とも整合している。まず，国会会議録の指摘にもある統一単価表は『制度解説』の冒頭部分に整理されている。統一単価表には職員の給与費とともに事業旅費などの経常経費が整理されており，さらに庁舎などの標準的な施設規模なども明示されている。これらが都道府県と市町村の単位費用の算定に適用されてきたのである。統一単価表は長期的に利用されているが，掲載されている項目は時期によって異なる。例えば，経常経費と投資的経費に分割された直後の70年度の『制度解説』を見ると，統一単価表の項目は現在

---

[61] 地方財政平衡交付金制度における統一単価表では，職員と議員の報酬に加え，備品費，消耗品費，印刷製本費等を職員1人当たりの単価として定めている（52年12月19日参議院地方行政委員会会議録参照）。

[62] 自治事務次官から岡山県知事となった長野士郎氏は77年4月13日の衆議院地方行政委員会で地方交付税制度が国の制度である以上，制度間の矛盾を避けるため，国の予算の査定単価や補助基準と連動して需要額の算定を行わざるを得ないと述べている。同種の指摘は衆議院地方行政委員会における74年2月14日の松浦功自治省財政局長の答弁がある。

よりやや広範囲に設定されている。経常経費には賃金や自動車関係経費，火災保険料なども含まれており，投資的経費についても施設ごとに工事単価が掲載されている。これらは最近の統一単価表には見られないが，所管省庁が使用している補助単価がそのまま掲載されていたものと考えられる。また，統一単価表に掲載されている給与単価は各種手当てを考慮したものであるが，基準として採用されている職員の俸給月額はほぼ国の俸給表と一致している[63]。

　国庫負担金についても『制度解説』における個々の経費算定を見ていくことで確認できる。『制度解説』では個々の積算基礎が明示されているが，このうち，国庫負担金の対象経費には国の補助率が掲載されている。従って，国庫負担金の対象となる積算基礎が特定できるため，これらについては国庫負担金に対する毎年度の予算措置に応じて金額が決定されていることが分かる。これによってそれぞれの国庫負担金にどのような経費が計上されているかも把握できる仕組みとなっている。統一単価表と国庫負担金については国会会議録と『制度解説』の内容に整合性があることから，少なくともこれら2つのケースについては国の予算単価に従って積算基礎が決定していることを示している。

　需要額の算定は単位費用に測定単位と補正係数を乗じて行われている。このうち，測定単位には統計データが適用されており，これらの伸びは漸進的である。補正係数も一方的に増加していくことはないため，需要額の伸びは単位費用に依存してきた。この単位費用の伸びを支えていたのが積算基礎であった。そして，国会会議録や『制度解説』の内容から積算基礎の多くが外生的に決定されていることが分かる。つまり，積算基礎の決定に対する自治省の裁量はかなり限定されていたことをこのことは意味している。こうした需要額の算定方法は長期的に維持されてきた構造であり，74年度以前の裁量的運用においても採用されていた。これらを踏まえて次項では74年度以前の裁量的運用の構造を明らかにしていく。

---

63) 国家公務員の俸給月額は「一般職の職員の給与に関する法律」の別表第1で把握できる。これと『制度解説』の職員の月額本俸を比較すると，都道府県の部長，課長，市町村の課長は国の俸給月額とほぼ一致している。都道府県の部長，課長は73年度以降国の俸給表の2等級11号，3等級8号と完全に一致する。また，市町村の課長は78年度以前3等級4号，78年以降は4等級10号と同額である。このことは給与単価においても積算基礎が外生的に決定されてきたことを明確にしている。

6.2 裁量的運用の基本構造
6.2.1 74年度以前の裁量的運用の構造

　単位費用の積算基礎は統一単価表や国庫補助基本額などで決定されてきた。このうち，国庫補助基本額には超過負担が存在していたが，統一単価表でも超過負担は存在していた。これは73年5月8日の衆議院地方行政委員会において鎌田要人自治省財政局長が山田芳治衆議院議員の質問に答えるかたちで認めている。鎌田財政局長は「交付税で，統一単価表によりまして積算をいたしておるわけでございますが，その統一単価が国庫補助の単価と同様に超過負担の問題があるのではないだろうかという問題……につきましては，これは技術的な制約もございまして，私どもの考え方としましては国庫補助単価を使わざるを得ない。その国庫補助単価において超過負担があるならば，48年度におきましてやりましたような単価の是正というものをまず国に行なってもらう，それに即応して交付税の統一単価を改めて参る，こういうことで，基本はやはり国庫補助単価の是正であろうと思うわけでございます」[64]と述べている。この答弁は自治省が単位費用の統一単価表で超過負担を認識しつつも，その解決には国の単価の是正が前提であると述べている。このことは積算基礎全般にこの時期過少積算が存在していたことを示唆している。

　このことはある程度単価の仕組みが分かれば当然のことと言える。国庫支出金の補助単価は大蔵省が使用する予算単価を前提に計算されている。地方交付税制度で使用している統一単価表も大蔵省の予算単価を基礎に設定されている。国庫支出金の補助単価に超過負担が顕著で，そこに単価差による影響が存在していれば，その原因は大蔵省の予算単価に起因する。補助単価に無視できない規模の単価差があれば，それはそのまま地方交付税制度の統一単価表の前提でもあるから，統一単価表でも超過負担は発生する。従って，地方交付税制度でも実際には国庫支出金と同様に超過負担が生じることになる。

　国の予算単価が実勢価格よりも低くなれば，需要額の単位費用における積算

---

64) 質問の主旨は鎌田要人財政局長が冒頭で述べているように統一単価表に国庫補助単価同様超過負担があるのではないかという質問であったが，答弁は途中から補助単価について言及していて内容に混乱が見られる。

基礎も抑制される。低い積算基礎に基づいて算定すると，需要額の総額も小さくなり，このため，収入額との差である財源不足額も過少になる。財源不足額が小さくなると，国税から算出された普通交付税が大きくなる可能性は高くなる。計算された財源不足額より普通交付税の方が大きくなれば，自治省は補正係数などを調整して普通交付税に一致するようにすればよい。超過負担が大きくなればなるほど，国の予算単価が低いことを示唆しているから，計算上の財源不足額も過少になるので，需要額の調整は簡単になる。これが 74 年度までの需要額算定の裁量的運用を支えてきた基本的な構造であった。

超過負担として地方団体に負担を転嫁していた時期は収入額に需要額を調整する裁量的運用も容易であった。しかし，東京都知事選挙に敗北すると，法定事務は増加し，減税まで追加される。同時に超過負担の解消に政府を挙げて取り組み始める。地方交付税制度でもこれに合わせて職員数の増加，積算基礎の追加，積算基礎の価格上昇が発生し，裁量の余地は限定されていく。これにより需要額は拡大するが，依然 74 年度以前には収入額との連動性が維持されている。この拡大過程で自治省は地方財政計画に算入する職員数を裁量的に抑制することで需要額を調整していた。つまり，この時期需要額算定の裁量制はその手法を変化させていたのである。次項ではこうした裁量的運用の実態を見ていく[65]。

6.2.2 裁量制を担っていた職員数

都知事選の敗北後，地方交付税制度にも大きな負荷が掛かっており，68 年度からの地方財政対策では地方交付税の減額措置すら取られていた。この状況で交付税特会を均衡させる裁量制を担っていたのが地方財政計画に算入される職員数であった。これは地方財政計画の給与関係費を算定するために使用される計数で，これに給与単価を乗じることで給与総額が決められる。給与総額は需要額に大きな影響を与えるから，地方財政計画に算入する職員規模は需要額を左右した。このため，需要額に拡張圧力が生じる中，職員数がこれを調整し

---

[65] 需要額の投資的経費には次章 6.4 項の議論からも需要額を調整する裁量制が存在していたことが分かる。しかし，需要額の算定が経常経費と投資的経費に分割されたのは 69 年度で経年的に比較できないことから，ここでの議論では投資的経費を除外した。

表 3-5　地方団体と地方財政計画の職員数の推移

		66 年度	67 年度	68 年度	69 年度	70 年度
実　数	全職員 (①)	2,253,161	2,298,729	2,328,344	2,375,781	2,459,969
	地方財政計画 (②)	1,772,125	1,786,501	1,825,154	1,835,172	1,871,713
増加数	全職員 (③)		45,568	29,615	47,437	84,188
	地方財政計画 (④)		14,376	38,653	10,018	36,541
構成比	算入職員比率 (②/①)	78.7	77.7	78.4	77.2	76.1
	算入率 (④/③)		31.5	130.5	21.1	43.4
		74 年度	75 年度	76 年度	77 年度	78 年度
実　数	全職員 (①)	2,854,033	2,936,791	2,965,486	3,009,131	3,062,088
	地方財政計画 (②)	1,979,544	2,210,527	2,305,754	2,328,004	2,381,532
増加数	全職員 (③)	112,392	82,758	28,695	43,645	52,957
	地方財政計画 (④)	53,274	230,983	95,227	22,250	53,528
構成比	算入職員比率 (②/①)	69.4	75.3	77.8	77.4	77.8
	算入率 (④/③)	47.4	279.1	331.9	51.0	101.1

資料：地方財政要覧

ていたことを見ていく。

(1)　地方財政計画の職員数の推移

　地方財政計画に算入する職員数は『地方財政要覧』に掲載され，地方団体の全職員数と合わせて毎年度把握できる。これを経年的に整理したものが表3-5である。表中「実数」の「全職員」とは都道府県と市町村を合わせた地方団体全体の職員数で，「地方財政計画」とは，このうち地方財政計画の給与関係費の積算に用いられている職員数である。これより前年度からのそれぞれの増加人数と構成比も算出している。

　68年度に超過負担が是正されると，地方財政計画の増加数は全職員を上回る規模で拡大している。超過負担の是正に伴って地方財政計画に算入する職員数も増加していたことが分かる。同時に環境福祉政策を含む法定事務も拡大していたため，単位費用は拡張する。これは需要額を直接増大させる要因であるが，74年度以前は単位費用が増加しても需要額はほぼ収入額に調整されて決定されていた。これは，職員数が需要額の伸びを抑制するように裁量的に運用されていたことが理由であった。

第 3 章　基準財政需要額算定における裁量からルールへの転換

単位：人，%

71 年度	72 年度	73 年度
2,502,182	2,574,192	2,741,641
1,879,871	1,890,241	1,926,270
42,213	72,010	167,449
8,158	10,370	36,029
75.1	73.4	70.3
19.3	14.4	21.5

79 年度	80 年度	81 年度
3,115,090	3,164,550	3,202,543
2,407,621	2,454,102	2,472,242
53,002	49,460	37,993
26,089	46,481	18,140
77.3	77.5	77.2
49.2	94.0	47.7

　この裁量的運用を測る指標が表中の「算入職員比率」である。この数値は全職員数に占める地方財政計画に算入されている職員数の割合であり，この割合の変化を見ていくと運用の変化が把握できる。算入職員比率は 68 年度までは横ばいで推移するが，68 年度をピークに 74 年度までは一貫して低下している。74 年度の地方財政計画では職員数が 5 万人も増加しているが，実数の職員数がこれ以上に増加したため，この年の算入職員比率は最低の 69.4% にまで落ち込んだ。しかし，75 年度には 23 万人もの職員が追加され，さらに 76 年度にも 9 万 5 千人の是正が図られている。地方交付税法 6 条の 3 第 2 項の問題に直面した 77 年度こそ増加数は低下したが[66]，78 年度には再び 5 万人規模の是正が行われる。75 年から 80 年度までの増加数は 47 万人を超え，74 年度の 23.9% の職員がこの間に地方財政計画に算入されている。この結果，算入職員比率は 75 年度に 5.9% 改善し，さらに 76 年度に 2.5% 上昇してほぼ 68 年度の水準に回復している。その後は職員数の増加を伴って 81 年度までこの比率が維持されていたことが分かる。

---

66) 77 年度の地方交付税法 6 条の 3 第 2 項に関しては第 2 章を参照のこと。さらに詳細は例えば坂田（1978）31-44 頁，石原（1996b）86-93 頁がある。

(2) 職員数決定の裁量的運用

この時期の国会会議録には，地方財政計画の職員数や，地方団体の実際の職員数との関係を理解する上で重要な審議内容が掲載されている。例えば，75年3月11日の参議院予算委員会では地方財政計画に関して次のような議論が行われていた。和田静夫議員は，73年度から74年度に掛け，国の法定事務の拡大に伴って府県の職員定数が10,713人増加していたのに，これに対応する分野で実際に増加した職員数は5,434人であったと述べている。自治省などが地方団体における人件費の膨張を強く批判しているが，地方団体は国の職員定数に満たない職員しか増員してこなかったとして，国の法定事務の拡大が地方の人件費を押し上げてきた最大の原因であると主張したのである。これは超過負担問題が深刻化する中，その原因の1つが法定事務の拡大にあったことを明らかにしている。

こうした批判を行った上で，和田議員は75年度の地方財政計画に対する関係省庁の増員要望についてその規模を自治省に確認している。その際，答弁に立った松浦功財政局長は次のように回答した。「私の方へ一応数字として（各省庁から）上がってまいりました数字は22万人強でございます。これに対しまして，……（地方財政計画には）総体で16万8千人を超えるものが入り込」[67)]むことになったと答弁している。

『地方財政』では毎年度地方財政計画の詳細を説明しているが，この中で職員数の増員とその内訳を解説している。75年度の職員数の増加では，前年度からの改定分30,097人，規模是正分138,180人，一般行政費から補助職員などの振替分70,259人が計上されている。このうち，一般行政費からの振替分は従来補助金が支出される職員については一般行政費に計上していたものを給与関係経費に移したもので，70,259人の多くは新規に計上された職員ではない。また，規模是正分は76年度にも75,000人計上されており，2ヵ年で追加された21万3千人は75年度に各省庁が挙げた数字に匹敵している。各省庁が所管する地方制度を地方団体が執行する場合，これに職員を充当することにな

---

67) 括弧内は筆者補充。

るが，この定数に関しては各省庁が算定し，自治省に地方財政計画へ算入することを要請してきた。従来はこの要請を踏まえ，予算措置が可能な職員を自治省が計上してきたが，75年時点で定数と地方財政計画に算入している職員数にかなりの乖離が生じていたことを明らかにしている。

規模是正は75年度，76年度以外にも，74年度24千人，78年度25千人，80年度25千人計上されている。このように規模是正が計上されていることは，本来地方財政計画に算入しなければならない職員数が存在すること，これに対して実際に算入している職員数が過少であったことを示している。このことは地方交付税制度にも超過負担が存在していたことを意味している。そして，この超過負担によって74年度までの需要額算定の裁量制が維持されていたと考えられる。68年度以降職員算入比率が低下していたことは，東京都知事選を契機に職員数に対する裁量的運用が新たに加わることで需要額算定の裁量制が維持されていたことを示している。

本来単位費用は地方交付税法の別表に掲載されているため，その変更には法改正が伴ってきた。従って，単位費用の算定は一般的にはルールに基づく運用に分類されなければならない。しかしながら，単位費用の算定は複雑な過程を経ているため，国会の審議を前提としながらも結果的に自治省による裁量的運用が行使されてきた。少なくとも，68年度以降の算入職員比率にはこうした影響が抽出しうる。このことから本来的にはルールに基づく運用であるはずの単位費用の算定や，これを踏まえた需要額の算定においても裁量制が存在してきたことが分かる。

6.3 裁量的運用の崩壊とルール化の進展

前項において需要額算定の裁量制を支えた構造を明らかにした。交付税特会の収支均衡を目指した裁量制では，大蔵省が設定した過少な予算単価に基づく単位費用と，自治省が調整する地方財政計画の職員数が大きな役割を果たしてきた。これらの裁量制は，しかし70年代後半の地方制度改革によってルールに基づく運用へと転換され，崩壊へと向かっている。

6.3.1 地方財政計画の職員数におけるルール化の進展

60年代後半から70年代前半にかけて地方財政計画の職員数が裁量的運用を支えていた。そして，75年度を契機に関係省庁が設定する職員定数に合わせて地方財政計画の職員数を調整していた。これが職員数における裁量的運用からルールに基づく運用への転換であった。これについては既に詳細を見てきたから，ここではこれを補足する意味で職員数の調査方法が変化していたことを指摘し，さらにルール化が進展した結果として，市町村の算入職員比率の長期的な変動について見ていく。前者は職員数におけるルールに基づく運用を精緻化することを目的としており，これは国庫支出金の超過負担の是正過程と同じ変化である。後者は地方団体全体で検討してきた算入職員比率を市町村に限定して確認していくことが目的で，地方全体と比較しながら80年度以降長期にわたってルールに基づく運用が維持されていることを明らかにしている。

74年度までは地方財政計画に算入する地方団体の職員数は5年おきに実施される『地方公務員給与実態調査』に基づいて改定されていた[68]。この調査の中間年度でも職員数の見直しは行われており，これは各省庁からの増員要請等を踏まえた上で決定されていた。ところが，74年度に伯仲国会が実現すると，自治省行政局では『地方公務員給与実態調査』とは別に，75年度から『地方公共団体定員管理調査』を実施している。この調査は，一般行政職，警察，消防，地方公営企業に至るまで毎年4月1日時点の職員数を報告するものである。これによってそれまで5年に1回であった職員数の把握が毎年度行われることになり，地方財政計画に算入する職員数を適切に見直していくことができる体制を整えている。

次に市町村の67年度から2000年度までの算入職員比率と，実際の市町村の前年度からの職員増加数を図3-10に表した。市町村の算入職員比率の変動は表3-5とほぼ同じ推移をたどっている[69]。市町村の場合，68年度の66.1%をピークに低下し始め，74年度の52.0%が最小値となっている。そして，76年

---

68) 『地方公務員給与実態調査』は，この時期68年度，73年度に実施され，それぞれ70年度，75年度の規模是正に調査結果が反映していた。
69) 表3-5で示した地方団体全体も，82年度以降の変動は図3-10の82年度以降と同じである。

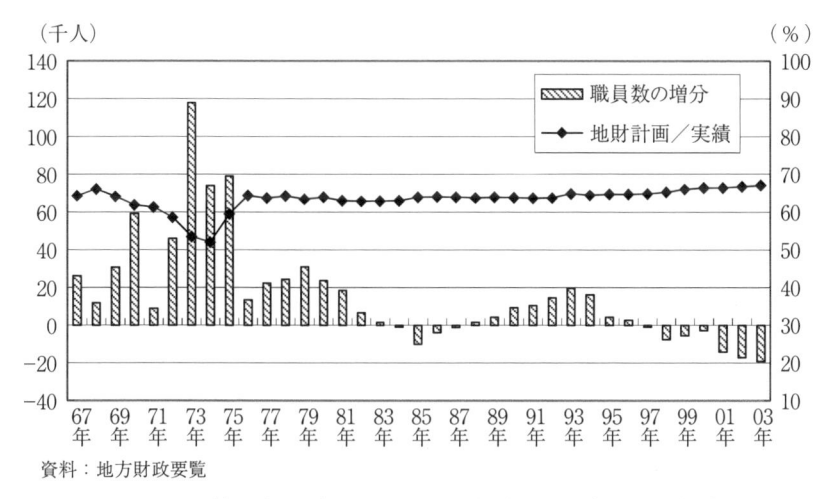

第3章 基準財政需要額算定における裁量からルールへの転換　　169

(千人)　　　　　　　　　　　　　　　　　　　　　　　　(％)

凡例：職員数の増分／地財計画／実績

資料：地方財政要覧

図3-10　算入職員比率と実績職員の増加数の推移（67-2003年度）

度には68年度の水準を回復し，その後はほぼ76年度の水準が維持されている。市町村は地方団体全体に比べると，算入職員比率が10％程度低く，地方財政計画に算入される職員数は都道府県に比べると低くなっている[70]。だが，75年度と76年度の大規模な職員数の是正は，前項で説明したように国の制度によって決定される職員定数に調整された結果である。そして，この比率は76年度に65％の水準を回復すると，その後は2000年度までこの比率がほぼ維持されていたことが分かる。

ここでの結果は75年度と76年度に国の制度に合わせて職員数が調整されると，76年度以降大幅に裁量制が制約されていたことを示している。75年に『地方公共団体定員管理調査』が導入されたことで，この調査結果に従って職員数を改定する仕組みがルール化されていったものと考えられる。少なくとも76年度以降，2000年度まで市町村の算入職員比率が65％前後で一定に維持されてきたことは，地方財政計画で担保する職員数にルールが存在してきたことを示唆している。そして，こうした変更が，伯仲国会が成立すると，短期間に

---

70) このことは，市町村の場合，公営企業特別会計から給与が支払われている職員が多くいることを意味しているだけで，市町村が独自の行政サービスに多くの職員を割いていることを示しているわけではない。

実施されていたことが分かる。

6.3.2 ルール化の単位費用への影響

　ルール化が進展していくと，積算基礎は事務に合わせて見直され，価格は実勢価格に調整されていく。加えて，自治省が裁量的に運用していた職員数も各省庁が算定する職員定数に合わせて増嵩されていった。このような運用のルール化は直接的に70年代後半の単位費用を押し上げる要因であり，これが需要額を拡大させる原因であった。ここではルール化が単位費用の拡大に与えた影響を検討し，さらにこれが需要額の膨張に寄与していたことを明らかにしていく。

　単位費用の中でルールに基づく運用が顕著に反映している経費として国庫負担金の地方負担分がある。また，職員数は給与費を算定するために地方財政計画に算入されていたことから給与費も対象になるだろう。これらはいずれも本章でルール化の影響を確認してきた。これに加えて給与費と類似の経費に給与改善費[71]が，国庫負担金の地方負担分と類似の経費に特別会計への繰出金がある。ここではこの4つの経費をルール化の影響が顕著な経費と捉えている。これらの経費が単位費用の拡大や，需要額の伸びとどのような関係にあったのかを見ていくことにする。

　上記4つの経費を単位費用化したものを総称して特定経費と呼ぶことにする。特定経費は『制度解説』の積算基礎から4つの経費に該当する項目を抽出して算出するが，投資的経費ではこれができないため対象は経常経費である。ここでは市町村について扱うが，都道府県も全く傾向は変わらない。対象は74年度と80年度の2時点で，この2ヵ年の特定経費，単位費用，需要額それぞれの金額を把握し，分析を行っていく。

　この結果をまとめたものが表3-6である。表中「需要額」とは個別算定経費であり，「単位費用」の「総額」とは単位費用のことである。「比率」は単位費用に占める特定経費の割合を，「80年割合」とは80年度の経常経費全体に占める個別算定経費の割合である。表は74年度時点で需要額の大きい費目か

---

[71] 『制度解説』にある経費で，年度途中に給与費が改定されることを踏まえ，その費用の一部を年度当初から市町村に配分する仕組みである。

ら並べており，伸び率の網掛けは需要額，単位費用，特定経費の順に伸び率が大きくなっていく費目である。ただし，これらの費目のうち，測定単位が変更された徴税費は比較が不可能なことから除外した。

　整理した結果を見ていくと，多くの費目で特定経費の伸びが最も大きく，単位費用，需要額の順で伸び率が低下していることが分かる。単位費用の伸びより需要額の伸びが大きくなっている経費は道路橋りょう費，学級を測定単位とする小学校費，生徒を測定単位とする中学校費，下水道費の4費目である。これらは経常経費全体の11.1%にすぎず，これ以外はすべて単位費用の伸び率が上回っている。需要額の算定は単位費用×測定単位×補正係数となっているため，単位費用が2倍になると，他の計数がそのまま維持されれば，需要額も2倍になる。従って，この時期の需要額の伸びは単位費用の伸びが決定していたことは明らかで，他の計数はむしろ単位費用の伸びを抑制する役割を果たしていたことが分かる。特定経費は単位費用に占める割合が高く，多くの場合，単位費用の伸びより大きくなっている。特に網掛けの費目では80年度の特定経費の金額が74年度の単位費用を大幅に上回っており，特定経費の膨張が単位費用の拡大に寄与していることは明白である。比率を見ても，74年度から80年度にかけ，特定経費の割合は高まっている。ただし，特定経費の膨張があっても比率の上昇は限定的である。これは積算基礎が国の予算単価に準じているため，超過負担の是正に伴う単価の伸びはあらゆる経費に反映していることが理由であろう。

　表を改めて見ると，特定経費の伸びより単位費用の総額の伸びは低く[72]，単位費用の伸びより需要額の伸びは低くなる傾向が認められる。これらは過少な積算基礎の時には裁量的に拡大させていた計数を逆に縮小させることで，単位費用や需要額を抑制したことを示唆している。つまり，収支均衡を維持しようとする運用が働いていたことを示している。しかし，巨額の地方財政対策が実施されていたことはこうした裁量の余地の範囲を超えて積算基礎が膨張していたと捉えることができる。

---

72) この時期，国庫支出金では事業整理が行われており，これによって積算基礎が削減され，単位費用の伸びを抑制していた可能性もある。しかし，このような事業整理は限定的で，需要額の各費目に影響を及ぼすものではなかった。

表3-6 市町村の経常経費における需要額と単位費用の伸び

費 目 名	需要額(億円)	74 年 度 単位費用（円，%）総 額	特定経費	比 率
その他の諸費（人口）	6,436	3,200	2,418	75.6
消防費	3,478	1,980	1,582	79.9
清掃費	3,021	1,390	1,110	79.9
その他の教育費	2,401	1,510	1,197	79.3
道路橋りょう費	1,728	45,200	12,700	28.1
保健衛生費	1,398	510	405	79.4
生活保護費	1,309	1,480	1,446	97.7
小学校費（児童）	1,277	9,760	6,567	67.3
社会福祉費	1,212	923	844	91.4
農業行政費	1,004	12,600	8,113	64.4
小学校費（学級）	921	250,000	90,985	36.4
戸籍住民基本台帳費	813	1,650	1,344	81.5
商工行政費	649	294	156	53.1
小学校費（学校）	636	2,100,000	1,375,160	65.5
中学校費（生徒）	528	9,150	2,433	26.6
その他の土木費	416	253	221	87.4
中学校費（学級）	411	250,000	113,205	45.3
高等学校費（教職員）	381	2,264,000	2,047,600	90.4
中学校費（学校）	268	2,100,000	1,460,160	69.5
下水道費	219	65	65	100.0
都市計画費	191	168	124	73.8
その他の産業経済費	129	8,230	5,230	63.5
港湾費	102	8,640	7,427	86.0
高等学校費（生徒）	79	16,400	6,259	38.2
公園費	66	40	26	65.0

注：徴税費とその他の諸費（面積）は除外した。
資料：地方財政，地方交付税制度解説（単位費用篇）

　74年度以降のルール化の推進に伴って超過負担問題は解決に向かうが，その結果として単位費用の積算基礎は膨張していく。積算基礎の膨張が，交付税特会の収支不均衡を生み，巨額の地方財政対策を発生させている。このことは，ルール化の進展によって74年度までの裁量的運用を支えていた単位費用の前提条件が崩壊したことを示している。つまり，単位費用はもはや収支均衡

第 3 章　基準財政需要額算定における裁量からルールへの転換

80 年度				80年割合(%)	80年／74年		
需要額(億円)	単位費用（円, %）				需要額	単位費用	
	総　額	特定経費	比　率			総額	特定経費
13,348	7,130	5,512	77.3	21.2	2.07	2.23	2.28
7,569	4,710	4,013	85.2	12.0	2.18	2.38	2.54
6,355	3,280	2,434	74.2	10.1	2.10	2.36	2.19
5,256	3,670	3,118	85.0	8.3	2.19	2.43	2.60
3,164	77,700	22,871	29.4	5.0	1.83	1.72	1.80
2,703	1,040	917	88.2	4.3	1.93	2.04	2.27
2,869	3,300	3,268	99.0	4.5	2.19	2.23	2.26
2,711	20,800	13,612	65.4	4.3	2.12	2.13	2.07
3,073	2,520	2,375	94.2	4.9	2.54	2.73	2.81
1,489	23,500	16,618	70.7	2.4	1.48	1.87	2.05
1,709	429,000	174,312	40.6	2.7	1.85	1.72	1.92
1,378	3,130	2,699	86.2	2.2	1.69	1.90	2.01
1,044	510	317	62.2	1.7	1.61	1.73	2.03
1,016	3,865,000	2,905,000	75.2	1.6	1.60	1.84	2.11
1,173	19,400	8,952	46.1	1.9	2.22	2.12	3.68
872	615	569	92.5	1.4	2.10	2.43	2.57
864	558,000	220,604	39.5	1.4	2.10	2.23	1.95
665	4,735,000	4,524,082	95.5	1.1	1.74	2.09	2.21
421	3,871,000	2,781,000	71.8	0.7	1.57	1.84	1.90
917	163	163	100.0	1.5	4.19	2.51	2.51
481	436	356	81.7	0.8	2.51	2.60	2.87
166	16,500	10,684	64.8	0.3	1.29	2.00	2.04
179	16,800	15,480	92.1	0.3	1.75	1.94	2.08
109	29,300	12,883	44.0	0.2	1.37	1.79	2.06
353	231	200	86.6	0.6	5.36	5.78	7.69

を実現する水準を超えて拡大していること，さらに単位費用以外でも需要額を調整するために利用されてきた計数が裁量的に調整できる限界を超えてしまっていることを意味している。70年代後半に地方財政対策が急増したのは，短期間に需要額の算定を裁量からルールへ移行させた影響である。しかし，ルール化によって事業費の算定方法が確立され，単価と事業量を示す計数を代入す

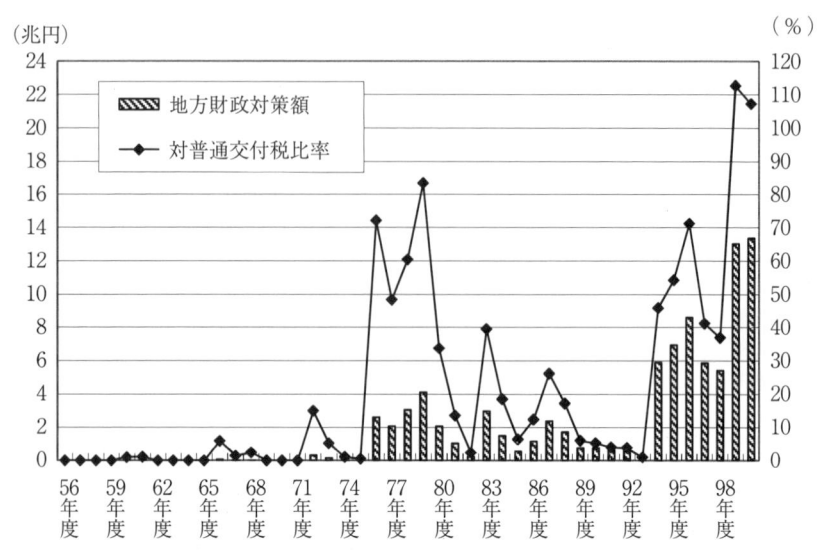

図3-11 地方財政対策と普通交付税に対する比率の推移

注：89年度から交付税財源は国税5税に拡大されている。
資料：地方財政要覧

れば事業費を求めることができるようになると，もはや歳入とのリンクは存在しない。ルールに基づく運用に移行した結果，巨額の地方財政対策を計上している状況で，歳入と乖離した運用が継続すれば，地方財政対策が頻繁に実施されることは想像に難くない。最後に地方財政対策の実施状況を検討することで，この時期裁量からルールへの転換が進んでいたことを確認していく。

6.4 慢性化する地方財政対策

　需要額を収入額に連動させる裁量的運用は地方交付税法6条の3第2項の適用を回避するために採用されてきたことを前章で見てきた。この条文は需要額と収入額の差額から導出される財源不足額が，国税に交付税率を乗じて算出される普通交付税の総額から10％以上乖離する年度が2年継続し，さらに将来的にも同様の状況が継続すると見込まれる場合に，交付税率と地方制度いずれかの見直しを義務付けている。最後にこの点から56年度から2000年度までの

第3章　基準財政需要額算定における裁量からルールへの転換　　　*175*

地方財政対策を検証してみたい。これによって収入額に調整して収支均衡を確保する裁量制が意味を失っていたことを確認する。

　図3-11は当初予算における地方財政対策の普通交付税に対する比率を求めたものである。74年度までの地方財政対策額は借入金，臨時特例交付金，財源対策としての地方債を加えている。これに対し，75年度以降は『地方財政要覧』に掲載されている「財源不足額とその補てん措置」の「財源不足額等」を充てている。普通交付税には交付税財源に法定された普通交付税の比率を乗じて算出しており，このため実際に市町村に配分されている普通交付税の額ではない。図では普通交付税に対する比率とともに地方財政対策額も掲載している。

　対普通交付税比率が急増する時期は2回あるが，1つめは76年度から81年度である。地方財政対策は当初予算で76年度の2.6兆円が，77年度に2.1兆円，78年度3.1兆円，いわゆるTOKYO作戦が終了する79年度には4.1兆円にまで増大している。その後，伯仲国会の最終年度である80年度には2.1兆円に低下し，81年度に1.0兆円，82年度には地方財政対策は実施されていない。74年度から80年度までに需要額は地方団体の総額で9.9兆円から19.2兆円に9.3兆円拡大しているが，収入額は6.1兆円から11.8兆円と5.7兆円しか拡大していない。このことは地方財政対策の要因が需要額にあることを示している。当初予算で見ると76年度から急増するが，補正予算では75年度から急増している。つまり，伯仲国会が成立した後に急増し，主要な革新自治体が崩壊し，伯仲国会が解消されると急速に低下している。このことは，地方財政対策が政治状況に連動して決定されていた可能性が高いことを示唆している。

　次に注目すべきは74年度以前と80年度以降の状況の変化である。74年度以前には地方財政対策が普通交付税の10％を超える年が72年度しかない。この年は沖縄返還による財政負担の増大に不況が加わった年で，これによって地方財政対策が実施されている。だが，これ以外に10％を超える年はなく，需要額を収入額に調整しようとする裁量制が支配した時期であったことが，このデータからも分かる。これに対し，75年度以降になると，交付税財源が強化され，安定的に10％を下回る89年度から93年度を除き，しばしば10％を超

過している。この5ヵ年以外，10%を下回るのは3ヵ年であるが，これ以外の18ヵ年は10%を超えている。このように74年度を境にその前後で様相は一変している。

　74年度以前は交付税特会の収支均衡を確保するような裁量制が機能していた時期で，実際にその影響が抽出できる。一方，70年代後半に需要額の算定はルール化していくが，これによって需要額の算定は歳入とのリンクを失っていく。80年度時点で単位費用は交付税特会で収支均衡する水準を既に大幅に上回っていたと考えられる。従って，ルールに基づく運用が継続すれば，不均衡が発生する可能性は高くなる。75年度以降，10%を超える年が連続していたことはこの時期需要額の算定でルールに基づく運用が支配的であったことを示している。地方財政対策の結果はこうした運用の変化を顕著に反映していたと考えられる。

第4章

ルールに基づく基準財政需要額の拡大

1. 本章の目的

　1974年に参議院で伯仲国会が実現すると，地方制度では短期間に法律，組織，財源，運用の見直しが進められた。このことは戦後改革以降放置されてきた制度の欠陥を修正する手続きでもあった。戦後の地方財政制度は地方自治法を頂点に地方財政法，地方交付税法の3つの法律を中心に体系化されてきた。しかし，内務省が解体されると，その調整能力は大幅に低下し，法定事務ではしばしば大蔵省の意向が優先された。その結果，地方財政制度の基本法からは全く乖離した運用が頻発したのである。

　70年代における地方財政制度の変化を象徴する1つが76年の地方財政法等の一部を改正する法律の成立であった。同法の成立で国庫負担金の総額決定を国の予算制約に合わせて調整する規定が削除された。この法改正によって，国庫負担金に関する限り，地方財政制度の運用を歪めてきた国の一般会計の影響を排除することに成功する。さらに超過負担の是正を通じて法定事務の財源保障を実現していったことは，地方財政制度の基本法に従って関係省庁の地方制度を統合していくプロセスであった。そして，70年代にある程度超過負担を克服したことは戦後改革によって導入された地方財政制度が完成の域に到達したことを意味していた。

　80年度以降の需要額の算定は，実効性を獲得した地方財政制度の基本法の下で実施されていくことになるが，この法体系を浸透させていく過程でもあった。それゆえ地方自治法の考え方がさらに重視され，需要額の算定もこうした主旨に則してルールに基づく運用を中心に展開されていた可能性は高い。ただ

し，先行研究では需要額の拡大を法律等のルールから捉え，これを定量的に把握している研究は存在しないようである。このため，本章ではルールに基づく運用を具体的に特定し，需要額拡大への影響を把握することで，80年度以降支配的なルールに基づく運用の実態を示すことを目的としている。

ここで扱うルールに基づく運用とは，第1章で示した3つのうち，立法措置を介した運用を除く，法律による義務付けがある運用，制度関係者間で交わした取り決めである。前者には国と地方団体に対する規定があり，国の場合具体的に経費計上を義務付けるケースが多くなる。これに対し，地方団体の場合事務執行を義務付ける一方で，その執行に伴う財源を計上するケースが中心となる。後者は関係省庁を対象とするもので，いわゆる省庁別シェアである。これらをルールに基づく運用として特定し，需要額の拡大に与えた影響を検証していくことにする。

2. 検討の前提

2.1 需要額の算定対象と算定方法

本研究の対象は需要額拡大に寄与してきた運用であるが，需要額は単位費用の伸びに従って拡大してきた。これは第3章で見た70年代後半に限ったことではなく，需要額拡大に対する長期的な傾向であった。

単位費用は地方交付税法12条3項を根拠に，その額は同法の別表で法定されている。そして，測定単位は同法12条2項で，測定単位の根拠となる資料についてのみ法定されている。これに対して，補正係数は同法13条各項において，設定する係数が決められているが，その具体的な数字は自治省令である「普通交付税に関する省令」で決定されている。このため，自治省の裁量が最も働きやすいのが補正係数で，単位費用は最もルール化が進んだ計数と見ることができる。

単位費用は需要額の拡大を引き起こした最も大きな要因であるとともに，ルール化が進んだ計数でもあった。従って，本章では単位費用に焦点を当てて検討していくが，ルールを具体的に特定するためには単位費用の内訳に踏み込んで，需要額の算定対象などを明らかにしていく必要がある。これらの理由か

表4-1 高齢者保健福祉費の内訳（2000年度）

細　　目	細　　節	根　拠　法
経常経費		
高齢者福祉費	高齢者福祉対策費 高齢者施設福祉事業費	老人福祉法 老人福祉法
在宅福祉費	在宅福祉事業費	老人福祉法
高齢者保健費	高齢者保健費	老人保健法
介護保険費	介護保険費	介護保険法
給与改善費		
追加財政需要額		
投資的経費		
高齢者福祉費	高齢者福祉施設費	生活保護法 老人福祉法等

資料：制度解説

ら本項では需要額の算定対象について単位費用を中心に把握し，次に単位費用の算出を中心に需要額の算定方法を検討していく。

2.1.1 需要額の算定対象

　需要額は経常経費と投資的経費，その他の経費の3つに分けられ，経常経費と投資的経費はそれぞれ道路橋りょう費や高齢者保健福祉費などの款別費目に分割できる。需要額の個々の算定式は主にこの款別費目ごとの経常経費，投資的経費で設定され，これらを個別算定経費と呼んできた。99年時点の個別算定経費は表1-7で整理している。この需要額の算定を詳細に説明している資料に『地方交付税制度解説（単位費用篇）』（以下，『制度解説』という）などがある。例えば，高齢者保健福祉費について同書を見ると，経常経費と投資的経費に関して表4-1に示すように細目，細節が設けられ，それぞれ法定事務が積算されていることが示されている[1]。

---

1) 『制度解説』に掲載されている法律には地方自治法の別表1～4に掲載されていない法律もある。その理由として1つは長野（1995）が説明する，組織や運営に関する法律であるが，もう1つは法律による義務付けがない場合でも財政負荷が大きな事務については計上していることが考えられる。

投資的経費でもそれぞれの細節に対して法律が割り当てられている構造は経常経費と同様である。つまり，投資的経費においても法定事務がその積算の対象になってきたことが確認できる。こうした経費に対して，高齢者保健福祉費では経常経費で2種類，投資的経費で1種類の個別算定経費があり，それぞれ単位費用と測定単位が設定されている。

これらの実態から需要額が積算している事務の太宗は法定事務であることが分かる。この法定事務を把握するには『制度解説』の根拠法と単位費用を構成する積算基礎を見ていく必要がある。積算基礎は経常経費でしか明らかになっていないため，投資的経費では分からない。しかも，経常経費の積算基礎も法定事務ごとに計上されているわけではないから，個々の積算基礎がどの法定事務に対応しているかを正確に把握することはできない。しかし，これらの積算基礎は具体的な事務を想定しいるから，これらが全国一律で提供されている行政サービスを算定していることは明らかである。これに対し，個々の地方団体が独自に導入する「公共事務」や行政事務を想定する積算基礎は存在しない。このことからも積算基礎が法定事務を対象としてきたことが分かる。

2.1.2 需要額の算定方法

需要額の算定対象は，経常経費の場合単位費用から把握できるが，これらの事務のサービス内容や組織体制を具体的に反映しているのも主に単位費用である。投資的経費の場合[2]には単位費用からこうした実態を把握できないから，これについては第6節で詳述するが，地方財政計画から把握することになる。需要額はこれら単位費用に測定単位，補正係数を乗じて得られる個別算定経費を合算した結果である。補正係数は測定単位を補正するために乗じる係数で，測定単位は事務量を測る指標である。これに対して単位費用は事務の内容やサービス水準などを反映しており，法改正で事務内容が変更されれば，単位費用が修正されることになる。この詳細を説明しているのが『制度解説』であり，こうした理由から単位費用の算出方法を『制度解説』から見ていく。

市町村の単位費用では気候や地形などの制約がない，人口10万人の都市を

---

[2] 事業費補正が適用される法定事務ではその経費が補正係数を通じて配分されており，すべての経費が単位費用に反映されるとは限らない。

第4章 ルールに基づく基準財政需要額の拡大　　181

表4-2 高齢者保健福祉費における単位費用の算出（2000年度）　　　単位：千円，円/人

細目・細節	総　額	特定財源	一般財源	単位費用
高齢者福祉対策費	183,394	4,990	178,404	9,911
高齢者施設福祉事業費	108,313	52,664	55,649	3,092
在宅福祉事業費	226,936	85,501	141,435	7,858
高齢者保健費	325,610	50,640	274,970	15,276
介護保険費	618,101	36,762	581,339	32,297
給与改善費	1,474		1,474	82
追加財政需要額	7,930		7,930	441
合計	1,471,758	230,557	1,241,201	69,000

注：単位費用は一般財源を標準団体の測定単位1.8万人で除した値である。
資料：制度解説

想定し，この標準団体が行政サービスを提供する際に必要な財源を見積もっている。表4-1で取り上げた高齢者保健福祉費を例に，65歳以上人口を測定単位とする単位費用の内訳が表4-2である。標準団体の事業費を細目，細節ごとに算出したものが「総額」である。この高齢者保健福祉費には使用料，手数料が存在しないが，国庫支出金と都道府県支出金があるから「特定財源」にはこれらの合計が計上されている。総額からこれを控除したものが「一般財源」であり，これを65歳以上人口である1.8万人で割った計数が単位費用に算入されている。標準団体では人口10万人に対して，65歳以上人口が1.8万人と想定されており，その1人当たりの費用は6.9万円/人ということになる。

『制度解説』では，単位費用は細節ごとに内訳が示され，総額と特定財源を構成する積算基礎が把握できる。例えば，高齢者保健費は事務の総額が3.26億円，特定財源が0.51億円となっている。その内訳は課長1名，職員27名の給与費が1.80億円，繰出金が0.04億円で，健康手帳作成費，訪問相談費などの需要費なども1.33億円見積もられている。これらの経費を積み上げていくと，総額で3.26億円となるのである。

一方，特定財源は，需要費などのうち，0.76億円分を対象にその3分の1を国と都道府県がそれぞれ負担すると説明している。これらを合わせると0.51億円となり，これを総額から控除するのである。これより高齢者保健費の一般財源は2.75億円となり，これを1.8万人で割ることで15,276円/人が

算出される。この額は65歳以上人口を測定単位とする単位費用6.9万円/人の22.1%を占めることになる。高齢者保健福祉費の全国値は2000年度で1.5兆円であるから高齢者保健費の比率を適用すれば，全国で3,300億円余りとなる。単位費用はこのように算出され，これに各市町村の65歳以上人口と，市町村ごとに決定される補正係数を乗じることで財政需要は求められる。これらの個別算定経費をすべて合算した結果が各市町村の需要額ということになる。

2.2 用語の整理とその算出方法

　本章の需要額の内訳には経費別，費目別，性質費目別を置いている。経費別とは経常経費，投資的経費，公債費等の3つを指し，公債費等とはその他の経費のことで，具体的には公債費と各種対策費，基金費のことである。また，費目別とは消防費，土木費，教育費，厚生労働費，産業経済費，その他の行政費のことである。性質費目とは給与費等，追加財政需要額，その他の3項目であるが，これは『制度解説』にある単位費用を構成する4つの費用を利用している[3]。また，経費別や費目別は2004年8月の『地方財政』に掲載されている時系列データを使用した。

　これら需要額の新たな内訳を経費別需要額，費目別需要額と名付けて，本章では使用している。また，個別の経費に関しても需要額の内訳の給与費等に対しては給与費等需要額という用語を充てている。

　これら需要額の内訳を算出する方法について次に見ていく。内訳の算出には『地方財政』と『制度解説』を利用しているが，『地方財政』の個別算定経費ごとのデータを利用すると，経費別需要額と費目別需要額は個別算定経費を単に合算するだけで算出できる。

　一方，性質費目別の内訳の算出方法は次のようになる。『制度解説』では性質費目別の内訳である給与費等，追加財政需要額，その他が単位費用化された金額として把握できるので，これから単位費用に占めるそれぞれの構成比が分かる。この構成比を個別算定経費に乗じることで性質費目別需要額を算出した。なお，『制度解説』には追加財政需要額とその他に関して明確な説明がな

---

[3] 4つの費目とは，給与費，給与改善費，追加財政需要額，その他で，給与費等とは，給与費と給与改善費を加えたものである。

いから次のように解釈している。まず，その他は国が制度化している事務であり，法定事務を維持するための費用と解釈した。これに対し，追加財政需要額は給与改善費同様年度途中で追加される法定事務経費の前払い分であると想定している。

単位費用に含まれる特定の経費を算定する場合には，性質費目の算定同様単位費用に占める割合から算出している。単位費用を構成する積算基礎から，対象となる経費を抽出し，これらの経費が単位費用に占める割合を求めた。この比率を個別算定経費に乗じることで算出している。この方法は全ての市町村が標準団体と全く同じ経費構成であることを前提としている。この仮定は地方交付税制度に限定しても成立しないことが分かっているが[4]，他に方法がないために，ここではこれを使用している。

3. 需要額の主な増加要因の抽出

3.1 経費別需要額の増加要因

需要額は80年度の9.4兆円が2000年度までに15.7兆円増加している。本節ではこの内訳を経費別に見ることで主要な増加要因を特定していくが，これを整理したものが表4-3である。

この表で5年間の需要額の増加額を見ると，85-90年度が5.2兆円と最も大きく，90-95年度が4.2兆円とこれに続く規模であった。需要額がルールに基づく運用に転換した後の80-85年度は3.4兆円で経常経費がその70.0%を占め，投資的経費は17.6%とその割合が小さくなっていた。投資的経費は90年代前半の景気後退期に大きく増加し，90-95年度で35.5%となっている。この時期は経常経費の拡大も大きく，3.1兆円，72.9%を占める額が増加していた。

20年間の需要額の増加額に占める経費別需要額を見ると，需要額全体で

---

4) 人口規模を基準とした補正係数の算定方法を見ていくと，標準団体は人口規模別に設定されている可能性が高い。仮に人口規模ごとに職員数などを設定しているとすれば，需要額に占める給与費等の割合は人口規模別に異なることになる。しかし，こうした詳細は『制度解説』でも把握できない。

表4-3 各期における経費別需要額の増加額（80-2000年度）　　　　　単位：10億円，%

		80年度実績	増　加　額			
			80-85	85-90	90-95	95-00	80-00
経常経費	実　数	6,311	2,409	3,018	3,067	1,651	10,144
	構成比	67.5	70.0	57.3	72.9	59.2	64.6
投資的経費	実　数	2,665	605	1,559	1,495	304	3,963
	構成比	28.5	17.6	29.6	35.5	10.9	25.2
公債費等	実　数	374	425	691	-352	836	1,600
	構成比	4.0	12.4	13.1	-8.4	30.0	10.2
需要額合計	実　数	9,350	3,439	5,268	4,209	2,791	15,707
	構成比	100.0	21.9	33.5	26.8	17.8	100.0

注：需要額合計の構成比は80年度から2000年度までの増加額に占める各期間の増加額の割合であり，経費別の構成比は各期間の需要額合計に占める当該経費の割合を記載している。
資料：地方財政

15.7兆円拡大する中，経常経費は10.1兆円で，64.6%を占めている。これに対して，投資的経費は4.0兆円の増加で，その割合は25.2%である。公債費等は最も小さく10.2%であり，これより需要額の拡大に対して最も大きく寄与していたのは経常経費であったことが分かる。

3.2　経常経費の増加要因

最も大きな割合を占める経常経費に着目して，その内訳を見たものが表4-4である。ここでは80年度から2000年度までに増加した費目別需要額の内訳を性質費目別に整理したものである。

表にあるように経常経費の増加額は10.1兆円であるが，このうち費目別では厚生労働費が43.8%と最も大きな割合を占め，その他の行政費が22.2%でこれに続いている。一方，性質費目別で見ると，その他が52.5%，給与費等が46.3%となっていることが分かる。その他では半分以上を厚生労働費が占めており，これ以外の費目が占める割合はそれほど高くない。

この給与費等を控除した厚生労働費（以下，厚生労働費（除給与費等）という）の増加額は3.1兆円で経常経費全体に占める割合は30.8%となる。給与費等は4.7兆円で全体の46.3%であり，これら2つの経費で経常経費全体の増分

表4-4 費目別性質費目別需要額の増加額と構成比（80-2000年度） 単位：10億円，%

		80年度実績	増加額 給与費等	増加額 追加財政需要額	増加額 その他	費目別合計
消防費	実数	757	792	18	148	958
	構成比	12.0	7.8	0.2	1.5	9.4
土木費	実数	597	320	8	617	945
	構成比	9.5	3.2	0.1	6.1	9.3
教育費	実数	1,392	809	18	421	1,248
	構成比	22.1	8.0	0.2	4.2	12.3
厚生労働費	実数	1,500	1,311	32	3,095	4,438
	構成比	23.8	12.9	0.3	30.5	43.8
産業経済費	実数	270	143	4	160	307
	構成比	4.3	1.4	0.0	1.6	3.0
その他の行政費	実数	1,795	1,326	40	882	2,249
	構成比	28.4	13.1	0.4	8.7	22.2
性質費目別合計	実数	6,311	4,701	120	5,323	10,144
	構成比	100.0	46.3	1.2	52.5	100.0

資料：地方財政，制度解説

の77.2%を占めており，この2つが経常経費の膨張を引き起こしてきたと判断しても問題はないだろう。

3.3 80-2000年度における需要額の増加要因

需要額の増加額に占める割合は，経常経費で給与費等と厚生労働費（除給与費等）が大きく，需要額全体に対しても49.9%を占める規模になっている。これに投資的経費，公債費等を加えると，需要額全体に占める割合は85.3%となる。つまり，この間の需要額の膨張はこれら4つの費用の拡大によって引き起こされてきたと考えることができる。これを需要額全体に占める割合とともに整理したのが以下の表である。

需要額の公債費は，地方財政計画に計上されている公債費の一部で，公害対策事業や過疎対策事業，財政対策など，国の政策的な理由で発行された地方債に限られる。特定の市町村しか発行できない地方債の場合，標準的な算定方法

表4-5 需要額の増加要因と構成比(80-2000年度)　　　　　　　単位:10億円,％

	80-90年度		90-2000年度		80-2000年度	
	増加額	構成比	増加額	構成比	増加額	構成比
給与費等	3,236	37.2	1,465	20.9	4,701	29.9
厚生労働費(除給与費等)	1,172	13.5	1,955	27.9	3,127	19.9
投資的経費	2,164	24.9	1,799	25.7	3,963	25.2
公債費等	1,116	12.8	484	6.9	1,600	10.2
その他	1,018	11.7	1,298	18.5	2,316	14.7
需要額増加額	8,707	100.0	7,000	100.0	15,707	100.0

資料:地方財政,制度解説

に基づいて市町村に財源を配分すると,本来必要な市町村に財源が配分できない。このため,これを発行している市町村を特定して財源配分することを企図して,需要額における公債費の計上は制度化されている。この種の地方債の場合,発行段階で発行条件と需要額への算入方法が決められ,これに従って需要額に償還費として計上された結果である。つまり,ここでの償還費はルールに従っていることが明白なため,公債費等は検討対象から除外することとした。

これより給与費等,厚生労働費(除給与費等),投資的経費の詳細を以下で見ていく。なおこれらが増加額全体に占める割合は75.1％である。

4. 運用ルールに基づく給与費等需要額の増加

4.1 給与費等需要額の推移

80-2000年度に給与費等需要額は4.2兆円から8.9兆円に倍増し,4.7兆円増加していることを表4-6は示している。給与費等需要額は2.1倍に拡大しているが,需要額全体が2.7倍に拡大していたこともあり,給与費等需要額の経常経費や需要額全体に占める割合は徐々に低下してきていることが分かる。

給与費等需要額は,職階別給与単価と職員数で決定されている。このため,その伸びに影響を与える要因は主にこれら2つであり,これらの要因についてそれぞれ分析していくこととする。

表4-6　給与費等需要額の推移とその内訳　　　　　　　　　　単位：10億円，％

	80年度	85年度	90年度	95年度	2000年度
給与費等需要額	4,165	5,605	7,401	8,486	8,866
対経常経費構成比	66.0	64.3	63.1	57.3	53.9
対需要額構成比	44.5	43.8	41.0	38.1	35.4
指　数	100	134.6	177.7	203.7	212.9
費　目　別					
消防費　実数	598	804	1,064	1,316	1,390
構成比	14.4	14.3	14.4	15.5	15.7
土木費　実数	260	365	485	588	580
構成比	6.2	6.5	6.6	6.9	6.5
教育費　実数	878	1,130	1,434	1,682	1,550
構成比	21.1	20.2	19.4	19.8	17.5
厚生労働費　実数	861	1,133	1,428	1,944	2,172
構成比	20.7	20.2	19.3	22.9	24.5
産業経済費　実数	181	230	299	325	324
構成比	4.3	4.1	4.0	3.8	3.7
その他の　　実数	1,387	1,942	2,690	2,630	2,713
行政費　　　構成比	33.3	34.7	36.4	31.0	30.6

資料：地方財政，制度解説

4.2　給与単価の変動

『制度解説』で需要額の算出に利用される給与単価は部長，課長，職員A，職員B，消防職員である。このうち，最も伸びの大きな職員Aと，最も伸びの小さい消防職員の指数変化を示したものが以下の表である。

これらの職階に関して，本俸，諸手当，賞与を含めた給与単価の指数変化を示している。これら2つの給与単価の伸びを，80年度を100として5年ごとに見ていくと，職員Aが131.8，170.2，206.6，223.6と伸び，消防職員は130.9，158.3，185.9，202.1となっている。これに対して，給与費等需要額の伸びは134.6，177.7，203.7，212.9で80-90年度に給与単価を上回る伸びを示しているが，80-2000年度に関してはほぼ給与単価の伸びが給与費等需要額の伸びを規定している状況にある。

需要額の算定に用いる地方公務員の給与は国家公務員の給与にリンクしている。地方公務員法24条3項は「職員の給与は，生計費並びに国及び他の地方

表4-7 職階別給与単価の指数変化　　　　　　　　　　　　　　　単位：10億円，千円/月

		80年度	85年度	90年度	95年度	2000年度
給与費等需要額	実数	4,165	5,605	7,401	8,486	8,866
	指数	100.0	134.6	177.7	203.7	212.9
	対職員A	1.00	1.02	1.04	0.99	0.95
	対消防	1.00	1.03	1.12	1.10	1.05
職員A	実数	327.5	431.7	557.5	676.7	732.4
	指数	100.0	131.8	170.2	206.6	223.6
消防職員	実数	277.5	363.3	439.2	515.8	560.8
	指数	100.0	130.9	158.3	185.9	202.1

資料：地方財政，制度解説

公共団体の職員並びに民間事業の従事者の給与その他の事情を考慮して定められなければならない」と義務規定を置いている。一方で，国家公務員法64条2項は，国家公務員の給与に関して「俸給表は，生計費，民間における賃金その他人事院の決定する適当な事情を考慮して定められ」るとしている。国家公務員の給与が生計費，民間における賃金，人事院が決定する事項に基づいて決定されているのであれば，地方公務員の給与を国家公務員の給与に準じて設定すれば，地方公務員法を充足する[5]。既に国家公務員の給与が生計費や民間における賃金を踏まえて調整されているから，国家公務員の給与費に従えば自動的に地方公務員法の規定を満たすことになる。このことが地方交付税制度の職員給与が国家公務員に準じて決定されてきた根拠となっている。

国家公務員の給与は「一般職の職員の給与に関する法律」によって決定され，2000年時点で10の職種に対して18の俸給表が定められていた。それぞれの俸給表では職務の等級が設定されており，この等級ごとに複数の号俸が決められている。国家公務員の給与はこの等級と号俸によって定められる。地方財政計画の給与額はこれを給与単価に使用してきた。このことを『地方財政要覧』で確認していく。

---

5) 需要額の算定では人口規模に応じて給与水準を分けている可能性が高く，この点，地方公務員法にある，他の地方団体の給与水準との差も考慮されていると考えられる。しかし，標準団体は人口規模10万人の市を想定しているから，ここでは他の地方団体との給与水準の差は反映しない。

74年度以降に始まった超過負担の是正過程で地方公務員給与の等級号俸でも見直しが行われている。等級号俸の是正措置は74年の三省共同実態調査で着手され、この年は農業委員会費や農業改良普及事業費、農業訓練費、保育所措置費が対象である。これによって75年度に等級号俸の改定が行われると、これ以降、継続的に見直されていくことになる。

　これらの改定措置の中で市町村に該当する職種について見ると、外国人登録事務費で職員給与が行政職俸給表（1）の7等級1号俸から7等級3号俸に改定されている。保健所運営費でも医師の給与が医療職俸給表（1）の3等級21号俸から3等級22号俸に、医療技術職員が医療職俸給表（2）の3等級9号俸から3等級10号俸に変更された[6]。

　さらに保育所措置費でも施設長が行政職俸給表（1）の5等級6号俸から5等級8号俸に、主任保母が行政職俸給表（1）の6等級4号俸から6等級6号俸に、保母が行政職俸給表（1）の7等級2号俸から7等級3号俸にそれぞれ引き上げられている。また、農業委員会費では職員給与が行政職俸給表（1）の6等級8号俸から6等級9号俸に改められた[7]。

　このことから地方公務員の職種を細かく分類した上で、それぞれに国家公務員の俸給表の職種、等級号俸を適用していたことが分かる。これらが地方財政計画の給与費の給与単価として利用されてきたのである。

　需要額の算定に利用されている職員は部長、課長、職員A、職員B、消防職員で実際の職種分類と比べるとかなり簡素化されている。ここでの給与単価は本俸に諸手当を加算したものであるが、『制度解説』に掲載されている月額本俸を参考に国家公務員の俸給表と比較すると、80年度時点で市町村の部長職は行政職俸給表（1）の3等級10号俸に該当し、課長は同4等級10号俸に対応している[8]。これらの給与単価は国家公務員の俸給表が改定されると、自動的に更新されていく仕組みになっている。

---

6) 外国人登録事務費は77年度に行われた改定結果であり、保健所運営費は79年度の結果を取り上げている。
7) 保育所措置費は79年、85年度の結果、農業委員会費は83年度の結果である。
8) この等級号俸は人口規模10万人の都市における部長と課長の給与水準であり、人口規模が異なれば、この等級号俸も変化すると考える必要がある。

これに対して職員A，職員B，消防職員では複数の職種，職階を含んでいるために加重平均等によって合成された給与単価となっている。しかし，この場合でも基本的な給与単価は国家公務員の俸給表に負っていることは，超過負担の是正で見直されている等級号俸の結果からも明らかである。こうして是正された単価は地方財政計画に反映され，これが需要額の給与単価に影響を与えている。このように需要額の給与単価は国家公務員の俸給表という外生的な要因で決定されてきたが，このことは地方公務員法24条3項の義務規定と国家公務員法64条2項の条文から合理的に導出された運用であると捉えることができる。従って，需要額算定の給与単価はこれらのルールに基づいて決定されてきたと判断できるだろう。

4.3　職員数の変化

『制度解説』を利用して，標準団体の職員数を把握した結果が，表4-8である。ここでは地方財政計画に計上されている市町村全体の職員数も合わせて掲載している。

標準団体の全職員数の指数変化を給与単価と比較すると，職員数は給与単価を調整するように変動してきた可能性がある。給与単価の伸びが大きい80年代には職員数は削減され，90年代に入ると若干伸びていく。これは以下で見るように厚生省に関連した行政分野の職員が減少したことに起因している。これらの変動は依然裁量的な運用が存在している可能性を示しているが，図3-10で見たように74年度までの状況とは大きく異なり，裁量の余地は限定的であったと言える。

これに対して，地方財政計画に計上されている職員数は漸増となっており，2000年度には80年度に比べると，1割程度職員が増加していたことが分かる。地方財政計画の職員数と標準団体の職員数の変動に目立って大きな差があるとは言えないかもしれない。しかし，こうした違いは人口10万人の標準団体が市町村全体を代表するといった地方交付税制度の表向きの構造に対して，実際には1つの標準団体で調整することが難しいために，職員数を人口規模に合わせて振り分ける別の構造が存在する可能性を示している。

職員数は，地方制度を所管する省庁にとって制度の実効性を担保する重要な

表 4-8 地方財政計画の市町村と標準団体における職員数の推移　　　　単位：人

	80 年度	85 年度	90 年度	95 年度	2000 年度
市町村	931,434	942,455	946,123	1,002,066	1,017,271
指　数	100	101	102	108	109
標準団体	724	716	704	736	744
指　数	100	99	97	102	103

資料：地方財政要覧，制度解説

要素である。このため，省庁による様々な介入が予想され，介入による職員数の膨張を防ぐため，事前に調整されている可能性も高い。これを確認するため，款別費用に着目して，省庁別に全職員数に対する構成比を図4-1で把握している。ここでは，各省庁が款別費目を所管していることを前提に省庁別シェアを算出している。建設省は港湾費を除く土木費を，運輸省は港湾費を，文部省は教育費全体を，厚生省は労働費を除く厚生労働費を，農林水産省は商工行政費を除く産業経済費を，通産省は商工行政費を，自治省は消防費，その他の行政費を所管するとして算出した。

省庁別職員数の構成比は80年度から2000年度を通じて極めて安定している。最も割合の大きい自治省は，この間40％，厚生省は25％，文部省は20％で，これが維持されてきたことは明らかである[9]。

省庁別のシェアが極めて安定している中，厚生省が所管する費用の内訳を図4-2に示した。厚生労働費では94年度に高齢者保健福祉費が新設されている。この費目に計上されている事業は，80年度には生活保護費，社会福祉費で積算されており，その後，保健衛生費でも一部の事業の費用算定が行われていた。これらの経費を部分統合するかたちで94年度に高齢者保健福祉費が新たに設定されている。

厚生省の職員数の推移を図では3つの費目で捉えている。生活保護費と清掃費に関しては『制度解説』に掲載されている職員数をそのまま計上した。これらの費目では経費の移動はあったが，経費移動に伴って職員の移動はなく，こ

---

9) 下河辺（1994）は60年に策定された所得倍増計画における社会資本整備の省庁別シェアについて説明している（同書235-236頁参照）。このことは省庁別シェアが形成される場合に関係省庁が参加した調整が存在することを示唆している。

(%)のグラフ

資料：制度解説

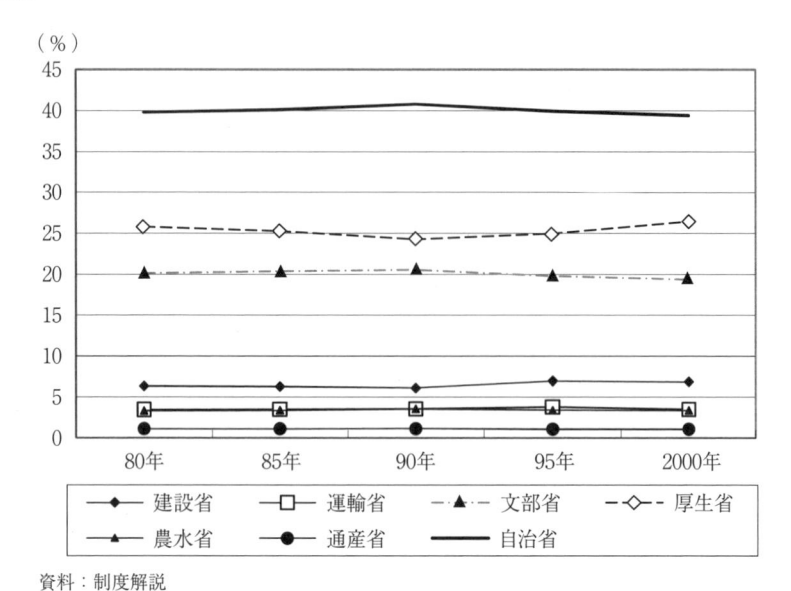

図4-1　職員数の省庁別シェアの推移（80-2000年度）

の間職員数で独立性を維持している。これに対して社会福祉費や保健衛生費などでは高齢者保健福祉費の増設に伴って職員の移動が発生しており，これを特定して控除することは技術的に難しいため，生活保護費，清掃費の2つの費目を除いた費目について『制度解説』に計上されている職員数を合算して新たに高齢者関連としてまとめている。

この結果は，高齢者関連の職員の拡大が清掃費の職員数の削減によって実現してきたことが分かる。省庁別シェアが強い制約であれば，各省庁はこれに従って職員の配分をせざるを得ないため，この種の操作が行われてきたものと考えられる。清掃費の職員数は標準団体全体に対しても5％程度変動しており，省庁別シェアと比較してもはるかに大きいことから省庁別シェアの制約が大きかったことを示唆している。

4.4　ルールによる需要額の増加

給与費等需要額の膨張に寄与しているルールは給与単価と職員数にある。地

(人)

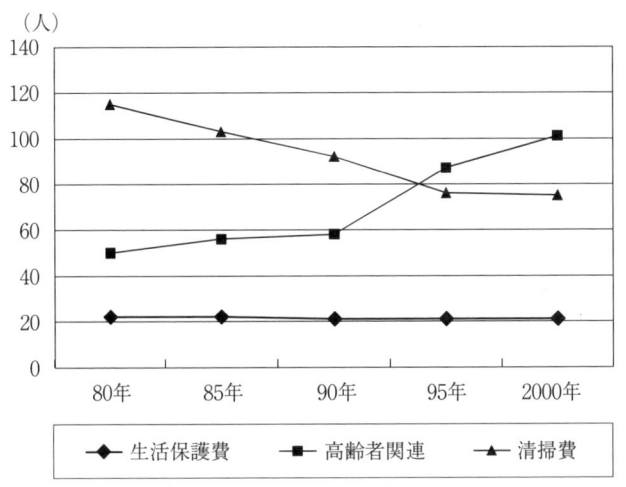

資料：制度解説

図 4-2 厚生労働費における款別職員数の推移（80-2000 年度）

方公務員の給与単価は，地方公務員法 24 条に基づき国家公務員や民間の給与水準などを参考に決定することになっているが，実際には国家公務員の給与水準で決定されてきた。これは国家公務員の給与が民間企業の給与水準を考慮しているから，国家公務員の給与水準で調整すれば，地方公務員の給与水準は民間企業と国家公務員の給与に準じることになるからである。これは既に長期に亘って利用されてきた運用ルールとなっているが，法律の規定を援用した基準と言えるだろう。

一方で職員数では省庁別シェアが維持されてきた。これは，従来必ずしも明確になってこなかった基準であり，省庁間の合意によって拘束力のあるルールとして維持されてきたものと考えられる。省庁別シェアといったルールは，全体の膨張を抑制する一方で，厚生省所管職員の増加が抑制できなければ，これに誘発されるように職員数が拡大していく仕組みである。90 - 2000 年度に厚生省の所管職員数が 5 ％程度拡大しているが，この影響もあり，80 - 2000 年度で見ると，標準団体全体の職員数は 3 ％とわずかではあるが増加している。

省庁別シェアが維持され，厚生省所管の職員数が増加したことで，標準団体全体の職員数も削減が進まなかった可能性がある。この結果，給与単価の上昇

がそのまま給与費等需要額の膨張に転嫁されている。需要額の上昇には測定単位や補正係数の影響も反映するが，給与費等需要額の指数変化が給与単価の上昇と連動していることから，この単価が80-2000年度の需要額を押し上げてきた。つまり，給与費等需要額は給与単価のルールによって拡大してきたのであり，職員数は長期的に維持されてきたことで，この需要額を下支えしてきたものと結論付けることができる。

5. 運用ルールに基づく厚生労働費（除給与費等）の増加

厚生労働費（除給与費等）は，80年度の0.6兆円が2000年度には3.8兆円と，実に5.9倍に急膨張している。これはこの間の需要額増加額の20%を占める規模であり，政府同様社会保障関係費の膨張が市町村でも深刻化していたことを示唆している。このような膨張を惹起した原因の1つはこの分野で制度の新設，変更が行われてきたことにある。ここではまず需要額に影響を与えてきた制度の新設，変更を整理することから始める。

5.1 厚生労働費（除給与費等）における主要な制度の新設と変更

この費目における新たな制度の導入と既存制度の変更を『制度解説』から簡単に整理する。需要額には82年度の老人保健法に基づく事務や，88年度の国民健康保険制度の見直しに伴って追加された経費，98年度に経費算入が始まった介護保険の影響が大きい。これらは主に高齢化社会に対応した社会保障制度の充実と捉えることができる。厚生労働費（除給与費等）には生活保護など国庫支出金が支払われる事務が多く，上記の制度も国庫負担金や特別会計への繰出金を伴って新たに追加されてきた。

80年代で需要額の拡大に影響を与えた制度変更に補助率の引き下げもある。これは国の財政再建と地方分権の推進などを実現するため，暫定的な措置として実施された。これにより50%を超える補助率を設定していた事務でその引き下げが85年度と86年度に実施されている[10]。

これらは，高齢化社会の到来や地方分権に向けた事務配分の見直しに伴う地方交付税制度の修正であるが，この結果厚生労働費（除給与費等）では以下で

5.2 国庫支出金が規定する運用ルール

　厚生労働費（除給与費等）に多く見られる国庫支出金には需要額を膨張させる法律による規定がある。1つは地方財政法10条である。この条文は国との利害関係からその円滑な運営を期するために国が進んで経費を負担する必要がある事務を特定している。これらの国庫支出金は一般に国庫負担金と呼ばれ，国が義務的に負担すべき経費となっている[11]。厚生労働費（除給与費等）にはこの対象が多く，2000年時点で市町村が処理する事務として示されているものを整理すると表4-9のようになる。

　これらの事務では地方財政法11条が算定基準と国庫負担金の補助率を法律または政令で定めなければならないとしている。この規定は，表4-9に掲載した事務に関して法律に則して経費算定を実施することを求めている。そして，これに従って算出された事業費に補助率を乗じて得られる国庫負担金は国が負担する義務を負うことになる。

　さらに地方財政法では11条の2においてこれらの経費の地方負担分を財政需要額に算入することを義務付けている。この財政需要額には特別交付税の算定に用いる特別財政需要額も含んでいるから必ずしも需要額とは限らない。しかし，少なくとも地方交付税がその地方負担分を担うことになっている。これらの規定によって表の事務については国庫負担金と財政需要額で財源措置を実施することになっている。

　加えて，厚生労働費（除給与費等）では，介護保険や老人保健医療など特別会計への繰出金も多く存在している[12]。特別会計に対して国から直接補助金が入っている場合，需要額の国庫負担金と同様の市町村負担分が存在し，これを料金収入などで負担している。しかしながら，料金のみで負担させることが適

---

10) 暫定措置は88年度で終了し，89年度以降，補助率は固定されているが，このとき，生活保護費など一部の経費では再修正によってこの比率が上昇している。つまり，需要額に対する負荷は，この年以降，やや緩和されている。
11) この規定の対象となっている事務には補助金を名称としている場合もある。
12) 特別会計の設置は，職員を特別会計で確保できるために特定省庁の普通会計における職員数が膨張するときには，これを抑制する効果もある。

表 4-9 地方財政法第 10 条に規定された厚生労働費の事務（市町村）[13]

号	対　象　事　務
2	生活保護に要する経費
3	保健所の施設及び設備に要する経費
4	結核及び感染症の予防に要する経費
7	身体障害者の更生援護に要する経費
7の2	婦人相談所及び婦人相談員に要する経費
7の3	知的障害者の援護に要する経費
7の4	老人保健事業，老人の養護委託及び葬祭並びに養護老人ホーム及び特別養護老人ホームに要する経費
7の5	介護保険の介護給付及び予防給付並びに財政安定化基金への繰入れに要する経費
8	妊産婦及び乳幼児の健康診査，児童相談所，児童一時保護所，未熟児，身体障害児及び骨関節結核その他の結核にかかっている児童の保護，児童福祉施設並びに里親に要する経費
8の2	児童手当に要する経費
8の3	国民健康保険の事務のうち介護納付金の納付に関する事務の執行並びに国民健康保険の療養の給付並びに入院時食事療養費，特定療養費，療養費，訪問看護療養費，特別療養費，移送費及び高額療養費の支給並びに老人保健医療拠出金及び介護納付金の納付に要する経費
8の5	重度障害児に対する障害児福祉手当及び特別障害者に対する特別障害者手当の支給に要する経費

注：政令市のみが対象となっている規定は 3 号，4 号である。
資料：石原・二橋（2000）

切ではないため，税金などを充てることが望ましい特別会計に対して，国がその負担を普通会計に求めたものである。従って，特別会計への繰出金は普通会計における国庫負担金の市町村負担分と実質的には同じ意味であると捉えることができる。この場合，これらは制度化された運用ルールであり，本節ではこの費用を国庫負担金の市町村負担分に加えて厚生労働費（除給与費等）の拡大に与えた影響を検証する。

---

13) 石原・二橋（2000）130-132 頁参照。

第4章 ルールに基づく基準財政需要額の拡大　　　197

表4-10 定率の国庫負担金と繰出金に伴う需要額の増加額　　　　　単位：10億円，%

		80年度実績値	増加額 80-90年度	増加額 90-2000年度	増加額 80-2000年度
市町村 負担分	実　数	382.0	432.5	305.8	738.3
	構成比1	59.8	36.9	15.6	23.6
	構成比2	25.5	24.9	11.3	16.6
	構成比3	4.1	5.0	4.4	4.7
繰出金	実　数	2.4	431.4	1,082.6	1,514.0
	構成比1	0.4	36.8	55.4	48.4
	構成比2	0.2	24.8	40.1	34.1
	構成比3	0.0	5.0	15.5	9.6
その他 経　費	実　数	254.2	308.6	566.2	874.8
	構成比1	39.8	26.3	29.0	28.0
	構成比2	16.9	17.7	21.0	19.7
	構成比3	2.7	3.5	8.1	5.6
合　計	実　数	638.6	1,172.4	1,954.7	3,127.1
	構成比1	100.0	100.0	100.0	100.0
	構成比2	42.6	67.4	72.4	70.5
	構成比3	6.8	13.5	27.9	19.9

注：構成比1とは厚生労働費（除給与費等）に占める割合，構成比2は厚生労働費の経常経費，構成比3は需要額に占める割合のことをいう。
資料：地方財政，制度解説

5.3 ルールによる需要額の増加

『制度解説』には定率の国庫負担金の市町村負担分や，介護保険，老人保健医療などの特別会計への繰出金が掲載されている。これを利用し，国，都道府県を問わず，国庫負担金や都道府県支出金に伴う市町村負担分と，繰出金をそれぞれ把握し，次にこれらの費用が単位費用に占める割合を算出した。給与費等需要額の算定方法と同様に，この比率を単位費用別需要額に乗じることで「市町村負担分」と「繰出金」に対応する需要額を求め，これらを表4-10に整理した。また，表では「その他経費」として厚生労働費（除給与費等）からこれら2つの費用を控除した値も掲載している。

市町村負担分は80-90年度の増加が大きく，90-2000年度にはその影響が3分の1程度に低下している。このため，80-2000年度の厚生労働費（除給与費等）の23.6%，需要額増加額全体の4.7%を占めるに留まっている。

これに対し，繰出金は80-90年度が市町村負担分とほぼ同じ規模で増加したが，90-2000年度に急増している。この額は厚生労働費（除給与費等）の55.4%，需要額増加額全体で見ても15.5%になっている。

この結果，厚生労働費（除給与費等）の増加額に占めるこれらの経費の割合は，90-2000年度で71.0%，80-2000年度で72.0%となっており，これらの経費が占める割合が極めて高いことが分かる。需要額増加額全体で見ても14.3%を占めており，これらのルールに基づく運用が厚生労働費（除給与費等）を押し上げていたことが分かる。

6. 運用ルールに基づく投資的経費の増加

投資的経費の算定方法の詳細はやや古いが，横手（1969）[14]，小島（1969），矢野（1969），石原（1977）などで体系的に解説され，石原（2000）にも若干の説明がある。横手（1969），小島（1969），矢野（1969）はいずれも投資的経費の算定方法が大幅に変更されたことに伴って作成されている。69年のこの制度改正の目的として，横手（1969）は減価償却費算入方式から計画的事業費算入方式[15]への転換，補正係数の動態的要素の強化，調整事業費の拡充，地方債との連携強化の4点を挙げている。このため，独立した経費として算定されるようになった投資的経費ではこれらの観点を踏まえた算定が行われるようになっている。

経常経費の分析では『制度解説』を利用したが，投資的経費では有効ではないから投資的経費の内訳は各年度の『地方財政』にある地方財政計画の説明を利用している。地方財政計画を利用するから都道府県と市町村には分割できない。こうした問題はあるが，ここではまず法改正に伴って公表された3つの解説論文から投資的経費の算定方法を把握していく。なお，本章はこれまで80

---

14) 横手正交付税課長が需要額算定上の課題を『自治研究』誌上で解説した論考として「地方交付税算定方法の問題点とその改善方向」がある。この中で69年の投資的経費の制度改正に対する問題意識が説明されている。この論考は67年9月に発表されており，ここでも67年4月の東京都知事選挙で美濃部亮吉氏が当選したことの影響が窺える。

15) 石原（2000）も計画的事業費算入方式を解説していることから，69年度以降本書の検討対象期間はこの算定方法が維持されていたと考えられる（同書445-455頁参照）。

年度以降を中心に分析してきたが，投資的経費に限って一部70年代後半におけるルール化の進展プロセスも扱っている。

6.1 投資的経費の算定
6.1.1 投資的経費の算定方法

69年度に経常経費と投資的経費が分割計上された際，投資的経費の算定方法は減価償却費算入方式[16]から計画的事業費算入方式に移行した。減価償却費算入方式とは標準的な施設が既に整備されているものと想定し，その建設費の減価償却費を単位費用の積算基礎に算入する方法である。この方法は社会資本の再生産には適していても，依然整備水準が低く，新規の社会資本整備が必要な当時の状況に対応した仕組みではなかった。特に需要額の算定では客観性が重視され，測定単位には統計データが充てられてきた。統計データは客観的ではあるが，現状を強く反映するため，人口集中の急激な都市部や，社会資本の整備水準が低い地域で投資的経費が過少になるという問題が指摘されていた。しかも，経費変動が小さい経常経費と，年度間，地域間の変動が大きい投資的経費を一緒に算定していたことが，こうした問題を深刻にしていた。このため，69年の制度改正はこれらを解消することを意図し，経常経費と投資的経費を分割した上で，投資的経費では計画的事業費算入方式へと完全移行したのである。

計画的事業費算入方式とは「各種の公共施設について，その現在の整備水準に対して当面目標とすべき整備水準（短期ないし中期）を設定し，その差を充足するための事業費を年次計画に基づき算入する方式」[17]である。この方法は69年以前にも閣議決定を経て策定された長期計画に関してはその事業費を対象に採用されてきた。これを69年の法改正から全面的に取り入れることとしたのである。これによって従来の長期計画に加え，関係省庁が定める事業計画に位置付けられた事業費も計画的に投資的経費に反映されることになった。

---

16) 70年代までの投資的経費の算定の変遷は石原（1977）にそのアウトラインが説明されている。石原（1977）は地方財政平衡交付金制度で減価償却費を投資的経費の算定に利用していたことから説明している。

17) 矢野（1969）54頁参照。

市町村を対象に投資的経費に算入される経費を費目別に整理したのが表4-11である。投資的経費では主に道路整備5箇年計画，港湾整備5箇年計画など，関係省庁が策定している長期計画の建設事業費が根拠となっていることが分かる。さらに教育費や社会福祉費なども文部省や厚生省の計画に依存している。これに加え，地方財政計画に算入されてきた庁舎建物や各費目に共通した施設に対する建設事業費が対象となっている。

　計画的事業費算入方式では，これらの計画に計上された事業費を市町村に配分していくに当たり，標準事業費と調整事業費の概念を利用している。標準事業費は市町村に共通の建設事業を対象に，需要額の単位費用に組み込むことで配分される。一方，長期計画には国が実施する直轄事業や補助事業も位置付けられているが，これらを実施すると，市町村には地方負担分が発生する。この財源配分を担うのが調整事業費である。直轄事業や補助事業の市町村負担分は，年度間，地域間でその変動が大きいために単位費用に算入すると，事業を実施する市町村に適確に配分できない。このため，調整事業度の配分は補正係数の役割で，専ら事業費補正が担っている。

　調整事業費の算定は小島（1969）が詳しいが，これには2つの方法が提示されている[18]。それが以下の2つの式であり，ここでは調整事業費 ACost を算出するに当たり，標準事業費 SCost や，補助事業等の市町村負担分 Con，調整事業費算入率 Rate，地方債充当率 BRate を使用している。小島（1969）によると，式4.1の場合市町村負担分から標準事業費を差し引き，これを調整事業費算入率[19]に基づいて調整事業費に計上する額と地方債で調達する額を決定している。

　これに対し，式4.2は下水道事業，小中学校事業，清掃事業の4事業に適用され，地方債の充当率を考慮して調整事業費を算出している[20]。この場合も市町村負担分から標準事業費を控除して調整事業費としている。

---

18) 類似の議論は横手（1969）50-52頁参照。
19) この時点における調整事業費算入率は横手（1969）51頁参照。
20) 清掃事業については小島（1969）が式4.2を利用するとしているのに対し，横手（1969）は式4.1を適用するとして説明に違いが見られる。

表4-11 市町村における投資的経費の算定方法

費　　目	需要額の算定方法
道路橋りょう費	道路整備5箇年計画及び地方財政計画による事業費を算入（交通安全施設整備3箇年計画を含む）
港湾費	港湾整備5箇年計画及び漁港整備5箇年計画による事業費を算入
都市計画費	道路整備5箇年計画による街路事業，土地区画整理事業，下水道整備5箇年計画による都市下水路事業，国の予算による都市公園の経費を算入
下水道費	下水道整備5箇年計画及び地方財政計画による公共下水道，流域下水道，特別都市下水路の経費を算入
その他の土木費	単独事業費を算入
小学校費　中学校費	公立文教施設整備計画による危険校舎改築，新築費及び人口急増団体における学校用地の取得費，整地費を算入
高等学校費	公立文教施設整備計画を参考として，不足面積を10ヵ年で，また，危険校舎を5ヵ年間で解消するための所要額及び産振設備5箇年計画による事業費を算入
その他の教育費	幼稚園振興計画により71年度末の就園率を71％（現在61％）に引き上げるため，3ヵ年間に標準団体で一園増設の経費及び公民館，図書館などの所要経費を算入
社会福祉費	保育所整備計画により75年度末の要措置児童収容率を100％（現在72％）に引き上げるため，標準団体で1年間に1所増設の経費及びその他の社会福祉施設を3ヵ年間に1所増設の経費を算入
清掃費	清掃施設整備5箇年計画及び地方財政計画による事業費を算入
労働費	国の予算に基づき算入
農業行政費	単独事業費を算入
その他の産業経済費	単独事業費を算入
その他の諸費	庁舎建物等の建設費及び共通単独建設事業費を算入
	都市河川事業費及び共通単独建設事業費を算入

資料；横手（1969）

$$\text{ACost} = (\text{Con} - \text{SCost}) \times \text{Rate} \qquad (式4.1)$$
$$\text{ACost} = \text{Con} \times (1 - \text{BRate}) - \text{SCost} \qquad (式4.2)$$

これら2つの算定式はいずれも市町村負担分をまず当該個別算定経費の標準事業費で負担することを求めており，これで確保できない額が調整事業費に

よって調達される。この方法に従えば，補助事業を実施した場合，市町村負担分が単純に標準事業費に上乗せされるのではなく，この投資的経費が減額される仕組みになっている。また，需要額は建設事業費から地方債を控除した額が組み込まれる仕組みであることも共通した特徴である。投資的経費の算定方法はこのようになっているが，これが具体的にいかなる経費を積算しているかを地方財政計画から捉えていこう。

6.1.2 地方財政計画における投資的経費とその内訳

表4-11で投資的経費がいかなる経費を前提にしているかを明らかにしたが，これらが款別費目別の投資的経費に毎年度いくら含まれているかを把握することは難しい。『制度解説』でも，経常経費では積算基礎が明示されているのに対し，投資的経費では内訳が示されていない。毎年度の投資的経費の内訳を把握する方法としては地方財政計画が唯一と考えられる。ただし，地方財政計画は都道府県と市町村を分割していないため，市町村のみを把握することはできない。こうした制約はあるが，投資的経費の実態を見るため，ここでは地方団体全体を対象に『地方財政』から地方財政計画の詳細を把握していく。ルールに基づく運用に移行した80年度と2000年度の2ヵ年の投資的経費の内訳を整理したものが以下の表である。

投資的経費は，大きく「補助事業地方負担分」と「地方単独事業」に二分できる。補助事業では「公共事業費」がほとんどを占めており，これには道路整備事業，治山治水事業，生活環境施設整備事業などが含まれている。

地方単独事業は「特別事業」とこれ以外に大別できるが，後者は「一般事業」と呼ばれる。一般事業とは教育関係，民生関係，農水産関係，区画整理関係などであるが，市町村庁舎などの建設費用などもここに含まれていると考えられる。これに対し特別事業は国の「長期計画事業」や「過密過疎等対策事業」，「広域市町村圏等振興整備事業」など，専ら国の計画，事業に含まれる地方単独事業分が計上されている。なお，特別単独事業に計上されている経費はいずれの年度も道路，高校，河川に関する事業費である。

これらのうち，国の影響が最も大きい経費は補助事業であり，これは投資的経費全体の80年度が33.6％，2000年度が22.4％となっている。次に国の影

表4-12 地方財政計画に基づく投資的経費内訳 単位：億円、%

計上項目	80年度 事業費	構成比	2000年度 事業費	構成比	80年度と異なる項目
補助事業地方負担分	37,001	33.6	53,485	22.4	
直轄事業負担金	4,428	4.0	11,501	4.8	
公共事業費	32,121	29.2	41,879	17.6	
失業対策事業費	452	0.4	105	0.0	
地方単独事業	72,962	66.4	185,000	77.6	
一般事業	30,764	28.0	45,287	19.0	
特別事業	42,198	38.4	139,713	58.6	
長期計画事業	20,552	18.7	56,775	23.8	
過密過疎等対策	11,275	10.3	17,851	7.5	
広域市町村圏振興整備	3,131	2.8	2,989	1.3	広域市町村圏等振興整備
特別単独事業	6,700	6.1	20,907	8.8	
その他	540	0.5	9,960	4.2	
			7,500	3.1	地域活力創出プラン
			10,000	4.2	ふるさとづくり事業
			5,731	2.4	地域総合整備特別対策
			8,000	3.4	臨時経済対策事業
投資的経費合計	109,963	100.0	238,485	100.0	

注：国庫支出金などの特定財源は含まれていない。
資料：地方財政

　響が大きいと考えられる経費は地方単独事業の特別事業であろう。特別事業の中で最も割合が大きい長期計画は，国の社会資本に関する5ヵ年計画であり，これには道路整備5箇年計画や港湾整備5箇年計画，治水事業5箇年計画，治山事業5箇年計画などがある[21]。これらの長期計画で設定されている地方単独事業の事業費がこの経費に計上されている。これ以外の事業費についても明らかに国の事業に付随して実施される地方単独事業分で，実施する事業については地方団体が個々に事業計画を策定していたとしてもこれを国の計画や事業の中に位置付けてもらい，事業費が配分される構造になっている。従って，地方

---

21) 90年代に入ると，5ヵ年計画の多くが7ヵ年計画へと変更されている。

単独事業といえども，国の計画や事業の影響を強く受けていることは明らかである。

同じことが一般事業にも少なからず言えるだろう。この事業は80年度に投資的経費の28.0%，2000年度で19.0%を占めている。一般事業には教育関連や民生関連の建設事業が含まれると，『地方財政』では説明されている。一方，横手（1969）では需要額が公立文教施設整備計画[22]や幼稚園振興計画，保育所整備計画などに基づいて算定されるとしている。しかし，表にある長期計画の項目にはこれらの計画は含まれていない。仮に文部省や厚生省が，他省庁の長期計画と同じように直轄事業，補助事業，地方単独事業で計画を策定していれば，直轄事業は直轄事業負担金に，補助事業は必ず公共事業費に，それぞれの事業規模に応じた額が反映される。実際，公共事業費には文教施設や厚生労働施設が計上されている。これらの事実は，一般事業に含まれる教育関係や民生関係の経費も文部省や厚生省の計画に基づいて算定されてきたことを示唆している。つまり，一般事業においても多くの事業が国のコントロール下に置かれてきた可能性がある[23]。

地方財政計画の内訳を見ていくと，投資的経費の算定においても国の影響が強く抽出できる。これは経常経費同様法定事務を根拠としているからであり，表4-1で投資的経費の算定に生活保護法や老人保健法などが挙げられていることはその証左と言える。法定事務が導入されると，建設事業の詳細が法律などで規定される一方で，財源保障の対象となる。このことが地方財政計画で国の計画に伴う事業費が多く計上されている理由である。この割合は補助事業などの地方負担分と特別事業に限定しても80年度で72.0%あり，2000年度になると，81.0%を占めるに至っている。

この実態は第2章でも見てきたように「国は政策の立案機関，地方は実施機

---

22) 文部科学省は2006年4月24日に3年以内を計画期間とする「公立の義務教育諸学校等施設の整備に関する施設整備基本計画」を策定している。従って，文教施設はこれらの計画に基づいて需要額決定されている可能性がある。

23) 『制度解説』では市町村庁舎の面積当たりの建設単価が示されている。需要額の算定に使用される建設費はこの建設単価を使用していることは明らかである。このことは一般事業費でも，地方交付税制度によらない外生的なルールに従って庁舎の建設費が決定されてきたことを示唆している。

関」の思想が，単に終戦直後に留まらずこの時期にあっても十分に維持されてきたことを示している。そして，その多くが地方単独事業として確保されていることは，「地方は法定事務経費の負担機関」の思想が影響していると言えるだろう[24]。この思想が反映して，多くの社会資本整備の長期計画には地方単独事業が位置付けられ，地方単独事業が国の社会資本の整備水準を引き上げるために活用されてきたことが分かる。

6.1.3 地方単独事業と長期計画の関係と運用変化

地方財政計画では地方単独事業に国の長期計画が位置付けられてきた。表4-12にあるように投資的経費の地方単独事業に計上されている経費の多くは国の事業に関連したものであり，その中でも長期計画の事業費は，80年度も，2000年度も投資的経費全体の20％，地方単独事業費の30％と比較的高い割合を占めている。このため，ここでは地方単独事業を代表する事業として，この長期計画に基づくものを取り上げ，地方単独事業との関係を立法措置から明らかにしていく。さらに長期計画における地方単独事業の財源措置を経年的に捉え，その運用実態を見ていくことにする。

(1) 国の長期計画における地方単独事業の法的根拠

長期計画の策定は，どの社会資本整備もほぼ共通の方法を取っており，道路整備5箇年計画であれば，道路整備緊急措置法を根拠法としている。これは道路整備において喫緊に対応すべき課題が存在することを理由に立法化され，これを根拠に5ヵ年計画が策定されている。そして，計画が終了すると，新たな課題を設定し，これを克服していく手順を繰り返す仕組みとなっている。ただし，この法律に基づく法定事務は存在しないため，長期計画の根拠法が直接地方団体に事務を義務付けることはない。

---

24) 建設省道路局（1988）は88年を初年度とする第10次道路整備5箇年計画を説明する中で期間中の地方負担を総額24.5兆円としている。地方の道路特定財源は88年度に1.5兆円で，仮に5年間で7.5兆円を見込むとしても，15兆円以上は他の財源で調達しなければならない。もし，事業が計画通り実施されれば，地方団体は道路特定財源に加え自らの税収も充当することになる。これは「地方は法定事務経費の負担機関」の思想が反映したものと言えるだろう（同書の28頁，82頁参照）。

法定事務は道路整備の場合道路法を根拠とし，道路整備緊急措置法も道路法の関連法規として制定されている。5ヵ年計画は道路法に基づく道路を整備することが目的であり，道路法に基づく道路整備の一部が法定事務であるから長期計画でも位置付けられてきたと考えられる。この構造は地方制度の法体系と同じもので，道路行政においても道路法を頂点とした法体系が構築され，これによって地方単独事業の実施が担保されてきた。つまり，地方制度の法体系と同様，複数の法律で地方団体を支配していく仕組みが個々の事業分野でも整備されていることを示唆している。

　各省庁が作成する長期計画は閣議決定を経ることで国全体の計画となるが，そこでは整備目標が設定され，これを実現するための事業が計画され，そのための投資額が参考資料という形態を取っているが，明記されている。長期計画の事業を法定事務として地方団体が実施していくのであれば，地方自治法の232条2項によって財源措置が行われていなければならない。法定事務である以上建設事業であっても同様である。従って，長期計画の投資額は参考資料ではあるが，実際の建設事業と全く関係がないとは言えない。この点について次で検討していくことにする。

(2) 各種長期計画の地方単独事業における達成率の推移

　地方財政計画に計上される国の長期計画は『地方財政要覧』にその概要が整理され，長期計画改定後は関連計画を一括して『地方財政』で概説されている。さらに『地方財政』では地方財政計画に計上されている長期計画の内訳を毎年度掲載しており，道路整備や港湾整備などの事業費が把握できる。この地方財政計画の解説では補助事業の詳細も示されているが，これら地方財政計画に計上される投資的経費と長期計画の投資額との関係は明確ではない。これに加えて実際の事業費を含めて検証している長期計画の評価資料はほとんど存在しない。しかし，国土交通省では一部の計画について長期計画の投資額と実際の投資実績を公表している。公表されている長期計画のうち，地方財政計画の長期計画に計上されているものを抽出し，これを整理したのが表4-13である。これらは当初5ヵ年計画として策定されたが，90年代に入ると，一部の計画で計画期間が7年に延長された。このため，表中の4つの計画は2000年

表 4-13 国の長期計画における地方単独事業の計画額と実績の推移（68-2003年度）

単位：億円，％，億円／年

		1期	2期	3期	4期	5期	6期	7期
都市公園等	計画期間		72-75	76-80	81-85	86-90	91-95	96-2002
	計画額		4,800	8,054	12,900	12,400	19,500	27,500
	実績額		3,430	8,303	10,138	13,751	19,959	32,744
	達成率		71.5	103.1	78.6	110.9	102.4	119.1
	年平均		960	1,611	2,580	2,480	3,900	3,929
	構成比		7.8	7.9	8.1	6.6	5.9	5.6
治水事業	計画期間	68-72	72-76	77-81	82-86	87-91	92-96	97-2003
	達成率	88.4	94.5	100.1	79.4	110.0	105.8	121.7
	計画額	3,000	6,000	12,400	19,600	21,400	40,100	60,000
	年平均	600	1,200	2,480	3,920	4,280	8,020	8,571
	構成比		9.8	12.2	12.3	11.5	12.1	12.3
道路整備	計画期間	70-72	73-77	78-82	83-87	88-92	93-97	98-2002
	計画額	25,500	47,000	75,000	117,000	139,000	252,000	268,000
	実績額	17,863	46,939	92,314	112,527	181,643	254,762	204,078
	達成率	70.1	99.9	123.1	96.2	130.7	101.1	76.1
	年平均	8,500	9,400	15,000	23,400	27,800	50,400	53,600
	構成比		76.9	73.6	73.4	74.4	76.1	76.8
交通安全施設	計画期間	69-71	71-75	76-80	81-85	86-90	91-95	96-2002
	計画額	854	3,357	6,415	9,927	13,915	19,370	25,800
	実績額	607	3,324	6,162	8,509	11,248	18,240	21,988
	達成率	71.1	99.0	96.1	85.7	80.8	94.2	85.2
	年平均	285	671	1,283	1,985	2,783	3,874	3,686
	構成比		5.5	6.3	6.2	7.5	5.9	5.3
合計	年平均計	9,385	12,231	20,374	31,885	37,343	66,194	69,786
	指数変化	100	130	217	340	398	705	744
	伸び率		1.30	1.67	1.57	1.17	1.77	1.05

注1：計画額と実績額，達成率は地方単独事業を対象としているが，治水事業に限り達成率は国の事業を含み，計画額も地方単独事業費と災害復旧費の合算値である。
注2：年平均とは長期計画ごとに1年間の平均計画額であり，年平均計は列ごとの単純合計値である。構成比とは年平均の年平均計に占める割合である。
注3：合計とは年平均計の指数変化と，直前の計画からの年平均計の伸び率を示している。
資料：建設統計要覧，国土交通省HP[25]

---

25) http://www.mlit.go.jp/road/ir_index.html を参照。

時点で都市公園等整備7箇年計画,治水事業7箇年計画,道路整備5箇年計画,総合交通安全施設等整備事業7箇年計画となっている[26]。

表中,「計画額」とは長期計画に掲載されている地方単独事業費で,「実績額」とは実際の建設費である。「達成率」は計画額に対する実績額の割合,「年平均」は計画額を計画年数で割った金額である。計画期間はそれぞれの長期計画で異なるが,計画期間が概ね重複する計画を縦列で整理している。これには説明の都合上1期から7期までの識別番号を振っている。「合計」は各期で年平均を合算し,その指数変化や直前の計画額からの伸び率を算出したものである。これはそれぞれの時期における計画の傾向を示したものと捉えることができる。

表で整理したデータは地方単独事業が対象であるが,治水事業だけは地方単独事業に限定したデータが公開されていないため,計画額とは災害復旧費と地方単独事業費の合計で,達成率も国の事業を含むものである。

76年に「昭和50年代前期経済計画」が策定されているが,3期に位置付けられている長期計画はこの経済計画を踏まえて策定されている[27]。これらの計画額はこの経済計画の影響を受け,その直前の計画から大幅に増額されている。都市公園等と道路整備では1.5倍,治水事業,交通安全施設では2倍に拡大している。この傾向は4期にある計画にも反映しており,いずれも3期からさらに1.5倍以上の伸びを確保している。このことは73年から74年にかけ,物価が高騰した影響もあるが,長期計画における地方単独事業はこの時期かなり拡充されていたことが分かる。しかし,その後はいずれの計画も伸び率を大きく低下させていたのである。

次に地方単独事業の計画額に対する達成率を見ていく。1期に位置付けられている計画の場合,70%の達成率が存在するなど,必ずしも高いものとはなっていない。この時期は物価の高騰から計画額自体が実質価格で見て,その価値を低下させていたことを考えると,70%の達成率はかなり低いと捉えることが

---

26) 『建設統計要覧』では,下水道事業や海岸事業,急傾斜地崩壊対策事業についても個々の事業ごと,あるいは地方単独事業に関し達成率を掲載している。
27) 76年に昭和50年代前期経済計画が,77年に第3次全国総合開発計画が策定されている。これらの計画が長期計画に強い影響を与えていた。

できる。しかし，この達成率は70年代後半に計画が終了する2期ではかなり向上し，地方単独事業の達成率は90％後半にまで改善されている。この時期は物価高騰が達成率の改善に寄与していた可能性もあるが，これ以前の計画が70％程度の達成率であったことを考えると，それでも改善されていたとみるべきであろう。

ところが，70年代後半を起点とする3期の計画では計画額が大幅に上昇し，物価騰貴も沈静化していた時期であったにもかかわらず達成率はその多くが100％を超えている。このことは，長期計画に含まれていた地方単独事業の達成率が60年代から70年代にかけて徐々に改善していき，70年代後半になると計画の投資額が充分に確保されていたことになる。

80年代に入って改定された4期の長期計画では，巨額の投資額を見込んでいたこともあり，達成率の落ち込みが見られる。これは，第3章で見たように「新経済社会7か年計画」に基づいて策定された地方財政収支試算の達成状況と同一の基調を示したものである。主要革新自治体の崩壊に道筋がついたところで「昭和50年代前期経済計画」はその役割を終え，79年には新経済社会7か年計画に移行した。しかし，依然伯仲国会は継続していたことから新経済社会7か年計画は昭和50年代前期経済計画同様拡張的な財政運営を維持していた。80年代前半の長期計画はいずれもこの計画をベースに策定されていたことから投資的経費を多く見込んでいた。しかし，80年に伯仲国会が解消されると，いよいよ拡張的な財政運営は放棄され，大蔵省を中心とした行財政改革が始まる。この時期の長期計画における達成率の低下はこうした事情を反映している。

伯仲国会が終わると，投資的経費の伸びは落ち着きを見せ，その後の計画では再び100％を超える水準が確保されていく。そして，この傾向は5期，6期の計画を対象に90年代後半まで継続している。4期の計画がある程度例外的な計画と捉えれば，過少積算の時期から，70年代後半にこれが是正され，その後は100％の水準が維持されていたことになる。

長期計画事業は75年度時点で道路，治山治水，港湾，清掃，都市公園が計上されており，80年度にはさらに特定交通安全施設等整備事業が加わっている。表4-13に示した事業の長期計画事業全体に占める割合はそれぞれ

83.9%，83.1%である[28]。これは道路整備の割合が突出して高いことも影響しているが，それでもここでの結果はこの時期の運用変化の全体的な傾向を示していると言えるだろう。

　60年代には70%程度の達成率しか確保できなかった長期計画があったが，70年代に入って改善が見られ，70年代後半には地方単独事業で100%を達成するようになる。このことが全体の傾向として抽出できたことは，70年代後半に長期計画においても運用の変化が生じていたことを示している。各長期計画で100%を超える水準で整備が進んだことは，少なくとも政府が長期計画の計画上の投資額に応じて地方団体に対して財源を配分していたことを示唆している。60年代から70年代前半には超過負担問題があり，財源の過少配分は常態化していた。この状況が低い達成率と連動していたのであれば，70年代に100%を超えたことは十分な財源が配分されていたことを示している。このことは70年代後半に巨額の財政移転が進んだこと，超過負担問題が是正されたこととも整合しており，地方単独事業においても裁量からルールへの運用の転換が存在していたことが見て取れる。

(3) 道路整備5箇年計画における各種事業の達成率の推移

　長期計画の中でもその事業費が最も大きい道路整備を取り上げ，その達成率の推移を見ていく。この結果から長期計画の投資額が計画に従って地方団体に配分されていく仕組みが70年代に確立していく状況がさらに明確になる。道路整備5箇年計画では，参考資料として投資額を公表しているが，その分類は有料道路事業，一般道路事業，地方単独事業となっている。この事業ごとに国土交通省では計画期間中の投資額の達成率を公表している。有料道路事業は専ら高速道路整備を中心とした国の事業費であり，一般道路事業は国と地方双方にかかわる道路整備である。これら3つの事業に関して計画ごとの達成率を見たものが図4-3である。

　これは道路整備の投資的経費についても70年代に裁量的運用からルールに

---

28) 『国の予算』では治山治水事業で事業費が計上されているため，ここでは『行政投資実績』の河川事業と治山事業の投資実績を利用して治山事業と治水事業に分割して割合を求めている。

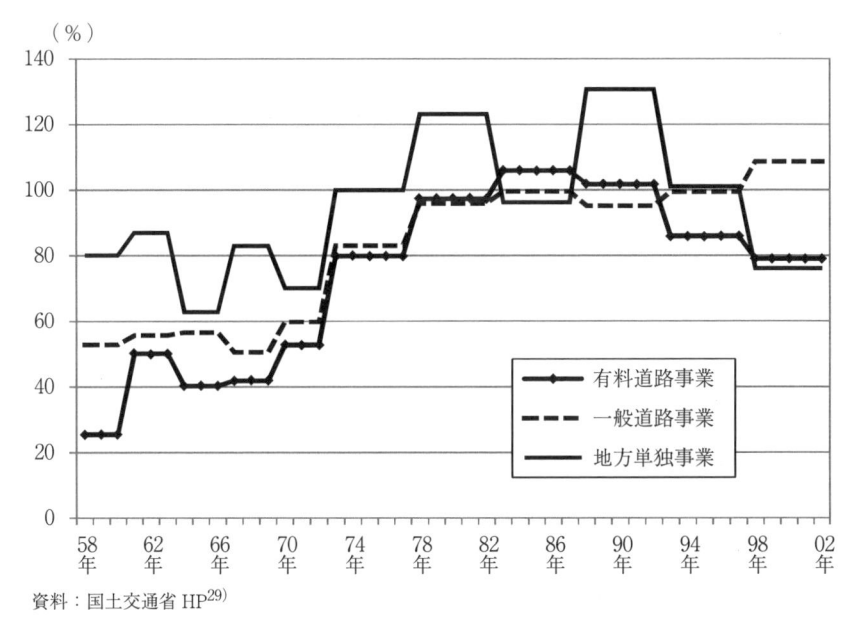

第4章　ルールに基づく基準財政需要額の拡大　　　211

図4-3　道路整備5箇年計画における達成率の推移（58-2002年度）

資料：国土交通省HP[29]

基づく運用へと転換していたことを示唆している。地方単独事業は70年代前半には100％の達成率を実現していた[30]。しかし，国の関与が大きい有料道路事業や一般道路事業では徐々に達成率を上昇させてきてはいたものの，70年代前半においては依然80％程度の達成率でしかなかった。これが70年代後半にはほぼ100％の水準にまで引き上げられ，80年代においてもこの水準は維持されている。しかも，90年代前半に主に国の事業である有料道路事業において達成率の低下が見られるが，地方団体との関わりが強い一般道路事業，地方単独事業は概ね100％の水準を維持している。このように道路整備5箇年計画の達成率を見ても70年代に改善され，80年代以降その傾向が維持されていたことを示している。90年代に入り，国の財政状況が厳しい時期に有料道路事

29）本章注25参照。
30）道路行政に一貫して関わってきた田中角栄氏が72年に内閣総理大臣となったことが，達成率の先行的な改善につながったものと考えられる。

業の達成率が低下したにもかかわらず，他の2つについては依然高い達成率が維持されていたことはルールに基づく運用が十分に機能していたと言えるだろう。

　80年代から90年代後半まで達成率がほぼ100％を維持できたことは，これに見合う財源が地方財政計画を通じて配分されていたことを意味している。80年代以降の達成率の改善がルール化の進展した結果と捉えれば，長期計画の期間内における投資額が需要額の投資的経費を決定するルールの1つとして機能していたことを示唆している。表4-13や図4-3はこうしたルールの存在を示していると言えるだろう。

6.1.4　ルールに基づく運用としての投資的経費の算定

　『制度解説』では投資的経費にも表4-1にあるように細目ごとに根拠法が記載されている。これは投資的経費でも需要額の算定が法定事務に依存してきたことを示している。例えば，道路法では道路の規格を詳細に決定し，道路法に基づく道路整備を全国で推進している。これによって一定水準を確保した道路が全国で整備されていくが，これを推進してきたのが道路整備5箇年計画である。この中で地方単独事業による道路法に基づく道路整備も位置付けられてきた。従って，補助事業か，地方単独事業かの差はあっても，いずれも法定事務として市町村が執行することを義務付けられ，法定事務として実施してきたのである。法定事務であるから国に財源措置の義務付けも発生し，これを根拠に地方財政計画に事業費が計上され，需要額として個々の市町村に配分されてきたことになる。

　これら地方財政計画の長期計画事業では，需要額の投資的経費が69年に計画的事業費算入方式に移行した際，長期計画との連携を強化している。閣議決定を経た長期計画は大蔵省も履行の義務を負うから，これを根拠に自治省が計画期間の投資額の財源措置を行い，需要額に算入する仕組みは合理的である。しかし，大蔵省は将来に亘って支出を義務付けられることを嫌ったため，大蔵省の権限が強い時期にはこの投資額はあまり意味を持っていなかった。ところが，地方財政制度の運用がルールに基づくものに転換していくと，この長期計画の投資額も意味を持つものへと変化していく。そして，70年代後半からは

長期計画で計上されている地方単独事業費が期間内に配分されていく仕組みがほぼ整ってくる。

この仕組みは地方財政計画に計上されている長期計画事業に限らず，一般事業でも支配的な手法になっていたと考えられる。表4-11を見ると，文部省や厚生省が策定している施設整備計画がこの分野の投資的経費の根拠になっている。文教施設や社会福祉施設の地方単独事業が含まれるのは一般事業費であるから，一般事業費もその多くが国の計画などに従って見積もられ，配分されてきた可能性が高いことになる。

地方財政計画の地方単独事業では，一般事業や長期計画以外にも過疎過密等対策事業，特別単独事業が大きな割合を占めている。過疎過密等対策事業では地方債の償還費を需要額に算入できるなど優遇措置が存在し，その適用には国の事前審査を伴うためにその実態は補助事業に近いものとなっている。また，特別単独事業の経費は道路，高校，河川の整備が長期的に計上されてきた。これらも地方団体が自らの意思を反映した事業というより，明らかに国の意志が反映した経費算定と解釈させざるを得ない。

地方財政計画の直轄事業負担金や補助事業などは国の事業に関連した経費算定であり，地方交付税制度にとって，政府が決定したものを単に反映したものに過ぎない。この意味でルールに基づいて決定された経費と捉えることができる。これに対し，地方単独事業には国の補助金が含まれておらず，この点国のコントロールは補助事業ほど強くはないと考えられてきた。だが，地方単独事業に占める割合が高い特別事業は明らかに国の計画や事業など，法定事務を反映したものとなっている。特別事業は80年度には地方単独事業の57.8%，2000年度には75.5%も占めており，2000年度には地方単独事業の4分の3が特別事業となっている。これらも国の予算編成の結果として決定される経費と捉えれば，補助事業と同様の性格を持っており，やはりルールに基づいて決定された経費と見るべきだろう。しかも，同様の仕組みが一般事業にも存在している可能性が高いことから，一般事業の多くもやはりルールに基づいて算定されてきたことになる。

投資的経費の算定を詳細に見ると，国の予算編成の影響を強く受けており，地方交付税制度にとって外生的に決定された経費が反映されてきた可能性が高

い。これは投資的経費にあっても法定事務を算定してきたことに起因する。従って，実際には投資的経費の算定においてもルールに従って決定されたものが多くを占めていることが想定される。このような実態はあるが，本節では投資的経費の規模や拡大に影響を与えてきたと考えられる地方債に関する規定を取り上げ，これを投資的経費のルールとして，改めて市町村を対象に検証してみたい。

6.2 地方債制度が規定する運用ルールとその検証

地方財政平衡交付金制度が運用されていた時期から地方債は政府の地方団体に対する重要な財源調達手段の1つであった。しかも，第2章で見てきたように地方債収入を拡大することで平衡交付金が減額できたため，国の一般会計の負担を軽減する措置としても活用された。このことは，52年の地方財政平衡交付金法改正で2条7号の単位費用の定義が修正されたことで制度的にも確立している。この改正で単位費用の算定から地方債収入を控除することが明記されたからである。従って，地方債収入が大きくなれば，単位費用は減額される構造が明示的に導入されたことになる。

この規定は地方交付税制度に移行しても維持されたが，56年の地方交付税法改正の際，地方債は削除され，現在の規定となった。これによって地方債収入はそれまでの独立した財源調達手段から，地方債収入が直接地方交付税の算定に影響を与えない関係に変化している[31]。

69年に需要額の算定が経常経費と投資的経費に分割されたとき，横手(1969)はその目的に地方債との連携強化を挙げている。既述したように調整事業費の算定でも地方債収入を前提としているから，小・中学校費，下水道費，清掃費ではその元利償還費を単位費用に算入する必要が生じたと述べている。そして，需要額と地方債の連携強化の具体的な内容として「単位費用の積

---

31) 56年の法改正によって地方債が削除された理由は必ずしも明確ではない。例えば，地方財政対策で地方債に振替えた額は需要額から控除されている。また，式4.1や式4.2でも地方債を控除した額を需要額に算入している。需要額から控除するのは標準的な地方債の額であって実績ではないという程度の意味であれば，手数料などとほとんど同じ状況である。この場合，法改正によって地方債を削除する必要はないと考えられる。この点はさらに検討を要する事項かもしれない。

算にあたっては，地方債の元利償還費相当分を，「小・中学校費」，「下水道費」，および「清掃費」において算入するほか，「その他の諸費」に包括的に算入することとしている」[32]。これより投資的経費に地方債の元利償還金が含まれていることは明確であるが，ここでの議論は事業費補正が適用される直轄事業や補助事業が対象で，地方単独事業に対する地方債については必ずしも明確ではない。

地方債収入の場合，債権の形態は取りながらも，その実態は銀行や郵便貯金などからの借り入れであり，地方団体の信用力は借り入れに対する調達コストに反映される。仮に一部の地方団体で信用不安が発生すると，他の地方団体の調達コストが上昇することは十分にありうる。調達コストの上昇は市町村が実施する法定事務のコストを拡大させる。これはそのまま需要額が増加することを意味するから，地方債に対する信用不安は需要額の膨張を惹起する可能性がある。従って，需要額の安定を確保するためには地方債の信用不安を回避する仕組みが必要になってくる。

地方債のほとんどは投資的経費との関連で発行されてきたから，投資的経費の決定においては地方債制度の安定性の観点から一定の制約が加えられていたかもしれない。また，地方財政計画には公債費が計上されているが，ここで計上されている額と，需要額で算定されている公債費には大きな乖離がある。地方債には特定の市町村しか発行できないものがあり，こうした地方債の償還費を標準的な算定方法で分配すると，実際に発行した市町村に十分な財源が配分できない恐れがある。こうした問題があるため，需要額の場合，これを個々に算定して公債費に算入する手続きが取られている。これに対してすべての市町村が発行できる地方債は標準的な算定方法で財源配分ができる。地方財政計画に計上されている公債費と需要額に算入されている公債費の差額は標準的な算定方法で市町村に配分されることになるが，これを計上できる経費は投資的経費しかない。投資的経費が公債費を担うことになれば，地方債制度は投資的経費に対して一定の制約，すなわちルールを設定していた可能性が高いと言える。本章は投資的経費の算定からこのルールを抽出することで，単年度におい

---

32) 横手（1969）52頁参照。

ても一定の制約が存在していた可能性を明らかにしてみたい。

6.2.1 起債制限比率による投資的経費の算定ルール

地方債の発行には，地方財政法第5条の4を根拠に起債制限比率で20％を超える地方団体に対し，発行できる地方債を制限する規定が置かれてきた。起債制限比率を簡便に説明すると，借換債などによる償還を除いた地方債の実質的な償還額を分子に，地方債の償還に当てられる一般財源を分母にその比率を求めたものである[33]。

地方債の償還に充てられる財源には標準財政規模を用いており，これは不交付団体にあっては収入額に留保財源[34]を加えたもの，交付団体にあっては需要額に留保財源を加えたもので，個々の地方団体における一般財源の総額を意味する。つまり，実質的な償還額が一般財源の20％を超える地方団体に関しては自治省が管理するという規定であるが，このことは裏を返せば起債制限比率の20％まで自由に償還を増やせる，あるいはこの水準まで起債の自由を認めていると解釈できる。しかしながら，国が一般財源の20％まで地方債の償還に充てることを法的に認めたとしても，実際の市町村に償還能力がなければ，地方債に信用不安が生じ，制度そのものが毀損していく可能性はあるだろう。

投資的経費は補助事業の市町村負担分のように国の一般会計の影響を直接受ける経費に加え，国の長期計画などによって決定される経費で占められている。前者は一般会計に経費が計上されなければ発生しない。後者は，計画期間で確保すべき投資額の総額が決められていたとしても，年度間の配分が変更可

---

33) 『地方財政小辞典』によれば，$\{A-(B+C+E)\}/\{D-(C+E)\}$ から得られる計数の3ヵ年平均である。Aは元利償還金，BはAに充てられた特定財源，Cが災害復旧費の需要額への算入分，Dが標準財政規模，Eは事業費補正で需要額に算入された額である。

34) 留保財源は地方財政平衡交付金制度で導入されたが，その理由は地方税の徴税努力を促すことにあった。このことは，例えば，50年4月27日の衆議院地方行政委員会などにおける地方財政平衡交付金法案の提案理由などからも明らかである。藤田（1976）はこの当時の地方税の徴収率が都道府県で74％，市町村で80％と説明している（同書296頁）。留保財源を30％に設定することで，地方団体に徴税努力を促すことが意図されていたのである。

能であることを利用すれば，交付税財源が十分に確保できない時に減額できるだろう。仮に交付財源が十分でない時，標準財政規模の10％しか投資的経費を計上しなかったとしよう。この場合，既に標準財政規模の15％を公債費に充てていた市町村では起債制限比率が20％以下にもかかわらず，地方債の償還原資が確保できない可能性が出てくる。こうしたことが頻発すれば，起債制限比率が20％以下の市町村であっても地方債の償還に支障をきたすと金融機関が判断し，地方団体に対する融資条件を引き上げることも考えられる。そして，このような動きが広がれば，地方債制度そのものの信用が低下することにもなりかねない。

仮に標準財政規模の25％分の投資的経費を常に確保するとしたらどうだろう。通常の財政運営を行えば，25％分の財源が確保されているから起債制限比率が20％以下の市町村で償還に問題が生じることはない。しかも，20％を超えれば，自治省が管理できるので，地方債制度全般に問題が波及する可能性は極めて低い。従って，地方債制度との連携を考えれば，投資的経費を標準財政規模の20％以上に保つことは非常に合理的である。以下では，これが実際の投資的経費から抽出しうるかを検証する。

6.2.2 起債制限比率によるルールの検証

(1) 標準財政規模の20％の制約の抽出

起債制限比率を正確に算出するのは困難なため，標準財政規模に対する投資的経費の割合で近似的に検証してみる。なお，標準財政規模には需要額に留保財源分となる地方税収の25％を加えたものを充てた。

図4-4は需要額が経常経費と投資的経費に分割された69年度以降の推移であるが，20％が下限として機能してきたことを示唆している。これは，すなわち投資的経費の算定に地方債制度が影響を与えてきたことを示しており，起債制限比率20％というルール（以下，20％ルールという）が投資的経費の算定に対して1つの制約を与えてきた結果と考えられる。

市町村で唯一20％を割り込んでいるのが76年度である。75年度と76年度は既に見てきたように超過負担の是正が大幅に実施された時期であった。地方財政計画に計上されている職員数を見ても，地方団体全体で32万人も追加さ

資料：地方財政，地方財政統計年報

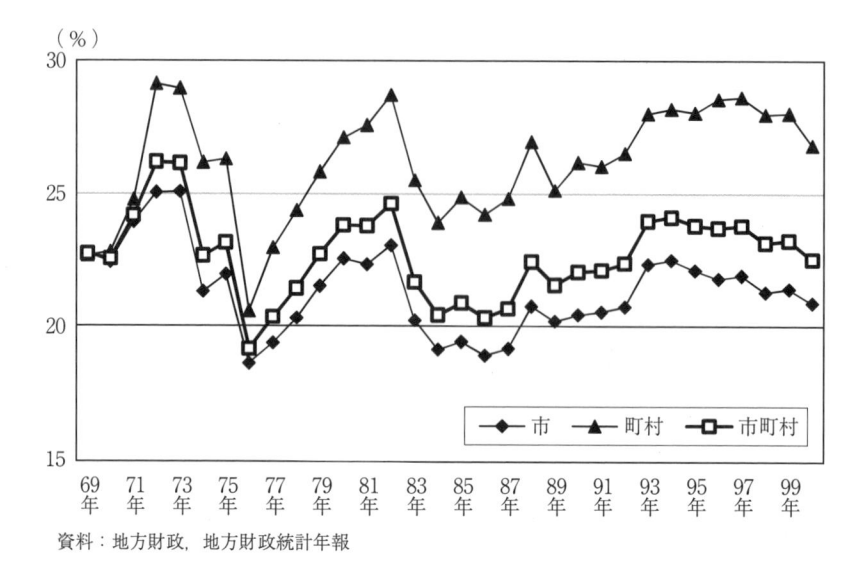

図4-4　標準財政規模に占める投資的経費比率の推移（69-2000年度）

れており，こうした職員の給与関係費が標準財政規模を引き上げていたことを考えれば，20％ルールの下では投資的経費も大幅に拡大せざるを得ない。この時期に20％を割り込んでいたことは，経常経費の是正が大幅に進められた結果，これに合わせて投資的経費が確保できず，20％ルールを維持できなかった可能性を示唆している。ただし，超過負担の是正は投資的経費も拡大させていたから20％ルールの維持が困難であっても，建設事業に充当できる財源自体は増加していたため，深刻な問題が生じなかったと考えられる。加えて，この時期の地方債発行は1件ごとに国による審査が行われていたから，発行額も低く抑制され，発行余力が十分に確保されていた。この状況で仮に20％を割り込んだ配分を行ったとしても問題は発生しないと判断されたことも理由と言えるだろう。

　次にこれが問題となるのは83年度以降で，かろうじて20％ルールが維持されていた時期である。このときは大蔵省が推進した財政再建が影響している。革新自治体の脅威が失われ，伯仲国会が終了すると，累積した債務の処理が始まる。この中で補助金の整理が行われたため，国庫支出金は削減され，これに

伴い建設事業費などの市町村負担分は減額されている。その一方で需要額の経常経費はルールに基づく運用を確立すべく，経費の拡大を図ったことから，これが標準財政規模の拡大を惹起し，伸びを欠いた投資的経費の比率を引き下げる結果となっている。

　85年度，86年度には補助率50％を超える国庫負担金で補助率の引き下げが行われている。これは土光臨調による財政再建策の一貫として実施されたが，これで単位費用の積算基礎が増加した。補助率が段階的に引き下げられ，単位費用に算入する市町村負担分を拡大したからである。これが標準財政規模を増加させている。80年代前半にも投資的経費は6,050億円あまり増えたが，それにもかかわらず経常経費の拡大が大きかったために起債制限比率は低下したのである。このような状況でも20％ルールは少なくとも市町村全体では維持されていたことになる。

　このように市部と町村部で違いがあるとしても，市町村全体で見ると，標準財政規模の20％が強い制約として機能していた可能性は極めて高い。市町村全体で20％の規模を確保し，個々の市町村に配分する際にその財政力を考慮したことで，結果として市部と町村部の比率に乖離が発生していたことが考えられる。このことを次項で確認していく。

(2) 留保財源に対する償還能力の調整

　横手（1969）は投資的経費の算定では地方債の償還能力の差を考慮する必要があると説明している[35]。個々の市町村の償還能力を調整していれば，市部と町村部の差はこの調整結果を反映したものと言えるだろう。

　既述したように標準財政規模は需要額に留保財源を加えたもので近似できる。このように捉えると，考慮すべき償還能力の差は留保財源に依存することになる。従って，相対的に留保財源の少ない町村部に多くの投資的経費を配分し，留保財源を見込むことのできる市部に対しては町村部より少ない配分を行うといった傾斜配分を採用することで市部と町村部の違いが生じてきたものと考えられる。

---

35) 横手（1969）43頁参照。

表4-14 市部と町村の標準財政規模に対する投資的経費と保留財源の比率　　　単位：%

年度	投資経費/標準財政			留保財源比率				合 計 比 率			
	全体	市部	町村	全体	市部	町村	差分	全体	市部	町村	差分
76年	19.2	18.7	20.6	15.6	18.0	9.2	8.8	34.8	36.7	29.9	6.8
77年	20.4	19.4	23.0	16.0	18.5	9.5	9.0	36.4	37.9	32.5	5.5
78年	21.5	20.4	24.4	15.7	18.2	9.2	8.9	37.2	38.6	33.6	4.9
79年	22.8	21.6	25.8	15.9	18.4	9.5	8.9	38.7	40.0	35.3	4.6
80年	23.8	22.6	27.1	16.3	18.8	9.9	9.0	40.2	41.4	37.0	4.5
81年	23.8	22.4	27.6	16.3	18.8	9.9	8.8	40.1	41.1	37.5	3.6
82年	24.6	23.1	28.7	16.5	18.9	10.1	8.8	41.1	42.0	38.8	3.2
83年	21.7	20.3	25.5	17.4	19.9	10.7	9.2	39.1	40.2	36.2	4.0
84年	20.5	19.2	23.9	18.1	20.7	11.2	9.5	38.6	39.9	35.1	4.7
85年	20.9	19.5	24.9	18.1	20.6	11.3	9.3	39.0	40.1	36.2	3.9
86年	20.4	19.0	24.2	18.2	20.7	11.4	9.3	38.6	39.7	35.6	4.1
87年	20.7	19.2	24.8	18.8	21.4	11.6	9.9	39.5	40.6	36.4	4.2

注1：「投資経費/標準財政」とは標準財政規模に占める投資的経費の割合で，「留保財源比率」も標準財政規模に占める留保財源の割合，「合計比率」は2つの合計のことをいう。
注2：留保財源には地方税収に25％を乗じた額を充てている。
資料：地方財政，地方財政統計年報

　留保財源の違いを地方債の償還能力の差と捉え，これを考慮して市部と町村部を比較したのが表4-14である。ここでは市部が20％を割り込んでいる時期を対象に把握している。表中，「投資経費／標準財政」とは標準財政規模に占める投資的経費の割合で，これは図4-4を単に数値化したものである。「留保財源比率」とは標準財政規模に占める留保財源の割合であり，「合計比率」はこれら2つの計数を合計したものである。ただし，留保財源には地方税収に25％を乗じた額を充てている。
　この結果を見ると，留保財源比率では市部と町村で10％近い差があり，留保財源をすべて投資的経費に充当するとすれば，市部の償還能力が高くなる。だが，投資的経費を市部と町村部で傾斜配分した上で留保財源を加えた合計比率で見ると，市部と町村の差は4〜5％と半減しており，留保財源の差を大幅に是正している。
　留保財源を加えると，市，町村ともすべての年度で20％を大きく超過しており，超過負担問題を考慮しなければ，起債制限比率が20％近い市町村でも

数字上は償還財源が十分に確保できることが分かる。このことから市部と町村部で投資的経費の配分を変えることは留保財源の格差を調整して償還能力を均衡化する機能を果たしていたことを示唆している。

6.3 ルールによる需要額の増加

前項では，地方債制度で利用されている起債制限比率20%の規定から自治省が市町村の償還能力を保障してきたと仮定し，これを検証してきた。この結果，起債制限比率20%が投資的経費に対して制約になってきた可能性が高いことが分かった。地方債制度の安定性が投資的経費算定の重要な基準となれば，投資的経費を少なくとも標準財政規模の20%分確保していくことは自治省にとって義務的なルールとなる。ここではこのルールに基づく投資的経費の増大を試算してみたい。

試算に当たってまず標準財政規模を需要額SFRと留保財源RBの合計で近似すると仮定する。このとき，投資的経費Iが標準財政規模の20%で決定されるとすると，標準財政規模に需要額と留保財源を充当して式4.3が得られる。さらに需要額SFRは経常経費Eと投資的経費I，公債費等Rで構成されているから，これらを代入すると，式4.4となる。

これを投資的経費Iで解くと，式4.5になる。これより投資的経費は経常経費と公債費等，留保財源を加えた額の25%になることが分かる。

$$I = 0.2\,(SFR + RB) \qquad (式4.3)$$
$$I = 0.2\,(E + I + R + RB) \qquad (式4.4)$$
$$I = 0.25\,(E + R + RB) \qquad (式4.5)$$

この試算結果をまとめたものが表4-15である。表では式4.5から投資的経費の「概算値」を算出し，これを「実績値」と比較している。なお，経常経費と公債費等は『地方財政』の値を利用し，留保財源は地方税収に市町村の留保財源比率25%を乗じた値である。また，投資的経費の実績値も『地方財政』を利用している。

この3つの経費に基づく投資的経費の概算値は80-2000年度の実績値の90.5%，80-90年度では98.3%である。概算値と実績値がほぼ一致する状況は

表4-15 20％ルールによる投資的経費の試算（80-2000年度）　　　　単位：10億円，％

	80-90年		90-2000年		80-2000年	
	実　数	構成比	実　数	構成比	実　数	構成比
経常経費	5,427	63.8	4,717	82.2	10,208	71.2
公債費等	1,116	13.1	484	8.4	1,613	11.2
留保財源	1,963	23.1	539	9.4	2,524	17.6
合　計	8,506	100.0	5,739	100.0	14,345	100.0
投資的経費	実　数	対需要額	実　数	対需要額	実　数	対需要額
概算値	2,126	24.4	1,435	20.5	3,586	22.8
実績値	2,164	24.9	1,799	25.7	3,963	25.2
概算/実績	98.3	－	79.8	－	90.5	－

資料：地方財政，地方財政統計年報

3つの費用が巨額なため，投資的経費を需要額で確保することが困難であったことを窺わせる。90-2000年度には，公共事業基本計画の導入やバブル崩壊に伴う財政政策の実施などによって投資的経費が拡大したため，3つの経費による影響は79.8％に低下する。こうして引き上げられた比率も図4-3を見れば分かるように過去の水準と比べて突出したものではない。しかし，この水準を確保するために，この時期，1兆8千億円も投資的経費を追加している。この結果，需要額全体の増加額に占める割合は25.7％に至っており，需要額を膨張させる大きな要因となっていたことは明らかである。

6.4　投資的経費における運用ルールとその考察

投資的経費でも主要な算定対象が法定事務となっているから法律に基づくルールに従って算定されてきた可能性は高い。本章はこうした状況を見た上で，地方債制度との関連から投資的経費における20％ルールを提示し，検証してきた。ここではこの20％ルールについて改めて整理し，20％ルールに関して幾つかの観点から考察する。そして，これらを踏まえて市町村の財政運営との関係を議論し，さらには20％ルールの課題についても明らかにしていきたい。

6.4.1 投資的経費の運用ルール

(1) 標準財政規模の 20％の制約の抽出

20％ルールは地方財政法 5 条の 4 が規定する起債制限比率から派生したもので，市町村の償還能力を担保することで，地方債制度を安定的に運用することに寄与するルールであった。このルールの下で仮に自治省が投資的経費を標準財政規模の 20％以上で確保し，市町村が通常の財政運営を行っていたとすれば，市町村は必ず地方債の償還原資を調達できる。少なくとも投資的経費以外の経費を法律に従って支出していれば[36]，必ず財源が確保できる仕組みになっている。実際，投資的経費の導入以来，市町村の場合，20％ルールがほぼ維持されてきた。特に需要額算定がルールに基づく運用へと転換した 80 年度以降，20％ルールは市町村全体では維持されており，投資的経費のルールとして機能してきたと言えるだろう。

さらに本章では，横手（1969）の指摘に従い，償還能力の格差を是正するような運用についてもこれが機能していることを確認した。横手（1969）は投資的経費の算定では地方債の償還能力の差を考慮して決定する必要があると述べているが，実はこれこそ投資的経費が地方債の償還能力を重要な算定根拠としてきたことを意味している。

投資的経費の算定で市町村間の償還能力の格差を考慮しているという説明は，そもそも投資的経費が償還能力を担保していなければ成立しない。市町村間の細かい償還能力の格差を調整しながら，償還能力自体が考慮されていないのであれば，格差を調整する意味はない。償還能力がなければ，地方債制度は毀損するから，その格差だけを調整する理由がないことは当然である。仮に投資的経費が地方債の償還能力に合わせて決定されるのであれば，法律の規定である 20％ルールがこの役割を果たすことになる。少なくともこの横手（1969）の説明は 20％ルールの存在を強くサポートしている。そして，地方債制度の安定を担保するように投資的経費が確保されると，その具体的な支出を決定していたのが国の長期計画などであった。以下では 20％ルールと国の社会資本整備との関係を考察していく。

---

36) このことは次章で具体的に議論している。

(2) 20％ルールと計画的事業費算入方式との関係性

投資的経費の算定は69年度に減価償却費算入方式から計画的事業費算入方式へと移行した。これは市町村が標準的に整備する社会資本を想定し，その減価償却費を投資的経費として配分する方法から，国の社会資本整備に積極的にリンクする仕組みに転換したことを意味している。つまり，国の社会資本整備を市町村が積極的に推進していく役割を担ったのである。

計画的事業費算入方式は，国の長期計画や事業計画などに市町村の建設事業を組み込んでいく仕組みであるが，20％ルールを導入することで自治省が関係省庁の社会資本整備を財政的にコントロールしていくことが可能になるかもしれない。例えば，国の経済計画などで設定された経済指標に従って計画期間の標準財政規模の伸びを決定すると，需要額の投資的経費の規模が決まってくる。これから既に発行している公債費の計画期間中の償還分を控除すると，実際の社会資本整備に充当できる投資的経費の一般財源の総額が決定できる。これを社会資本整備を所管する省庁の計画に配分し，長期計画ではこの一般財源分を踏まえ，国庫支出金や地方債充当率などを考慮して事業費の総額を決め，計画目標を設定する。あるいは計画目標から事業費が出るからこれを自治省と交渉して，計画上の投資額を決定するといったことになる。こうして各社会資本整備計画では，将来の具体的な事業規模を織り込んだ目標設定が可能になり，補助事業や地方単独事業を含めた整備計画が策定できる。

全ての長期計画で確認できたわけではないが，70年代後半からは長期計画に計上されていた地方単独事業費が計画期間内に市町村などに配分され，これが当該計画に則して支出されていたことを見てきた。こうした運用が定着すると，20％ルールで確保しなければならない建設事業費を事前に各長期計画に割り当て，その額が市町村などに配分されていく仕組みが確立する。これによって常に標準財政規模の20％を上回る投資的経費が確保できれば，自動的に地方債制度の安定性も担保できる。この仕組みが機能すれば，地方債に対する政府保証を敢えて主張する必要もない。しかも，長期計画に従って市町村が支出することになれば，長期計画自体の実効性も担保できるから，国にとっては極めて合理的な仕組みとなるのである[37]。

(3) 20％ルールによる需要額の調整機能に対する制約

　20％ルールは投資的経費に期待される，財源に対する調整機能に制限を加えてきた可能性がある。裁量制の時代には超過負担が存在していたために積算基礎が低く抑えられ，需要額を裁量的に調整する余地は大きかった。しかし，67年度以降超過負担が是正されていくと，積算基礎が拡大する一方で，法定事務の増加や地方税の減税，国の一般会計の負担軽減などから，新たに職員数の調整に裁量的運用を拡大せざるを得なかった。需要額の運用が徐々に困難になっていく過程で需要額の算定は経常経費と投資的経費に分割されたのである。

　投資的経費は経常経費と異なり，各年度に確保する事業量が決まっているわけではないから交付税財源に合わせて需要額全体を調整する役割を担うことができる。69年度に投資的経費の分割算定が実施された際には，地方財政計画の職員数にまで拡張していた裁量を担う役割が期待されていたかもしれない。しかし，この役割も20％ルールや長期計画における事業費の総額があると，単年度では20％ルールが，長期的には各長期計画の投資額が制約となる。

　70年代後半に超過負担の是正が進んでいくと，これらのルールが投資的経費の調整能力に制約を加え，この結果交付税財源が十分に確保できない場合には地方財政対策が実施されることになる。80年度以降地方財政対策が頻発したことは，投資的経費が持つこの調整機能では需要額を交付税財源に調整することが不可能になっていたことを意味するが，20％ルールはこの機能不全に強く関わっていた可能性がある。このことはこのルールが投資的経費の拡張に寄与していたことを示唆しているが，これらの問題については6.4.3項で改めて扱っていく。

(4) 投資的経費の運用における裁量からルールへ

　地方交付税制度は地方財政制度の基幹制度として，法定事務に対する財源保

---

37) この仕組みがあれば，地方債に対する償還能力は，極論すれば個々の市町村の財政力やその市町村を含む地域の経済力とは関係がないことになる。これは市町村が法定事務を執行する限り，その財源を国が保障する日本独特の地方財政制度に起因する。このことは，この種の構造を無視して一般的な経済理論を紋切り型に適用することにほとんど意味がないことを示唆している。

障機能を担ってきた。経常経費では関係省庁が所管する地方制度を算定根拠としているが，これが経常経費の運用のルール化を促す構造になってきた。投資的経費においても同様の構造が存在しており，しかも70年代を通じてルール化が進展してきた。

表4-11で整理したように款別費目は国の5ヵ年計画を反映したものとなっており，投資的経費においても国の制度を算定根拠としてきた。さらに20％ルールは主に標準事業費と結びついて国の計画全体に整合性を与えてきたものと考えられる。そして，表4-13から投資的経費の地方単独事業に関しても70年代を通じて裁量的運用からルールに基づく運用への変化が見て取れる。道路整備については田中角栄首相の登場で先行的に長期計画が達成されるが，他の計画も随時達成率が引き上げられ，80年代には長期計画の地方単独事業は100％の達成率を確保している。

ここで示した長期計画は地方単独事業の達成率が評価できるものに限定したが，70年代後半以降，計画がほぼ予定通り進捗していたことが分かる。この結果は，制度的には担保されていた投資的経費の法的仕組みに対して，70年代に運用面で改善が進んでいたことを示している。このことは第3章で見てきた需要額算定の裁量からルールへの移行過程が投資的経費でも進んでいた結果である。

長期計画の達成率から投資的経費においても国の制度運用が裁量からルールへと移行していたことを見てきたが，この結果は単に国の運用がルール化したことに留まらない。達成率は，国が長期計画に従って財源を配分し，その上で地方団体が計画に従って経費を支出しなければ実現しないからである。地方自治法232条2項によって国が委任事務の財源措置を義務付けられ，さらに232条1項で市町村が法定事務の支出を義務付けられているが，これらの規定が同時に成立してきたことを物語っている。つまり，長期計画の達成率を見る限り，地方財政制度の基本法の規定がかなり有効に機能してきたと捉えることができる。このことは，投資的経費においても80年度を前後してルールに基づく運用が実現しており，これが投資的経費の支出をコントロールしてきたことになる。

6.4.2　20％ルールの市町村の財政運営に対する影響

　70年代後半になると，各種長期計画の達成率が100％を実現していたことは，国の財源配分に則して市町村などが社会資本整備を行ってきたことを意味している。このことから投資的経費においてもそれほど大きな裁量が市町村に与えられてきたとは考えにくい。しかし，市町村も地方債を発行することで投資的経費の財源を獲得できるから，これを活用して社会資本整備を積極的に拡大していくことも可能である。特に法定事務に対する財源が充足されていくと，市町村が留保財源などから補塡する必要もなくなり，事業の自由度も大きくなる。少なくとも80年代にはこうした状況が実現しているが，この条件下で20％ルールが市町村の財政運営にいかなる影響を与えるのか考察してみたい。

　20％ルールは毎年度の投資的経費の安定的な確保に寄与するから，市町村が計画的に事業を進める上で大きな効果があったとは言えるだろう。標準財政規模の20％以上を投資的経費として確保するというルールは，公債費を控除したとしても，超過負担がなければ，建設事業の一般財源分に対してかなり大きなシェアとなるからである。

　市町村は投資的経費が配分されると，まず過去に発行した地方債の公債費をこれから控除しなければならない。ただし，公債費のうち，需要額に別途算入されているものは除くことができ，しかも通常公債費は標準財政規模の20％を下回るから必ず投資的経費に充当できる財源が残る。これを建設事業に配分するが，将来の事業のために積立金として支出する場合と，当該年度の建設事業に充てる場合が考えられる。

　後者の建設事業を実施する場合には，これに充てる一般財源を決定することになるが，一般財源で確保できない事業費については地方債で確保することになる。この際，一般財源を多く充当すれば，地方債の発行は少なくなり，後年度の公債費負担も軽減できる。しかし，一般財源を少なくすると，地方債が増加するから将来の公債費負担が拡大し，標準財政規模に占める公債費の割合が上昇する。投資的経費が標準財政規模の20％程度に決まっていれば，その中で公債費の比率が増加すると，建設事業に振り向けることのできる財源は減少する。つまり，20％ルールを維持すると，公債費と投資的経費はトレードオフ

の関係になり，この仕組みの中で市町村はそれぞれの選択を行うことになる。

仮に市町村が積極的に地方債を発行し続けると，起債制限比率が20％を超える可能性が出てくる。この場合自治省がこの市町村の財政運営を管理することになるが，多くの市町村は通常これを回避したいから建設事業を抑制することになる。

このように見ていくと，20％ルールは，市町村にある程度の裁量を与えながら，地方債制度の安定性を確保していくには合理的な仕組みであると言える。市町村には，事業の実施時期や実施場所に対する裁量があり，一般財源と地方債の比率を決定することができる。こうした裁量は，直轄事業負担金や国の補助事業ではほとんど存在しないが，国の計画に計上されている地方単独事業の場合には事業費の節約努力や，経費の負担割合などに市町村の自由度があると考えられる。実施時期については計画期間内にある程度実施する必要があるかもしれない。これに対して，市町村の庁舎施設などはこれらの事業に比べると，大きな裁量が市町村に与えられている可能性が高いし，地方単独事業で節約努力を行えば，その節約分が別の事業費に充当できるかもしれない。このように20％ルールは地方債制度を安定させ，国の社会資本整備の長期計画に計画性を与えながらも，市町村の財政運営にもある程度の裁量がある。この点からも20％ルールはかなり合理的な仕組みであると言えるだろう。

6.4.3　投資的経費の運用ルールの問題点

起債制限比率20％の運用ルールは社会資本が決定的に不足していた時代に形成されたものである。しかし，これがある程度充足し，さらに対人サービスへとシフトしていく時代にあって，その仕組みが過大な財政移転を生んできたという批判は的を射ているかもしれない。

経常経費の算定では地方独自の行政サービス[38]はほとんど見込んでおらず，国が指示するサービス供給に盲従すると，交付団体である市町村の場合，余剰金はほとんど残らないと考えられる[39]。だが，こうした不足を投資的経費が補い，さらにこれが財政錯覚と判断できるような過剰な財政移転や需要額の膨張

---

38) ここでいう地方独自の行政サービスとは表1-2の法定事務以外の事務で，地方単独事業のうち法律ではなく，主に条例に基づいた事務のことである。

をもたらしてきた可能性はある。

　この観点から起債制限比率20％の運用ルールの問題点を2点指摘しておきたい。1点めは市町村における行政サービスに質的な変化が生じる中，運用ルールが必ずしもこれに対応してこなかった問題である。市町村が対人サービスにシフトすれば，人件費など経常経費が拡大することは当然としても，投資的経費とのリンクが修正されてこなかった。経常経費が投資的経費を拡大させる仕組みは経常経費の拡大が著しいだけに過剰な財政移転の原因となってきたことを示唆している。

　行政サービスが対人サービスにシフトすると，標準財政規模の拡大を通じて投資的経費を増加させる。これによって投資的経費は過剰になるが，同時に国の社会資本の整備計画も拡張することになる。標準財政規模の20％を確保することは地方債制度を安定させるためであるから，この仕組みを維持すれば，標準事業費は標準財政規模に合わせて決定されていく。これが国の長期計画における地方単独事業に反映されれば，長期計画も過剰な建設事業を位置付けることに寄与する。つまり，20％ルールは国と地方，双方の投資的経費を同時に拡張する効果があったと言えるだろう。

　2点めは補助率の引き下げが投資的経費を押し上げる構造になっていたことである。補助率が，例えば9割から5割に引き下げられると，4割分が需要額の経常経費に算入されるが，これが標準財政規模の上昇を通じて投資的経費をその25％拡大させてしまう。これにより需要額全体では5割分増加するのである[40]。

　地方分権による国庫補助率の引き下げや地方への事務移譲が行われると，その経費の125％の需要額が新たに増加してしまう。これは地方分権などの時代背景の下では問題のある仕組みであったと考えざるを得ない。

　ここでは，投資的経費の運用ルールを起債制限比率20％に求めて検証した。

---

39) 国庫補助で常に超過負担が問題となっていたことからも明らかで，国の経費見積もりは常に過少であった可能性が高い。石原（2000）では，需要額の算定で国庫支出金の地方負担分については独自の算定は行わないため，超過負担の問題は解消されないと述べている。

40) ここでは補正係数の影響は考慮していない。

これは地方債制度の信用力を保障することを目的とした仕組みであり，市町村の償還能力を担保するために地方交付税制度が投資的経費を配分することで保障してきたものと考えられる。だが，一方で需要額の自己増殖的な仕組みとして機能し，これが投資的経費の拡大に寄与してきた可能性が高い。実際，投資的経費では80-2000年度の需要額における増加額25.2%に対し，このルールによる増加がその90.5%（需要額全体に対する割合は22.8%）を占めている。つまり，投資的経費の増分のほとんどがこのルールによって増加してきたことになる。これが生じてきた最も大きな理由は社会資本整備に深刻な不足が生じていた時代に制度化されたルールを経常経費が膨張していく時期に維持してきたことである。これが過大な財政移転と批判される要因となってきた可能性は高いと言える。

7. ルールに基づく運用の需要額拡大への影響

70年代後半になると，地方財政制度の基本法に基づいて関係省庁の地方制度を再編している。80年度以降これらの基本法を基準に制度運用が進められていく。本章はこの時期に需要額の拡大に寄与したルールを特定し，これを具体的に検証してきた。検討結果を踏まえ，本章の結論として2つの観点から分析を加えていく。1つは特定したルールによって拡大した需要額を具体的に推計し，これを評価することである。2つめはルールに基づく運用を前提に需要額と収入額の連動性を再検討することである。

7.1 80年度以降のルールに基づく運用とその効果

地方交付税制度は，財源保障の規定から他の地方制度との連携を図ってきた。これは単位費用の算定に顕著であり，そのすべてが法定事務を維持するための経費と言ってもよいだろう。本章で取り上げた運用も，省庁別シェアを除けば，法律に基づく運用であった。ここで扱った運用が需要額の拡大に与えた影響を評価することが7.1項の目的である。

本章で扱ったルールに基づく運用によって増加した需要額を整理したのが表4-16である。「経常経費」には「給与費等」と「厚生労働費（除給与費等）」

の増加額を掲載し,「投資的経費」には20％ルールに基づく投資的経費の増加額を示している。投資的経費ではルールに基づいて拡大した給与費等と厚生労働費（除給与費等）の影響も別途算定している。そして,「需要額増加額」にはこれらの経常経費と投資的経費の総額を掲載している。ここでは経常経費と投資的経費の合計を「ケース1（①＋②）」に記し，これに「公債費等」を加えた額を「ケース2（①＋②＋④）」に掲載している。既に指摘したように需要額に計上されている公債費は国の制度などに伴って発行されたもので，明らかにルールに従って計上された公債費である。この理由から公債費を加えたケースを示している。

　これらを改めて見ていこう。まず，給与費等需要額では給与単価が国家公務員の給与に準じて決定されてきた。これは地方公務員法24条と国家公務員法64条から導出された運用であり，職員数に対しては省庁別シェアが強い制約となってきたことを明らかにした。

　省庁別シェアは強い制約だが，その前提に法定事務の執行体制として確保すべき職員数が存在してきたことがある。つまり，法定事務の財源保障を国に課しているから，その経費算定には当然組織の執行体制は含まれているはずであり，そのための経費を計上する必要がある。このことが職員数の決定の前提にあるが，その一方で特定の職員数の膨張圧力に対して省庁別シェアを設定することで一定の制約を加えてきた可能性もある。

　これら2つの法律と省庁別シェアによる運用ルールによって給与費など需要額は増大してきた。そして，その増加額は80-2000年度に給与単価が倍増したことから4.7兆円であり，このうち3分の2は80-90年度に増加している。

　厚生労働費（除給与費等）では国庫負担金の市町村負担分と繰出金を対象にルールに基づく経費を抽出した。ここでの運用ルールは地方財政法10条，11条，11条の2によって決定されている。これらをルールとして，80年度から2000年度までにこれによって増加した厚生労働費（除給与費等）を算出すると，補助率の引き下げなどの影響も手伝って2.3兆円の増加を見ている。これは80年度の当該需要額が2000年度に6.9倍になったことを意味している。この経費は特に90-2000年度の増加額が大きく，80-90年度の1.6倍の金額が追加されている。

表 4-16 ルールに基づく運用による需要額の増加額　　　　　　　　単位：10億円，％

項　目 / 年　度	80-90	90-2000	80-2000
経常経費			
給与費等	3,236	1,465	4,701
厚生労働費（除給与費等）	864	1,388	2,252
経常経費小計（①）	4,100	2,853	6,953
対経常経費比率（①/⑥）	75.6	60.5	68.5
対需要額比率（①/⑤）	47.1	40.8	44.3
投資的経費（20％の場合）			
標準財政規模を基準（②）	2,126	1,435	3,561
うち①の経常経費分（③）	1,025	713	1,738
対投資的経費比率（②/⑧）	98.3	79.8	89.9
構成比（③/②）	48.2	49.7	48.8
対需要額比率（③/⑤）	24.4	20.5	22.7
公債費等（④）	1,116	484	1,600
需要額増加額			
ケース1（①+②）	6,226	4,288	10,515
対需要額比率（(①+②)/⑤）	71.5	61.3	66.9
対3費目比率（(①+②)/⑦）	94.7	82.2	89.2
対需要額比率（(①+②)/(⑥+⑧)）	82.0	65.8	74.5
ケース2（①+②+④）	7,343	4,772	12,115
対需要額比率（(①+②+④)/⑤）	84.3	68.2	77.1
需要額増加額（実績値）（⑤）	8,707	7,000	15,707
経常経費増加額（実績値）（⑥）	5,427	4,717	10,144
3費目増加額（実績値）（⑦）	6,572	5,218	11,791
投資的経費増加額（実績値）（⑧）	2,164	1,799	3,963

　経常経費の膨張は標準財政規模の増嵩を通じて投資的経費の拡大を促す効果がある。この効果は地方財政法5条の4を根拠とした起債制限比率20％に起因したもので，投資的経費ではこの起債制限比率から派生したルールを取り上げた。これは地方債制度の安定性を確保するための仕組みであるが，同時に社会資本整備の長期計画にも実効性を与える仕組みでもあった。このルールによる増加額は80-2000年度で3.6兆円になり，投資的経費の増加額の89.9％を占めている。20％ルールの影響は80-90年度には全体の98.3％であり，ほぼこれだけで投資的経費の増加額を占めている。ルールに基づく投資的経費の増

加額は需要額全体に対する比率で見ても，80 - 90 年度が 24.4％，80 - 2000 年度の通期で捉えても 22.7％となっている。そして，この投資的経費の半分は給与費等と厚生労働費（除給与費等）によって引き起こされていたことが分かる。

本章では 80 年度以降を対象にルールに基づく運用を抽出し，これが需要額の拡大に与えた影響を検証してきた。法律としては 6 つの条文を特定し，省庁間のルールも含め，その影響を定量的に明らかにした。80 - 2000 年度に需要額は 15.7 兆円増加しているが，このうち 10.5 兆円，66.9％が特定したルールによる影響であることが分かった。特にルールに基づく運用を特定した 3 つの費目に限定すると，80 - 90 年度で 94.7％，90 - 2000 年度で 82.2％，80 - 2000 年度では 89.2％となっており，3 つの費目全体に占める特定したルールの影響は極めて大きくなっていることが分かる。

全需要額に含まれている公債費等は既述したように政府の政策に伴う地方債の償還費であり，これを含めるとさらに 10％上昇することになる。あるいは経常経費と投資的経費の増加額に占めるルールに基づく需要額の割合を求めると，74.5％となり，いずれも 4 分の 3 程度を占めている。単位費用の積算基礎のほとんどが法定事務に基づいて決定されており，国の予算単価にリンクしていることを考えれば，ここで検討した経費以外も法律に基づく増加額が多くを占めていると見るべきだろう。実際，経常経費のうち，土木費を除けば 80 年度から 2000 年度の単位費用の伸び率と需要額の伸び率はほぼ一致しており，単位費用の影響は大きくなっている。そして，この単位費用は専ら法定事務を対象に算定してきたから，需要額の拡大は法定事務に起因していたことになる。

70 年代後半の超過負担の是正によって単位費用が膨張し，需要額の算定においても 70 年代までに重要な役割を果たしていた裁量的運用は失われていった。地方制度を法律に基づく運用へと誘導したのは自治省であり，80 年になって伯仲国会から脱却した後もこうした運用を維持するインセンティブは存在していた。一方，80 年代に入ると，高齢化社会に対応した社会保障制度が定率の国庫負担金を伴って厚生労働費で新設され，地方分権に向けた動きの中で補助率の引き下げが行われる。その結果，経常経費が直接的に増加するとと

もに，省庁別シェアの維持などによって職員数の削減が抑制されることで，需要額の拡大が引き起こされてきたと言えるだろう。さらにこれらの経常経費の膨張が標準財政規模の拡大を通じて投資的経費を押し上げてきたという事実も重要である。こうした構造こそが80年度から2000年度までの需要額の拡大を促してきたのである。

7.2 ルールに基づく運用と需要額と収入額の連動性の変化
7.2.1 修正需要額の算定

　第2章4節では需要額と収入額の連動性について経年的に検討し，同章7.2項，7.3項では地方財政対策について詳細に見てきた。前者では需要額と収入額の連動性を6ヵ年の相関係数から把握し，これを図2-3に示した。需要額と収入額の連動性は75年度から相関係数の低下が始まり，83年度までは低い水準となっていた。しかし，84年度に相関係数が0.8を回復すると，その後は98年度に0.8を割り込むまで比較的連動性を確保していることを見てきた。80年度以降，需要額の算定はルールに基づく運用へと転換し，地方財政対策が頻発したにもかかわらず，需要額と収入額には強い連動性が維持されていたのである。

　地方財政対策は交付税財源で財源不足額が補塡できない場合に実施されてきた。地方財政対策は55年度に初めて実施された時から地方交付税の総額に関わる立法措置を講じることで，その総額を変更している。自民党が東京都知事選挙に敗北した67年を契機に地方財政対策は一般会計の負担軽減を目的に加え，複雑化していたことを示した。そして，75年度の補正予算から地方財政対策が膨張していくと，債務の分散化による地方交付税の補塡方法が確立している。

　地方財政対策と需要額の関係を改めて確認しておきたい。第6条の3第2項の規定に関して，石原・遠藤（1986）は国税の一定割合から求められる普通交付税と財源不足額を比較する際に財源不足額の算出には臨時地方財政特例交付金や借入金とともに起債振替措置も含める必要があると説明している[41]。この

---

41) 石原・遠藤（1986）88-89頁参照。

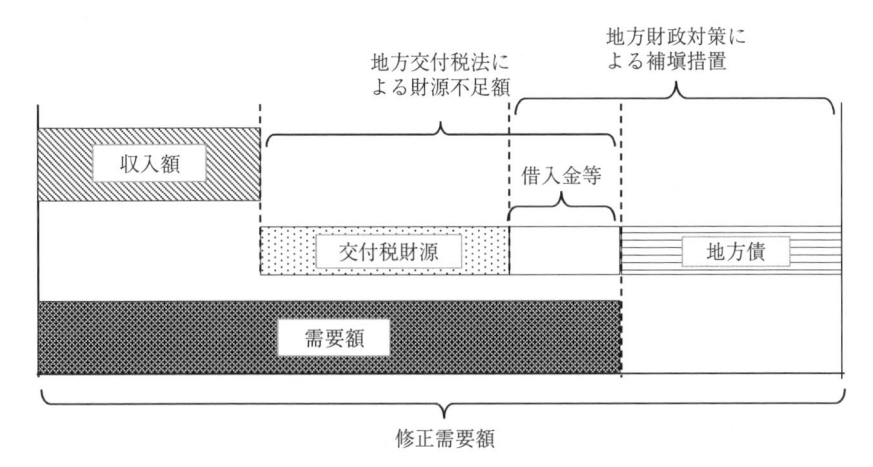

第4章　ルールに基づく基準財政需要額の拡大　　　235

図4-5　地方財政対策と普通交付税との関係

資料：地方財政要覧, 石原・遠藤 (1986)

ことは需要額の算出に際しても臨時地方財政特例交付金[42]や借入金, 起債振替措置を考慮しなければならないことを意味している。これらの補塡方法を踏まえ, 地方財政対策によって修正された市町村の需要額の総額を「修正需要額」とすると, 収入額との差額は図4-5のように補塡されることになる。75年度以降の補塡方法に関わるデータは主に『地方財政要覧』に「財源不足とその補てん措置」として掲載されている。さらに同書には「地方交付税算定基礎」が掲載されており, 交付税財源に加減された財源の詳細が説明されている。

当初予算を対象に修正需要額を考えると, 図中「交付税財源」とは法定された国税の一定割合のことであり, 裁量的運用が中心であった時期は需要額と収入額の差額はほぼこれに一致していた。地方交付税の総額を拡大する際には, 交付税財源に借入金や国の一般会計などから特例措置として財源が追加される。この追加された財源が普通交付税として地方団体に配分される場合, 公表される需要額は交付税財源にこれらを加えた総額となる。つまり, 図中の「需要額」は実際に公表されている需要額である。

---

42) 交付税及び譲与税配付金特別会計に債務がある場合, その償還に充当されるから, これらがすべて需要額の増加に寄与するわけではない。

表4-17 地方財政対策に伴う需要額の拡大（当初予算）　　　　　　　　　　単位：億円

年　度	94年	95年	96年	97年	98年
地方交付税総額	155,020	161,529	168,410	171,276	175,189
交付税財源等	125,818	130,344	127,648	154,141	155,702
交付税財源	136,183	136,141	128,866	151,210	155,702
繰越分等	-10,365	-5,797	-1,218	2,931	
借入金等	29,202	31,185	40,763	17,135	19,487
特例措置分	1,760	1,810	8,391	3,600	3,000
借　入　金	27,042	29,366	32,067	12,431	14,483
そ の 他	400	9	305	1,104	2,004
地　方　債	25,661	30,216	36,731	31,900	25,140
需　要　額	406,032	416,210	428,699	444,847	457,516
差　　　分		10,177	12,489	16,149	12,669
修正需要額	431,693	446,426	465,430	476,747	482,656
差　　　分		14,732	19,004	11,318	5,909
収　入　額	269,714	273,205	278,369	292,919	297,961
差　　　分		3,490	5,164	14,550	5,042

注1：繰越分等には繰越分と精算分を含む。
注2：借入金には借入金等利子充当分を含む。
資料：地方財政要覧，石原（2000）

　さらに一般財源として確保しなければならない投資的経費の一部は，財源確保が困難な場合，地方債として配分されてきた。仮に地方債による調達が十分に可能であれば，極端な場合，20％ルールで確保する必要がない投資的経費は全額地方債に振り替えることができる。これによって一般会計の負担は一時的に軽減でき，交付税及び譲与税配付金特別会計でも債務の蓄積を回避できる。地方財政対策はこの修正需要額を確保するために実施され，現金部分については需要額を拡大して普通交付税として，これ以外は地方債を充てて，地方団体に配分されてきたのである。これを地方財政対策が深刻化した94年度から98年度で整理したものが表4-17である。
　この表は都道府県と市町村を含む地方団体全体を対象としている。なお，地方債は当初予算の地方財政対策を掲載している石原（2000）を利用し，これ以外は『地方財政要覧』の地方交付税算定基礎を利用した。

図4-5の交付税財源に相当するのが「交付税財源等」であり，借入金等に対応するのが表の「借入金等」である。図中の地方債はそのまま表の「地方債」となっている。これらが地方財政対策を反映した需要額と修正需要額の関係である。

次に表では地方団体全体の「需要額」と「修正需要額」，「収入額」を掲載している。これらは財源不足団体に財源超過団体を加えたものであり，この前年度との差額をそれぞれ「差分」に計上している。なお，図2-3ではこの需要額と収入額のそれぞれ差分から相関係数を求めている。従って，ここでは地方債を考慮していない。

表を見ると，収入額の差分は97年度まで拡大し，98年度に増加額が縮小している。需要額の差分はほぼ収入額の変動と連動しているが，修正需要額は97年度には増加額が大幅に減少し，98年度にさらに縮小している。この変動を見る限り，需要額に比べると，修正需要額の変動は収入額とは異なっていたことが分かる。つまり，地方団体全体で見ると，修正需要額より需要額の方が収入額と連動しているように見える。

7.2.2 修正需要額と収入額の相関性の推移

従来公表されてきた需要額には借入金等の現金部分が含まれているが，本来需要額に算入すべき地方債については含まれていない。従って，需要額と収入額との連動性は本来修正需要額と収入額によって評価する必要がある。図2-3では当初予算の相関を図示しているから，同じ条件で比較するため，当初予算における地方財政対策の地方債発行額を石原（2000）から把握した。ただし，75年度以前について，こうしたルールは存在しないため，これに対応した地方債を特定することは容易ではない。

67年に東京都が革新自治体になると，地方税では恒常的に減税が実施され，これを地方債で補塡する運用が始まる。地方税の減収を補塡するのも地方交付税の役割であることを考えれば，この種の地方債は修正需要額の対象に加える必要があるかもしれない。しかし，この種の地方債を地方債全体から特定して選別することは難しいため，ここでは76年度以降についてのみ地方債を需要額に追加することとした[43]。

238

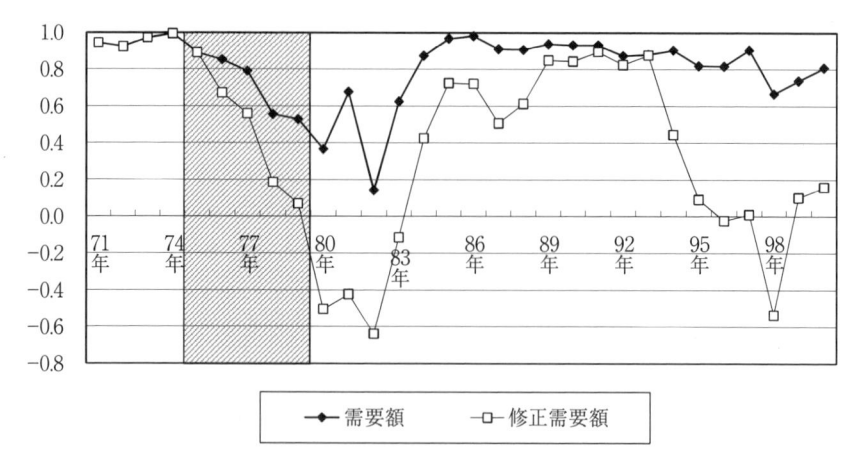

資料：地方財政，地方財政統計年報，石原（2000）
図4-6 修正需要額と収入額の相関係数の推移（71-2000年度）

　修正需要額と収入額に関して年度間の差分を取って相関係数を算出したものが，図4-6にある「修正需要額」である。これは第2章の場合と同様に6ヵ年のデータを使用している。なお，石原（2000）にある地方債は都道府県と市町村を合算しているから，対象となる地方債の各年度の発行実績に基づいて都道府県と市町村の比率を求め，これを乗じることで市町村分を算出した。抽出した地方債は，その年度によって異なるが，財源対策債，財政対策債，減税補てん債，減収補てん債，調整債，臨時財政特例債である。
　図4-6では第2章の結果と比較するため，これを「需要額」として提示している。修正需要額による相関係数は需要額に比べると，明らかに連動性を欠いている。80年度以降，相関係数は負の相関を持つようになるが，これは収入額の増加額が低下する中，修正需要額の増加額が高い伸びを示した結果で

43）地方債を加えた修正需要額を長期的に分析する場合，本来的には一部の公債費を需要額から控除する必要がある。地方債収入が法定事務の財源措置であれば，その元利償還金は需要額に算入されるからである。しかし，ここでは年度間の階差を利用して相関係数を求めているため，元利償還金を均等に算入している場合には影響は限定的である。また，過去の地方財政対策に伴う算入額を特定することは容易ではない。これらの理由から今回は後年度の元利償還金を考慮していない。

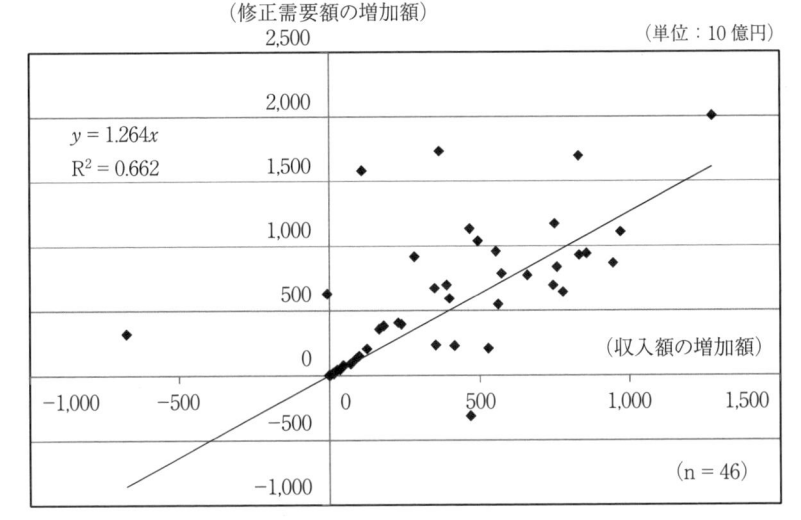

（修正需要額の増加額）
（単位：10億円）

$y = 1.264x$
$R^2 = 0.662$

(収入額の増加額)

(n = 46)

注：74年度までは図2-1と全く同じデータを使用している。
資料：地方財政，地方財政統計年報，石原（2000）

図4-7　修正需要額と収入額の分布（55-2000年度）

あった。しかし，80年に伯仲国会が終了し，翌81年度にこの2つの相関係数の差は1.099というこの時期最大の値を記録すると，段階的にその差を縮小しながら，修正需要額と収入額の連動性は1に近づいている。

89年度から93年度までは修正需要額の相関係数は需要額の相関係数と大きな差がなくなってきており，大幅な改善が見られる。これは89年度に交付税財源を国税5税に拡大したため，財源保障機能が回復され，地方財政対策を実施する必要がなくなったことが理由である。しかも，好景気による好調な税収の伸びに支えられ，74年度までに存在していた裁量に類似した運用が抽出できたと考えられる。先行研究の東（2000）が指摘した税収の伸びに需要額を合わせる裁量はこの時期を対象として分析していた可能性がある。

94年度以降再び修正需要額と収入額の連動性は大きく，しかも急速に失われていく。これは地方財政対策が急増する時期であり，これを考慮した修正需要額では収入額との連動性が低下している。一方で，地方財政対策による巨額の地方債を含まない需要額では依然高い連動性を保つことになる。

次に修正需要額と収入額の長期的関係を散布図にしたものが図4-7である。これは図2-1に対応しており，その決定係数が0.834であったのに対して，図4-7では0.662にまで低下している。つまり，修正需要額を利用すると，収入額との連動性は大幅に低下する。この結果は，需要額が収入額に合わせて調整されてきたとは少なくとも言えないだろう。

図4-6に加え，図2-1と図4-7を比較すると，70年代後半以降でルールに基づく運用が一般化した結果，実際には需要額と収入額の連動性が大きく失われていたことを示している。このことは収入額ではなく，法律などで規定されたルールに従って需要額が拡大してきたことの当然の結果であった。これらは需要額がルールに基づく運用に転換したことによって収入額との連動性を失っていったことを明確に示す結果となっている。

第5章

地方支配の構造と地方交付税制度の役割

1. 本章の目的とその前提

　地方交付税制度の根拠法である地方交付税法は，地方自治法，地方財政法とともに地方財政制度の基本法を構成している。このことは，これら3つの法律が相互に補完しながら，戦後の地方財政制度の基本的な構造を形作り，この中で地方交付税制度が基幹的な役割を果たしてきたことを意味している。本章はこれらの構造が市町村財政に与えてきた影響を検証し，地方交付税制度が果たした役割について考えていく。

　検討に先立ち，本節では改めて地方制度の法体系を概観し，複数の法律が重層的に地方公共団体（以下，地方団体という）を支配する構造を提示していく。これを踏まえて本章の目的を示し，検証方法を明らかにする。

1.1　地方制度の法体系

1.1.1　地方財政制度の基本法

　日本国憲法は地方自治に1章を割き，民主的で分権的な地方制度の構築を目指した。このため，戦前の中央集権的な地方制度を支えてきた地方官官制といった勅令や，東京都制，道府県制，市制，町村制といった地方団体法はすべて廃止され，地方自治法を頂点とした地方制度の法体系へと移行した。地方自治法は地方団体の組織や運営を規定する，地方行政の最上位の法律となっている。その地方自治法が第243条の4において地方財政法，地方交付税法の2つの法律を地方財政制度の基本法に位置付けている[1]。このことは地方自治法が優先されるものの，地方自治法に規定がないものについては，地方財政法と地

方交付税法の規定が他の法律に優先することを意味している。つまり，これらの法律は相互に補完しながら地方財政制度の基本的な構造を形成しており，これが他省庁の所管する地方制度に関する法律と，地方団体の活動に制約を加えてきたのである。

　この条文は1963年の地方自治法改正によって導入されたが，これによって，地方自治法を頂点とし，これに地方財政法と地方交付税法を配した地方財政制度の基本法の枠組みが明確になる。そして，この3つの法律が地方財政制度の基本的な構造を形成し，他の関連法規がこれに従属するかたちで組み込まれていく。地方財政制度の法体系はこのようなピラミッド構造を形作っているが，基本的な構造はこの3つの法律に依存している。

　これらの法律が重層的に，あるいはあたかも1つの法律として，地方団体の活動を規制してきた。これら基本法については，第1章で法定事務の財源保障とその執行に関する規定を整理した。第1章の内容を再び概観しながら，次に本章の問題意識を明らかにしていく。

1.1.2　複数の法律による重層的な地方支配

　地方自治法は，99年の改正まで国が地方団体に事務を処理させる場合，機関委任事務，団体委任事務のいずれかの委任事務によること，委任事務は法律を根拠とすることを義務付けてきた。法律を根拠とすることは，現在の地方自治法においても継承されている[2]。

　本研究では団体委任事務に，公共事務（固有事務）の中で法律を根拠とする事務を統合して新たに「団体委任事務」の概念を示し，これに機関委任事務を加えたものを法定事務と定義した。委任事務に対しては，地方自治法232条2項[3]を根拠に公共事務（固有事務）の法定事務に関しては地方交付税法2条7号[4]によって財源保障が実施されてきた。そして，これらの事務に対する最終

---

1) 長野（1979）911頁，長野（1995）909頁，松本（2005）947頁参照。
2) 法定事務に関しては現行の地方自治法245条の2に規定がある。
3) 99年の地方自治法改正により従来法定事務を財源保障の対象としていたものが法律で義務付けのあるものに変更されている。
4) 99年の地方交付税法改正によって6号に変更されている。

的な財源保障を地方交付税制度が担い，地方財政制度の基本法はこの仕組みを担保してきた。

　一方，これらの基本法は法定事務の執行に関して様々な義務付けも行っている。法定事務の実施は専ら地方の執行機関に委ねられ，議会の影響を排除している。その上で機関委任事務に限定されていたが，その執行を怠ると首長を罷免できる規定が存在した。91年の地方自治法改正[5]によってこの規定は削除されたが，これらは法定事務の執行に対して強い制約となってきた恐れがある。地方自治法などこれら3つの法律は法定事務に関して国に財源保障を，地方団体に執行を義務付けてきたのである。

　複数の法律によって重層的に地方団体を支配する構造は個々の法律が果たす役割があいまいで，その効果は運用に依存することが少なくない。こうした理由からその制約を具体的に検証することは困難であったことは間違いないが，この種の構造は十分に認識されてこなかった可能性すらある。実際，これらの法体系を明示的に示した上で地方財政制度などの様々な影響を検討している先行研究を見つけることはできなかった。このことは複数の法律による重層的な地方支配が必ずしも明示的に扱われてこなかったことを示唆している。地方財政制度の法体系が地方団体に対していかなる影響を行使してきたのかは，その意味で依然解明されていない課題となっている。

　まず，本章で議論する複数の法律による重層的な地方支配を改めて明示しておきたい。この概念を模式的に捉えると図5-1のようになる。第1象限を対象としたこの座標平面は，地方団体が首長の思想，信条など様々な条件から採用する政治的なポジションを表している。これに対して，3つの法律は公正性や効率性などの理由から地方団体が選択できないポジションを禁止領域として設定しているとしよう[6]。

　上段の座標平面は3つの法律が規定する禁止領域をそれぞれ斜線部で表して

[5) 146条がこれに該当したが，91年の地方自治法改正で削除され，代わって151条の2が追加された。
[6) 第1章で見てきたように地方財政制度の基本法は法律の執行を義務付けているだけと捉えれば，個々の事務の根拠法も含めた地方制度の法体系全体が，こうした制約を生み出してきたと解釈すべきかもしれない。

斜線部が地方自治法，地方財政法，地方交付税法それぞれの禁止領域

個々の法律を重ね合わせた結果

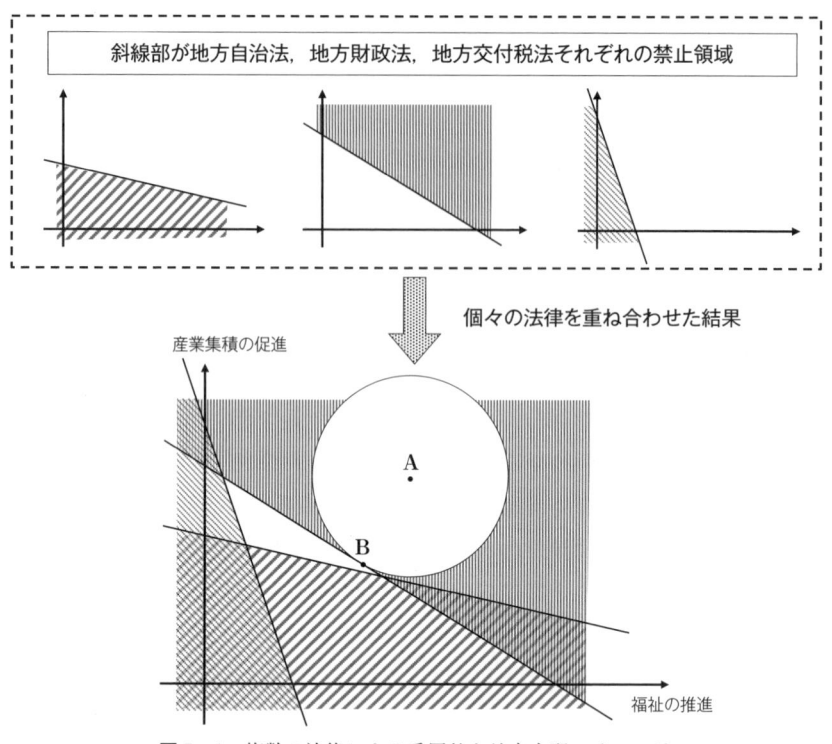

産業集積の促進

A

B

福祉の推進

図5-1　複数の法律による重層的な地方支配のイメージ

いる。1つ1つの法律を見ると，禁止領域はそれほど広くない場合もある。これらの法律を重ね合わせた結果が下段の図になるが，3つの法律が同時に機能すると，実際に地方団体が選択できるポジションは極めて制限されていく。これが本研究で想定している複数の法律による重層的な地方支配の構造である。

　この構造の中では，仮に地方団体の首長が極端な思想，信条を持ち，これを訴えて当選したとしても，その政策を実施する際，大幅な妥協を強いられることになる。例えば，思想的には点Aにポジションを取る首長は，法律を守ると，点Aを反映した政策を実施することはできない。彼の思想，信条と最も近い政策は白い三角形と，点Aを中心とした円が接する点Bということになる。ABの距離が短い場合には，新たな首長は比較的円滑に政策を実行できるかもしれないが，この距離が長い場合には公約の多くを修正しなければならな

い。このため，実際に政策を実施すると，結果的に政治的ポジションを大きく変更したように見えてしまう。つまり，この仕組みの中で法律の規定を順守すると，首長の思想，信条が全く地域の政策に影響を与えない場合が出てくる。

自治省は70年代後半に「地方選挙でイデオロギーはいらない」と主張し始めた。これは地方財政制度の法体系による制約がかなり統制的で，首長の思想，信条が簡単に反映できる仕組みではない，地方財政制度の本質を踏まえて主張していた可能性がある。特に法定事務では詳細な事務規定が作成されていることが一般的で，この種の制約は法的なものであるからかなり強いと言えるだろう[7]。

複数の法律による重層的な地方支配といった構造は，1つ1つの法律の規制に比べ，重層化された結果が地方団体を強く制約する可能性があるから，巧妙な中央集権コントロールと捉えることもできる。従って，この仕組みを具体的に分析していくことは戦後の中央集権構造を解明する上で重要な意味を持つかもしれない。このことを，地方交付税制度，特にその財源保障機能を介して考えていくことが本章の問題意識である。

1.2 本章の目的

地方交付税法は国が果たす財源保障を具体的に実現する仕組みであり，従って法定事務の執行に対してもそれほど統制的ではない。同法3条2項では地方交付税の使途を特定してはならないとして，統制的な運用を禁止すらしている。しかし，1つの法律に限定して見ると，使途を特定できないといった高い自由度を担保していたとしても，複数の法律を重層化することで，地方団体の選択が極めて限定される場合もありうる。

地方財政制度の基本法はそれぞれが完全な支配，被支配の関係にはなく，相互に補完しているため，地方交付税法とは全く異なるアプローチから地方自治法や地方財政法が他の法律を規制し，地方団体を支配することもありうる。つ

---

7) 国が裁量的に事務範囲を拡大しないように，少なくとも法律で事務の範囲を特定しなければならない。さらに法定事務は財源保障を行う必要があるから事務量を特定できる程度の事務規定は必要となる。これらはいずれも地方自治を保護することを目的に定められた規定である。

まり，これらの基本法は，相互に明確な違反が存在しない限り，法的な連続性が問われないから整合性を欠くような表現も許容される。このことがこれらの法律の関係性に，ある種のあいまいさを生み出してきたことは否めない。しかも，複数の法律が地方団体の活動を統制するか否かはその運用にも依存する。このような法制度や運用上の問題がこの構造を不分明にし，外部の者が認識することを困難にしてきた可能性は高い。

　本章の関心はこの重層的な地方支配が統制的に機能してきたかどうかにある。仮に統制的に機能してきたのであれば，需要額と歳出に何らかの強い相関が抽出できるかもしれない。需要額が法定事務を算定してきたのであるから，地方団体が法定事務の規定に従って事務を執行してきたのであれば，地方団体の需要額と歳出には相関性があるかもしれない。第1章では，これらの点を考慮して，需要額の積算対象が法定事務で占められる場合に，この種の相関性が抽出できれば，統制的な法支配の可能性が把握できるだろうと説明してきた。

　法定事務は国に実質的な財源保障を義務付けてきた。この規定が十分に満たされてきたとは思わないが，少なくともその方向で算定が改善されてきたとは言えるだろう。特に70年代後半には地方制度の法体系に合わせて法制整備が進み，巨額の財政資金を投じることで法律に則した運用も実現している。これらが計画的に実施されていたことから，本書では地方制度改革と位置付けた。

　さらに第4章では，投資的経費が国の長期計画などを根拠に算定されてきたことを明らかにした上で，これに地方単独事業も含まれていたことを見てきた。一部の計画では計画期間中の地方単独事業の達成率が公表されており，70年代からこれがほぼ100％の水準で維持されていたことも分かった。このことは，長期計画に位置付けられている投資額が，実際に地方団体に配分されていたこと，さらに計画に従って地方団体が事業を実施していたことを意味している。つまり，70年代を通じて投資的経費では，地方単独事業であるにもかかわらず，需要額に応じて歳出が決定する構造が既に確立していたことを見てきた。これにより地方交付税法がその使途を限定しないことを謳っていても，実際の支出はかなり国の意向に従ったものになっていたことを明らかにしている。

　法定事務の執行に関しては，地方財政法3条1項で予算計上に義務付けがあ

り，地方自治法232条1項で法定事務の支出の義務付けがある。さらに地方交付税法3条3項には法律が求める行政水準を確保することも義務付けられており，長期計画の達成率はこれらの条文が十分に機能してきたことを意味している。複数の法律による重層的な地方支配は，投資的経費に限定すれば，かなり統制的に機能してきたのである。こうした実態を踏まえ，本章の目的は投資的経費に限定するのではなく，需要額全体において，これが市町村の歳出に与えた影響を検証していくことにある。これによって複数の法律による地方支配の実態を示し，この中で地方交付税制度が果たしてきた役割を明らかにしていきたい。

1.3 検討の方法

　ここでは2つの分析手法を採用している。1つは先行研究で明らかになってきた市町村の歳出構造の特徴を需要額から説明すること，今1つは歳出から需要額が固有に持つ特徴を抽出することである。

　既に指摘したように地方財政制度の基本法を前提に，その構造を明らかにした上で実証的に分析した先行研究を見つけることはできなかった。このような理由から先行研究の結果を拡張していくアプローチは採用できない。しかしながら，先行研究には市町村の歳出構造の特徴を抽出したものが少なくない。これらの先行研究を利用して市町村の歳出を需要額の構造から説明していくことを試みる。市町村の歳出が法定事務に従って行われてきたのであれば，需要額の構造が反映している可能性があり，従って需要額の構造から歳出構造が説明できる可能性はあるだろう。この場合でも，法定事務の執行に対して地方交付税法が直接的に統制することはできないから，結果が明確なものであれば，他の法支配の影響となる。このとき，複数の法律による重層的な地方支配の構造が機能した結果と判断することができるだろう。

　本章では市町村の歳出構造に関する先行研究として歳出総額を対象に規模の経済性を議論してきた文献を取り上げている。市町村の歳出総額を対象にした規模の経済性の議論では，市町村合併を推進する国の政策に伴って様々な知見が提供されてきた。これらの先行研究によって，人口1人に単位費用化された歳出総額の特徴が説明されている。これらの特徴を需要額の構造から捉えるこ

とができれば，歳出総額が需要額の影響を受けて決定されてきた根拠の1つになるだろう。しかも，この関係を法定事務を介して解釈することができれば，十分に合理的な結果として受け入れられるだろう。これが本章の第1のアプローチである。

2つめのアプローチとして市町村の歳出から需要額の算定上の特徴を抽出する方法を採用している。需要額は単位費用に測定単位と補正係数を乗じて算出するが，測定単位には統計データを充てているため，需要額には使用した統計データの特徴が反映している。こうした特徴を歳出から抽出することができれば，歳出が需要額の影響を反映していることになる。この分析手法は規模の経済性の議論でも使用しているが，主に歳出の内訳に適用して需要額の影響を検証している。

市町村の中には単位費用が公表されると，これを使用して担当部署の予算の枠組みを決め，財政と交渉するという意見もある。上記方法によって需要額の影響が歳出内訳から抽出できれば，この種の市町村がむしろ一般的であると判断することができるだろう。しかも，相関性が高ければ，法定事務がこれらの歳出に影響を与えてきたことになるだろう。需要額は法定事務を対象に算定され，その需要額の影響が明確に歳出から抽出できれば，これは法定事務の経費算定の影響と捉えることができる。そして，需要額の歳出に対する影響が厳格であればあるほど，図5-1に示したように，法律による制約が厳しく，個々の市町村の裁量が極めて限定されてきたことを示していると言えるだろう。これらの方法を通じて複数の法律による重層的な地方支配の実態を明らかにしてみたい。

2. 歳出総額に対する需要額の影響

2.1 規模の経済性の批判的再検討の試み

市町村財政の規模の経済性に関しては古くから多くの研究が行われ[8]，その存在は実証されており，今や定説化している。市町村の歳出総額と需要額の関係を明らかにするため，この定説を批判的に再検討しようというのが本節の目的である。

市町村の規模の経済性は，主に人口1人当たり歳出総額（以下，平均費用という）を用いて測定されてきた。先行研究では，政府が市町村の行政サービスに制約を与えているために画一的な業務内容を生み出し，従って歳出総額による分析が可能であるといった論理が展開されてきた。この前提は99年までであれば，「団体委任事務」と機関委任事務といった法定事務に言及したものと言えるだろう。これらの事務は99年の地方自治法改正で廃止されるが，これ以降も法定事務による制約が失われたわけではない。従って，これらの先行研究では法定事務とその執行に対する基本法の規定を暗黙の前提としてきた。この前提は本章の議論でも共有するが，ここではさらに法定事務に対する実質的な財源保障を追加して議論を再編していきたい。これが批判的再検討の意味するところである。

　これにより地方交付税制度を前提として，規模の経済性を議論する視点が生まれてくる。こうした観点から先行研究を見ていくと，幾つか重要な知見を見出すことができる。需要額に関しては貝塚・本間他（1986），中井（1988）などの研究[9]によって個々の市町村の人口と面積でほぼ説明できることが明らかになっている。一方で，歳出総額も人口と面積で説明できることは知られていたが，林（1999）では実際にこれを計量分析によって検証している。このように全く同じ説明変数を利用し，回帰係数の大小関係によって差別化される需要額と歳出総額の関係を，本節では相似的関係と呼ぶことにする。

　相似的関係にある需要額と歳出総額であるが，この推定結果に対する評価は異なるようである。需要額に関してはその算定方法と整合しているためにこの説明は広く受け入れられてきたが，歳出総額に関してはその理由が明らかでないために依然経験的な事実で留まっているのが現状のようである。だが，この

---

[8] 藤谷（1944）によれば，人口1人当たりの歳出額に着目した市町村の効率性分析は，1910年頃にイギリスのC. A. Bakerによる研究が，20年代にアメリカのM. H. Hunter, H. W. Guest, M. L. Walkerらによって，日本では30年代に飯沼一省，小山田小七，藤田武夫によって行われ，規模の経済性の存在が指摘されている。ただし，本章はこの時代まで遡るものではない。

[9] 貝塚・本間他（1986）では，72年と83年の無作為抽出による200市町村から需要額の推定を行っている。一方，中井（1988）では，70, 75, 80, 84年度の全市町村データを利用して，需要額が人口と面積によって高い精度で説明できることを明らかにしている。

ことは需要額が法定事務を算定対象とし，市町村が法定事務を中心に予算執行を行ってきたと捉えれば，相似的関係は重要な意味を持ってくるかもしれない。ここではこのような需要額と歳出総額の相似的関係を手掛かりに，市町村における規模の経済性を測定してきた平均費用関数を地方交付税制度の構造から解読していく。

2.2 規模の経済性に関わる先行研究

市町村の規模の経済性に関する実証研究には，横道・沖野（1996），生安・鄭（1998），吉村（1999），林（1999），原田・川崎（2000），林（2002），西川（2002）などがあり，ほとんどが政令指定都市を除外して市町村の平均費用を扱っている。これらによって市町村財政には規模の経済と不経済が存在し，平均費用が最小となる人口は概ね10万人から30万人程度となることが明らかになってきた[10]。このうち，歳出総額の構造的特徴を指摘している注目すべき研究として，原田・川崎（2000），林（2002）がある。原田・川崎（2000）では人口規模が大きくなると平均費用が収束し，規模の不経済が存在しない可能性を指摘しており，林（2002）では市のみを対象に平均費用関数が都市に固有であると主張している。これら2つの主張は平均費用関数を検証する上で重要な特徴を示している。

一方，諸外国の地方政府における規模の経済性に関する先行研究にはWalzer（1972），Stevens（1978），Harrison et al.（2004）などがあり，生産関数や費用関数を用いて検証されている。これらの研究は日本と2つの点で大きく異なっている。1つは分析対象である。諸外国では消防や警察が分析対象となり，その後，公共交通や廃棄物処理，近年では医療や福祉といった分野にもその対象を拡大している。ただいずれも特定の業務に特化して分析が行われ，地方政府の業務全般を対象にしているケースは稀である。これは，地方政府によって処理している業務内容が異なるために，歳出総額で比較することに意味がないからであろう。これに対し，日本の先行研究の多くは業務全般を反映した歳出総額を扱っている。その理由として政府による地方への関与が大きいた

---

10) 林（2002）では先行研究を広範に整理しており，本章はこれに負っている。

めにサービス内容や水準に差がないことが挙げられており，権能差として政令指定都市を除外している。

2点めは説明変数の違いである。諸外国の推定式には資本や労働といったサービス主体を説明する変数に加え，サービスを提供する地域やサービス内容あるいは水準の違いを説明変数として含んでいる。これに対し，日本の先行研究ではサービス主体を説明する変数が導入されることは少なく，専らサービスを提供する地域を説明する変数，しかも人口と面積のみが利用されてきた。先行研究によって説明変数に違いはあるとしても，これら2つはいずれの場合も説明力の高い変数として重用されている。

このように日本と諸外国では，同じ地方政府の規模の経済性を検証しても，分析手法にまで踏み込むとそのアプローチに違いがあることが分かる。つまり，日本と諸外国の研究を比較すると，規模の経済性をテーマとしている点では同じでも，その内容や導出される結果は本質的な違いが存在していると言わざるを得ない。しかしながら，日本の先行研究でこの問題が議論された形跡は今回のサーベイでは得られなかった。市町村の規模の経済性の議論で導出される日本独特のこの特徴は，需要額の構造に依存したものであり，この点から市町村の規模の経済性の議論を進めていきたい。

2.3 需要額が生み出す規模の経済性
2.3.1 歳出総額と需要額の相似的関係

2.1項で定義した相似的関係について，これが生じる理由を明らかにするため，歳出総額の需要額に対する回帰分析を行うことから検討を始める。図5-2は2004年度における各市町村の需要額と歳出総額の関係で，これには政令指定都市も含まれている。

この結果は，歳出総額が需要額によってほぼ完全に説明できることを示しており，同様の方法を用いて得られる修正済み決定係数（以下，決定係数という）を75年以降で見ても図5-3が示すように全く同じ結果となっている。決定係数が低下しているのは阪神・淡路大震災による影響である。

この2つの図は市町村の歳出総額が需要額の影響を受けてきたことを示唆している。しかも，このような関係が長期に亙り，強固に継続しているが，この

252

(歳出総額)　　　　　　　　　　　　　　　　　　(単位：億円)

(n = 2,521)　　$y = 2.55\,x - 24.8$
　　　　　　　　$R^2 = 0.986$

(需要額)

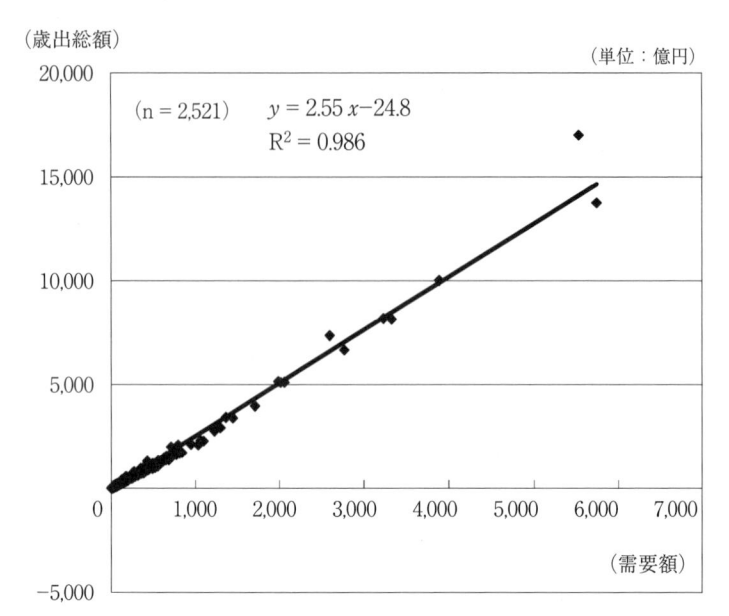

資料：市町村別決算状況調

図5-2　需要額と歳出総額（2004年度）

(決定係数)

95年度
96年度

資料：市町村別決算状況調

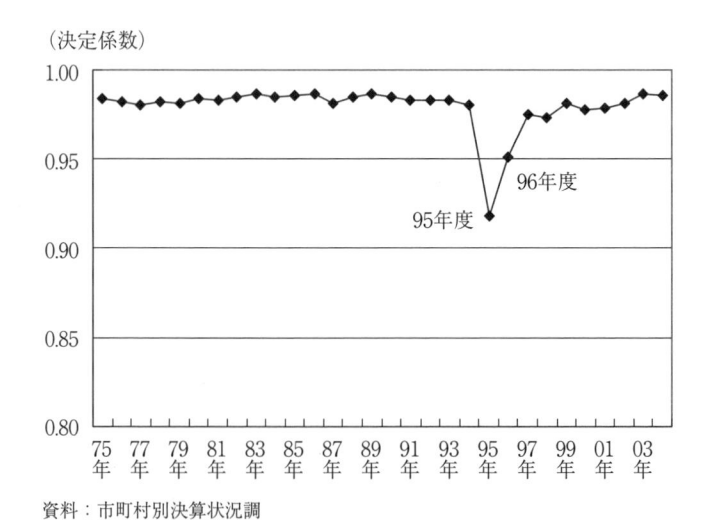

図5-3　決定係数の推移（75-2004年度）

間，地方制度は様々な変遷を遂げてきた。70年代後半には地方制度の改革が実施され，その運用は大きく変化していた。さらに80年代には地方分権や政府の財政再建に伴って補助金の削減や事務の移譲が少ないとはいえ行われ，2000年には画期的と言われた地方分権一括法が施行されている[11]。しかし，こうした影響はデータからほとんど把握できず，唯一変動があった年は誰もが予測できなかった阪神・淡路大震災によるものである。このように需要額と歳出総額には長期的に維持されてきた強固な関係があり，これが図5-2にある単純な1次式によって表されるため需要額と歳出総額には相似的関係が成立してきたものと考えられる[12]。

2.3.2 需要額の構造が反映した歳出総額

ここでは，この相似的関係が地方交付税制度による影響であることを確認していく。需要額は，消防費，道路橋りょう費など項目ごとに（単位費用×測定単位×補正係数）で計算され，これらを合算したものである。算定に利用される測定単位に人口を採用している費目が多いために，その推定では人口による説明力が高いと考えられてきた。この人口は住民基本台帳ではなく，国勢調査が利用されている。この統計の違いを利用し，歳出総額，需要額それぞれに対する地方交付税制度の影響を検証してみる。

表5-1は96年度から2004年度までの需要額と歳出総額を対象に，人口に国勢調査と住民基本台帳のいずれかを利用して重回帰分析を行った結果である。面積は各年度の『市町村別決算状況調』に掲載されているデータを利用し，人口には95年と2000年の国勢調査と，それぞれの年度の当該書に掲載されている住民基本台帳人口を利用した。

国勢調査と住民基本台帳では同じ人口であるため，ほとんどの市町村で数パーセントの違いしかない。このため，統計の違いによる決定係数の改善幅が小さいのは当然としても，いずれも国勢調査の需要額，歳出総額に対する説明力が高く，2000年度では95年調査の決定係数が2000年調査より高くなって

---

11) 正式名は地方分権の推進を図るための関係法律の整備等に関する法律である。
12) 需要額と歳出総額の関係は実際には比例関係と考えられる。この点に関する理論的検証は本章3.2項を参照のこと。

表 5-1 需要額と歳出総額への人口データの影響（96-2004 年度）

年　度		96	97	98	99	2000	2001	2002	2003	2004
需要額	住基人口	0.966	0.966	0.969	0.971	0.971	0.971	0.971	0.970	0.970
	国調 95	0.970	0.970	0.974	0.975	0.976	-	-	-	-
	国調 2000	-	-	-	-	0.975	0.975	0.975	0.975	0.975
	差	0.004	0.004	0.005	0.004	0.005	0.004	0.004	0.005	0.005
歳出総額	住基人口	0.887	0.911	0.906	0.920	0.915	0.916	0.919	0.929	0.928
	国調 95	0.891	0.917	0.915	0.929	0.925	-	-	-	-
	国調 2000	-	-	-	-	0.922	0.923	0.927	0.936	0.935
	差	0.004	0.006	0.009	0.009	0.010	0.007	0.008	0.007	0.007
歳出総額と需要額		0.951	0.975	0.974	0.981	0.978	0.979	0.981	0.986	0.986

資料：市町村別決算状況調

いる。これは 2000 年調査の結果を 2000 年度の需要額の算定に反映できないからである。住民基本台帳人口は毎年更新されるために市町村の実態を反映している可能性が高いのに対し，国勢調査人口は常に一定なため，年々実態との乖離が大きくなっているものと考えられる。にもかかわらず，国勢調査が有意な結果となっているのは歳出総額に需要額が影響を与えているからであると判断できる[13]。

このように人口データは国勢調査が常に有意であり，従って需要額が歳出総額に影響を与えていることを示している。これに図 5-2，図 5-3 で示した需要額と歳出総額がほぼ一定の決定係数で，しかも極めて高い水準の下で長期的に維持されてきたことを考慮すれば，需要額の算定結果が歳出総額にも反映してきたという見方に十分根拠を与えるだろう。これらが歳出総額と需要額の相似的関係を生み出してきたものと考えられる。

---

[13] 国調人口の影響が歳出総額に顕著であるということは，需要額の構造が歳出総額に反映しているのであって，その逆ではないことを意味している。加えて，当該年度の需要額がその年度の歳出に影響を与えていることは次の事実から分かる。77 年度の予算編成では地方財政計画の公表が遅れ，地方団体の予算編成の時期にまでずれ込んでいる。このとき，国会では地方財政計画が公表されないために地方団体が予算を組めない事態に陥っているといった批判が行われた（77 年 2 月 16 日の衆議院予算委員会会議録などを参照）。このことは，単位費用を利用して財政課に予算要求を行っているとする市町村の意見と合わせ，需要額がその年度の歳出に影響を与えていることを示している。

2.3.3 需要額の段階補正が想定する規模の経済性

ここでは需要額が想定している規模の経済性を明らかにしていく。なお，本項では詳細な検討に 2000 年度データを利用している。

需要額では補正係数に市町村の置かれた環境要因を反映させ，これを測定単位に乗じることで地域環境を踏まえた行政需要を積算している。補正係数の中で人口規模を明示的に扱っているのは段階補正[14]が唯一である。

人口を基準とした段階補正は消防費，その他の土木費，その他の教育費など 8 項目で設定されている。『地方交付税制度解説（補正係数・基準財政収入額篇）（以下，制度解説（補正係数）という）』では，人口規模で 4 千，8 千，12

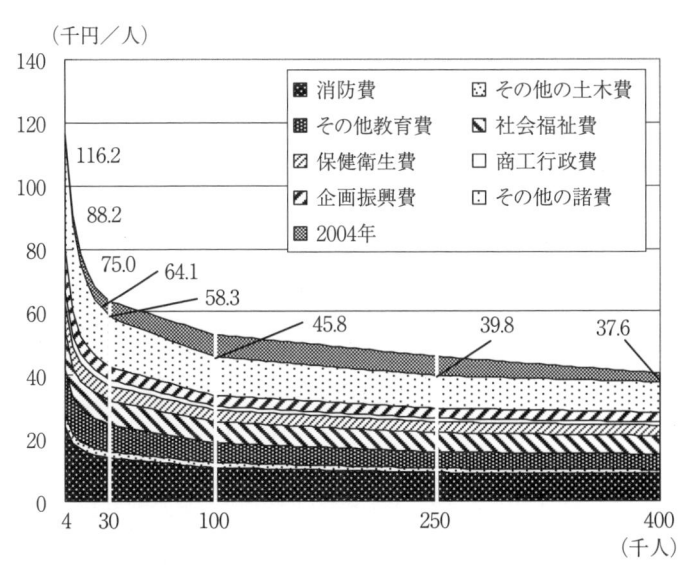

注：数字は 2000 年の段階補正の合計値で，3 万人未満については 4 千，8 千，12 千，2 万人の順で記している。2004 年度は合計値のみである。
資料：制度解説（補正係数）

図 5-4　段階補正が想定する規模の経済性

---

14) 市町村の段階補正は 2002 年度から 2004 年度までの 3 ヵ年に見直しが行われている。岡本他（2002）は職員の兼務や事務の外部委託等で合理的，効率的に行財政運営を行っている地方団体があるという理由から小規模市町村の割増率を引き下げることとしたと説明している（同書 170-172 頁参照）。

千，2万，3万，10万，25万，40万，100万，200万人の市町村におけるコストが示されており，これから需要額が想定する人口1人当たりの額が把握できる。この段階補正にある費目別のコストを人口規模別に集計し，それぞれの人口で除した結果が図5-4である。

人口4千人で116.2千円かかるものが，人口が増加するとともに減少し，10万人で45.8千円，40万人で37.6千円と削減され，図にはないが100万人で34.5千円，200万人になると32.9千円に逓減していく。減少率が最も大きいのは人口4～8千人の場合で人口が千人増加すると，1人当たりコストが6.0%削減され，8～12千人で3.7%減少する。そして，人口10～25万人になると，コストの削減は0.1%程度で，この規模を超えると規模の経済はほとんど期待できない。このように需要額には規模の経済は存在するが，不経済は存在せず，人口10万人を超えると規模の経済もほとんど得られない構造になっている。

この減少率は人口4～8千人の場合が常に最も大きいため費目別にこれを見ていく。最大の減少率は企画振興費の9.9%で，その他の土木費が6.9%，保健衛生費が6.4%と続き，これらが合計の6.0%より減少率が大きい費目である。これに対して，その他の教育費，社会福祉費はそれぞれ4.5%，4.8%でこれらは最も低い費目となっている。

人口1人当たりの費用を2004年度で見ると，4千人で116.6千円とほとんど2000年度と違いがないが，10万人で52.8千円となり，40万で40.4千円，200万人では38.4千円になる[15]。2000年度と比較すると，4千人ではほぼ同じ水準であるが，人口10万人になるとその差は最大になり，10万人を超えると差が縮小する。2000年度と2004年度では若干の違いはあるとしても基本的な需要額の逓減構造にはほとんど変化はなく，このような逓減構造は現在まで継続しているものと考えられる。

---

15) 2004年度に人口10万人で最大増加額となった理由として市町村合併の影響があるだろう。小規模市町村で市町村合併を促進するため，10万人の都市に財源を多く配分した可能性がある。なお，本章注14も併せて参照。

2.3.4 需要額における規模の経済性と歳出総額

前項の段階補正がある需要額は経常経費の 51.0%，全体の 33.5% で需要額全体の傾向ではない。このため，先行研究を利用して需要額における規模の経済性を検討していく。貝塚・本間他（1986）や中井（1988）が推定した需要額の推定式を簡単に示したものが式 5.1 である。ここで市町村 i の需要額の推定量を $\hat{\varphi}_i$，人口を POPi，面積を AREAi とし，α，β，γ は回帰係数を表している。この両辺を人口で除すと式 5.2 になる。これは人口 1 人当たりの需要額になる。

$$\hat{\varphi}_i = \alpha POP_i + \beta AREA_i + \gamma \qquad (式5.1)$$

$$\frac{\hat{\varphi}_i}{POP_i} = \alpha + \frac{\beta AREA_i}{POP_i} + \frac{\gamma}{POP_i} \qquad (式5.2)$$

式 5.2 には（面積/人口）が存在するが，段階補正が人口のみを考慮していることからこれを無視すれば，この 2 つの項が描く軌跡はまさに図 5-4 に一致する。需要額全体で捉えると，式 5.2 の回帰係数 α に収束する軌跡を描くことが分かる。つまり，この図は先行研究で得られた需要額の推定式と同じ関数形状であり，従って図 5-4 が示す形状は需要額全体の傾向を示していると推察できる[16]。

一方，平均費用を推定した原田・川崎（2000）では，平均費用関数に規模の不経済は存在せず，収束する可能性を指摘している。この指摘は図 5-4 の形状に一致している。林（1999）が推定した歳出総額は，式 5.1 で表すことができることから，式 5.2 で需要額を歳出総額に改めれば，平均費用関数の形状は図 5-4 に従うことになる。このように需要額と歳出総額には多くの共通点があるが，歳出総額が需要額で決定されてきたことを考慮すれば，歳出総額の構造は需要額に淵源があると見るべきだろう。そして，歳出総額における規模の経済性も需要額の構造に起因するもので，平均費用関数の形状は反比例曲線であると推察される。次項ではこのことを具体的に検証していくこととする。

---

16)『制度解説』には都道府県の人口 1 人当たり需要額が描くカーブが記載されており，この形状は図 5-4 と全く同じである。市町村も都道府県に準ずるとすれば，市町村の人口 1 人当たり需要額も同様な形状を示していると考えられる。

なお，ここで規模の経済性の概念について確認しておく。本項で検討してきた規模の経済性は需要額が生み出すものであり，本来の意味で言えば規模の経済性の用法として適切ではない。これは制度が生み出した傾向に過ぎないからである。このため，規模の経済性という用語を充てることには問題が残る。しかし，本節ではこうした問題を認識しつつも規模の経済性という用語をそのまま使用していく。ただし，本来の概念と区別する必要があるため，本来の意味で使用する場合には「規模の経済性」と表記している。加えて，同様の意味で「規模の不経済」も使用している。

2.4 平均費用関数の算出と検定

前項の検討を踏まえ，需要額が持つ規模の経済性が市町村の平均費用関数に転写されているかどうかを平均費用関数を具体的に算出することで確認していく。貝塚・本間他（1986）などに倣い，需要額を人口と面積から推定し，この需要額の推定量を用いて歳出総額を推定する2段階最小二乗法を利用する。これによって歳出総額の推定式を導出し，人口で除すことで平均費用関数を求めている。式5.3から式5.5がこれを示したものであるが，市町村iの人口をPOP_i，面積$AREA_i$，需要額φ_i，歳出総額E_iとして表している。変数のハット（^）は推定量を意味する。

$$\hat{\varphi}_i = \alpha_0 + \alpha_1 POP_i + \alpha_2 AREA_i \qquad (式5.3)$$

$$\begin{aligned}\hat{E}_i &= \beta_0 + \beta_1 \hat{\varphi}_i \\ &= \beta_0 + \beta_1 (\alpha_0 + \alpha_1 POP_i + \alpha_2 AREA_i) \\ &= \alpha_1 \beta_1 POP_i + \alpha_2 \beta_1 AREA_i + (\beta_0 + \alpha_0 \beta_1)\end{aligned} \qquad (式5.4)$$

$$\frac{\hat{E}_i}{POP_i} = \alpha_1 \beta_1 + \frac{\alpha_2 \beta_1 AREA_i}{POP_i} + \frac{\beta_0 + \alpha_0 \beta_1}{POP_i} \qquad (式5.5)$$

次にこの平均費用関数から各市町村の理論値を求め，実績値を利用して検定を行っている。理論値を導出した貝塚・本間他（1986），中井（1988）による推定式は段階補正が想定する規模の経済性を反映している。仮にこの理論値が実績値に一致するという結論が得られれば，この実績値に需要額が想定する規模の経済性が反映していると判断できる。ここではこの点を検証していく。

2.4.1 歳出総額の推定

(1) 推定式

2000年度の全市町村を対象に式5.6を利用して需要額を推定し，この推定量を使用して式5.7で歳出総額の推定を行っている。式5.6は式5.3に，式5.7は式5.4に対応するが，ダミー変数を設定した結果[17]，複雑化している。多くのダミー変数を導入したのは，図5-4で見てきたように人口1人当たりの需要額は段階補正の人口規模に合わせて調整されている。人口規模ごとに補正係数が異なるということは需要額の算定式が異なることを意味する。このため，ここでは人口規模ごとに需要額を推定することとした。また，政令指定都市や中核市といった都市制度上の違いもコストの違いとして考慮している。従って人口規模に対するダミー変数は段階補正で使用している規模分類に従う一方で，中核市，政令指定都市は2000年4月1日時点の12政令指定都市，27中核市[18]にダミー変数を割り当てた。なお，人口には表5-1の結果を踏まえて95年の国勢調査を充て，面積には2000年度の『市町村別決算状況調』を使用した。

$$\varphi_i = \alpha_0 + \alpha_1 POP_i + \alpha_2 AREA_i + \sum(D_n(\alpha_{2n+1} POP_i + \alpha_{2(n+1)} AREA_i))$$
$$+ \alpha_{23} D_{11} POP_i + D_{12}(\alpha_{24} POP_i + \alpha_{25} AREA_i) + u_i \quad \text{(式5.6)}$$

$$E_i = \beta_0 + \beta_1 \hat{\varphi}_i + \sum(\beta_{n+1} D_n \hat{\varphi}_i) + \beta_{12} D_{11} \hat{\varphi}_i + \beta_{13} D_{12} \hat{\varphi}_i + \nu_i \quad \text{(式5.7)}$$

φ_i：市町村iの需要額　　　　D_n：人口規模ダミー
$\hat{\varphi}_i$：市町村iの需要額の推定量　　D_{11}：政令指定都市ダミー
E_i：市町村iの歳出総額　　　　D_{12}：中核市ダミー
POP_i：市町村iの人口　　　　　$\alpha_0 \sim \alpha_{25}, \beta_0 \sim \beta_{13}$：回帰係数
$AREA_i$：市町村iの面積　　　　u_i, ν_i：市町村iの誤差項

---

17) 式5.6ではすべてのダミー変数に対して人口，面積，定数項を設定したが，定数項は人口との相関が極めて高く，政令指定都市ダミーは面積も人口規模ダミーの面積との相関が高いことから推定対象から除外した。式5.7でも同様の理由からダミー変数は傾きのみに設定し，定数項は考慮しなかった。

18) 具体的な中核市の都市名は，例えば，http://www.soumu.go.jp/main_content/000215647.pdf を参照。

式5.6の基本的な形状は式5.3で，これは全市町村を都市制度上の違い，すなわち一般市町村，中核市，政令指定都市の3種類と人口規模11種類に分類して，それぞれのカテゴリーごとに式5.3で推定していることと同じである。その際使用した人口規模ダミーの詳細は以下の通りである。

D_1：4千人以下
D_2：4千〜8千人以下
D_3：8千〜12千人以下
D_4：12千〜2万人以下
D_5：2万〜3万人以下
D_6：10万〜25万人以下
D_7：25万〜40万人以下
D_8：40万〜100万人以下
D_9：100万〜200万人以下
D_{10}：200万人超

(2) 推定結果

24の説明変数を使用して需要額を推定した結果，1%有意水準を満たした説明変数は15変数であった。このため，これらの説明変数に定数項を加えた16変数を採択した。採択した説明変数の回帰係数を整理したものが表5-2の上段である。

ここでは2段階最小二乗法を採用したから，これらの説明変数を使用して需要額の推定量を求め，これを説明変数に12のダミー変数を加えて歳出総額の推定を行った。推定結果より1%有意水準を満たした，3つの説明変数と定数項を採択し，その回帰係数を表5-2の下段に整理している。なお，推定に使用したサンプル数は3,227市町村である。

推定結果のうち，採用された変数は圧倒的に需要額の推計に集中しており，歳出総額は人口100万人までは需要額を唯一の変数とする同一の推定式で算出できることが明らかになった。このことは，歳出総額の変動を説明するのは需要額の変動であり，詳細に需要額を推定すれば，一般市町村，中核市，政令指定都市の違いは関係がないことになる。これは市町村の歳出総額が需要額の影響を強く受けていることを意味している。ここでは歳出総額の推定結果について検討し，需要額の推定結果については次項の平均費用関数の中で見ていくことにしたい。

需要額の推定量の歳出総額に対する回帰分析では，需要額のダミー変数との

第5章　地方支配の構造と地方交付税制度の役割　　　　　　　　　　　　　　　　　261

表5-2　選択された回帰係数

需要額の推定結果　　　　　　　　　　　　　　　　　　　　　　決定係数　0.994

変数名	国調人口95	面積	25万 (D_6) 人口	40万 (D_7) 人口
回帰係数	150.8	4,543	-10.3	-8.7
t値	74.12	13.48	4.23	3.64
変数名	100万 (D_8) 人口	200万 (D_9) 人口	200万超 (D_{10}) 人口	4千 (D_1) 面積
回帰係数	-11.9	24.7	20.4	-2,652
t値	5.11	8.97	7.41	4.27
変数名	8千 (D_2) 面積	25万 (D_6) 面積	40万 (D_7) 面積	100万 (D_8) 面積
回帰係数	-1,189	8,827	8,760	12,596
t値	2.41	5.90	5.15	5.57
変数名	政令 (D_{11}) 人口	中核 (D_{12}) 人口	中核 (D_{12}) 面積	定数項
回帰係数	38.8	26.2	-9,775	952,194
t値	20.54	15.73	4.96	16.75

歳出総額の推定結果　　　　　　　　　　　　　　　　　　　　決定係数　0.960

変数名	需要額推定量	200万 (D_9)	200万超 (D_{10})	定数項
回帰係数	2.1	0.3	0.4	-814,780
t値	109.23	11.77	17.52	3.38

注：需要額の推定結果で「人口」とは人口の項，「面積」とは面積の項を表している。

相関性が高いために定数項に対するダミー変数は設定していない。このため，ダミー変数は需要額に対するものだけではあるが，このうち採択されたのは100万人を超える2つの人口規模のダミー変数であった。

　この結果に従えば，人口規模で100万人以下の市町村は1つの推定式で歳出総額の変動が説明できることになる。この場合の回帰係数は2.1であるから，人口100万人までは需要額に対して一定水準の特定財源や地方税収の留保財源等が見込まれていることを意味している。だが，100万人を超えると，新たにダミー変数が採択されるからこの関係に変化が生じることになる。これは需要額に含まれていない計数の影響ということになるが，実際には100万人を超える都市で地方税収が需要額に対して大きくなることが原因となっている。これが100万人を超える規模で0.3，200万人を超える規模で0.4，需要額の傾きを大きくしている理由である。

表5-3 市町村における平均費用関数

| 人口規模（千人） || 定数項 | 面積/人口 | 1/人口 |
超	以下	（千円/人）	（千円/km^2）	（千円）
一般市町村		4	316.50	3,970	1,184,511
	4	8	316.50	7,042	1,184,511
	8	100	316.50	9,539	1,184,511
	100	250	295.00	28,074	1,184,511
	250	400	298.40	27,931	1,184,511
	400	1,000	291.60	35,986	1,184,511
中核市	250	400	353.40	7,406	1,184,511
	400	1,000	346.60	15,461	1,184,511
政令指定都市	400	1,000	373.00	35,986	1,184,511
	1,000	2,000	511.30	10,842	1,457,551
	2,000		523.50	11,328	1,559,464

2.4.2 平均費用関数の算出と検定

(1) 平均費用関数の算出

式5.5に倣って平均費用関数を算出したものが表5-3である。表5-3は「定数」，「面積/人口」，「1/人口」の順に掲載しているが，これを順に人口，面積，定数に対する回帰係数と捉えれば，歳出総額の推定量を表している。この結果についてそれぞれ変数ごとに考察していきたい。

まず，表5-3で定数項を見ると，政令指定都市を除けば，人口規模が大きくなるに従い，値が小さくなる傾向が見て取れる。この点，人口25万〜40万人の都市では金額が上昇しており，不連続な結果が導出されている。これは，以下で見るようにこの人口規模の行政面積が他の類型より大きいことが影響している可能性が高い。面積が大きいために面積単価を抑制し，その調整分を定数項[19]に上乗せした結果と考えられる。こうした不連続性はあるが，一般市町村，中核市に関しては需要額が反比例曲線を想定して設計されていた傾向を反映した結果となっていることが分かる。これに対し，政令指定都市では人口規模が大きくなるに従って定数項も大きくなり，他の都市類型とは異なる傾向を示している。

---

19) 歳出総額の推定結果に基づけば，面積項の回帰係数を抑制し，その調整分として人口の回帰係数を引き上げていることになる。

需要額の推定結果を見ると，一般市町村と中核市，政令指定都市で行政コストが上昇しており，適用する都市制度の違いを明確に反映した結果になっている。これは事務範囲の違いを考慮したものであるが，さらに人口規模で100万人を超えると，追加的な事務の拡大が行われている可能性がある。このことは需要額の推定結果に明確で，100万人を超えると係数が上昇している。ただし，需要額の段階では人口規模が大きくなると，コストが低減していく構造を踏襲している。これは表5-2の需要額の推定結果でダミー変数D_9とD_{10}を比較すると分かるが，人口規模が大きいD_{10}の係数が4千円小さくなっている。つまり，人口規模が100万人を超えると，係数が引き上げられ，その後は反比例曲線の傾向を引き継ぐ構造になっている。このため，政令指定都市の200万人超で係数が上昇しているのは，歳出総額を推定する際に需要額推定量の計数が大きくなった影響である。このように政令指定都市の平均費用関数は需要額の構造をそのまま反映した結果とはなっていないが，これを除けば，平均費用関数の定数項は需要額の構造を反映したものとなっている。

次に面積/人口であるが，この係数は人口と合わせて考えていく方が理解しやすい。8千人以下の市町村ではこの係数はそれぞれの人口区分の上限に近い値となっている。このため，人口が8,000人なら，(回帰係数／人口) = (7,042/8,000) ≒ 1となり，行政面積に千円を乗じた額が平均費用を押し上げることになる。これに対し，人口が特に1万人を超えると，面積には(回帰係数/人口)という割引率を乗じることになるため，人口が大きくなるに従って平均費用を押し上げる効果は低下していく。例えば，面積100km^{2}の市町村であれば，人口4千人なら1人当たり20万円のコストを押し上げ，8千人なら1人当たり10万円上昇する。しかし，人口10万人を超えるとその効果は数万円に留まり，100万人になると千円にまで低下する。つまり，面積項は人口規模が小さい市町村の平均費用に特に大きな効果をもたらすように制度設計されていることが分かる。

1/人口も同様な傾向を持っている。人口4千人の町村ではこれによってコストが30万円引き上げられるが，100万人の都市ではこの額はわずか千数百円にしかならない。このため，この項も人口規模の小さな市町村では平均費用の引き上げに貢献するが，100万人を超えると，平均費用は定数項でほぼ決定

表 5-4 平均費用関数の検定結果

	市町村数（実数）	決定係数	傾き (m) 回帰係数	傾き (m) t値	定数 (n) 回帰係数	定数 (n) t値
市町村全体	3,227	0.721	1.022	1.939	17.043	2.122
4千人以下を除く	2,764	0.649	0.993	0.491	8.560	1.164

される構造になっている。

(2) 平均費用の検定

実際の歳出総額を人口で除した実績値を利用して理論値の検定を行い、表5-3の妥当性を検証していく。検定には式5.8を利用し、この回帰係数がm=1かつn=0のとき、平均費用の実績値と理論値は一致すると考える。このため、これを帰無仮説としてt検定を行った。

$$E_i / POP_i = m\hat{E}_i / POP_i + n + u'_i \qquad (式5.8)$$

この検定結果を整理したものが表5-4である。市町村全体を対象とすると、帰無仮説は定数が2.5%の有意水準で棄却され、傾きも5%の有意水準で棄却される。これに対し、人口4千人以下の町村を除外して同様の検定を行うと、定数は15%で棄却されるが、傾きは25%の有意水準を用いても棄却できない。緩い基準で棄却できないということはm=1、n=0である可能性が高いことを意味している。つまり、この検定結果から需要額と歳出総額が同じ構造であるという考え方は人口4千人を超える市町村の平均費用関数に対しては有効である[20]。しかも、4千人を超える市町村は団体数で全体の85.7%を占めており、一般的な市町村財政における「規模の経済性」を検証する上でこうした町村が除外されたとしても結果にはほとんど影響がない。以上のことから、本節の検討対象が「規模の経済性」を検証する上で十分な範囲をカバーしており、また少なくとも人口4千人を超えると、需要額が持つ規模の経済性の逓減構造が各市町村の平均費用に転写していると判断できるだろう。

---

20) 良好な結果にならなかったことは本章3.2項で議論するように市町村の需要額に対する補正係数の影響が大きかったことが原因と考えられる。

2.5　平均費用における規模の経済性の考察

　表5-3の平均費用関数を図化したものが図5-5，図5-6である。図5-5では，検定結果を考慮して人口4千人を超える市町村を対象に人口に対する平均費用関数の形状を示し，面積には人口区分ごとに平均値を充てて算出している[21]。図5-6では25万～40万人の都市を対象に，面積の違いと平均費用関数の形状について検証している。中核市と一般市町村それぞれに関し，面積が最大，最小となる4都市を抽出して図化した。なお，中核市の面積が最小の高知市は144.95km^{2}となっており，最大のいわき市は1,231.13km^{2}である。一般市町村では最小の寝屋川市が24.73km^2，最大の福島市が746.43km^{2}となっている。

　図5-5では100万人を超える政令指定都市の平均費用がほぼ横ばいであるため，120万人以下に限定して図示している。まず25万～40万人の一般市町村がやや不連続な傾向を示しているのは，前後の人口規模の市町村と比べると平均面積が大きいことに起因している。面積が大きくなると平均費用は増加するが，これを抑制するために，表5-3にもあるように面積項の推定結果が不連続な傾向として現れている。

　人口規模で40万人を超えると，平均費用に変動がほとんどなく，これ以上の人口規模でのコスト差はほぼ都市制度上の違いに還元される。このことは，需要額の違いで決定されていることからも明らかであり，従って実際の財政需要に合わせて変化した結果ではない。

　需要額の平均費用関数では反比例曲線を採用しているから平均費用が最小値を取ることはない。これに対して，先行研究の多くは規模の不経済を検出しているが，これは中核市を含んで推定を行っていることに原因がある。中核市は一般市町村と異なり，事務範囲が広いため，歳出が大きくなる。このことは中核市の需要額の推定量が一般市町村より大きくなっていることからも明らかである。このことが本来存在するはずのない「規模の不経済」を検出したものと考えられる。

　中核市を含むことで平均費用の最小値を導出している先行研究では人口10

---

21) 使用した面積の平均値は，4千人を超える一般市町村から117，92，105，109，113，122，188，155km^2，中核市では428，356km^2，政令指定都市で528，570km^{2}である。

(千円／人)

図 5-5　平均費用関数の形状

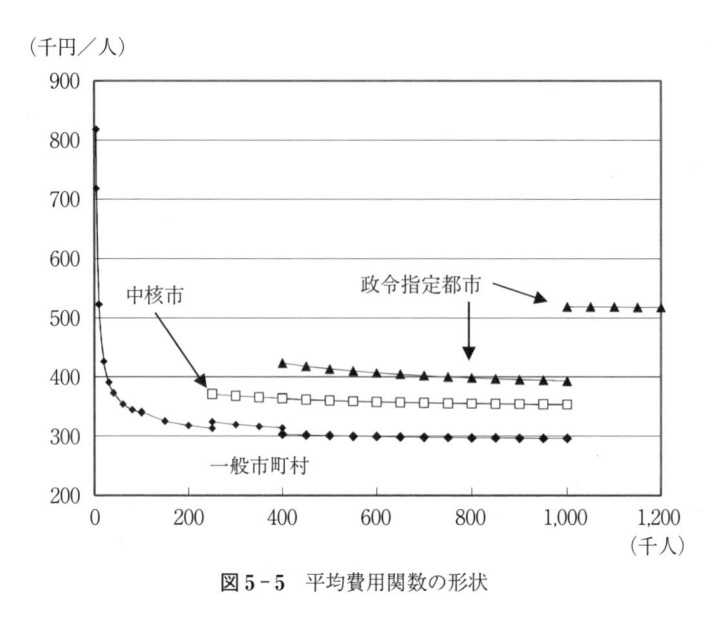

万人から30万人の間で最小値が抽出できるとしている。これは採用している推定モデルの影響も考えられるが，加えて規模の不経済の抽出があいまいな中，年度によって中核市の数が違っていたり，景気変動によって税収が増減したりするため，これらが推定結果に影響を与えていたと言えるだろう。中核市は90年代徐々に増加してきたが，その数が多くなれば推定に与える影響が大きくなる可能性がある。さらに人口30万人以上の都市は，事業所税が加わることからも分かるように法人関連の税収の割合が大きくなる。法人関連の税収は好不況の差が大きいため，検証する年度によって異なる影響を与える可能性がある。これに対して，人口10万人を超えると単位人口当たりの需要額がほとんど低下しないことや，中核市が人口30万人以上を要件としていることは先行研究の結果に明確に反映している。従って，歳出総額の平均費用関数を議論してきた先行研究が人口10万人から30万人程度で最小値を抽出していることは，歳出ではなく，需要額の構造を正確に捉えた結果と判断することができる。

　図5-6では同じ人口規模であっても面積が異なると平均費用関数の形状に

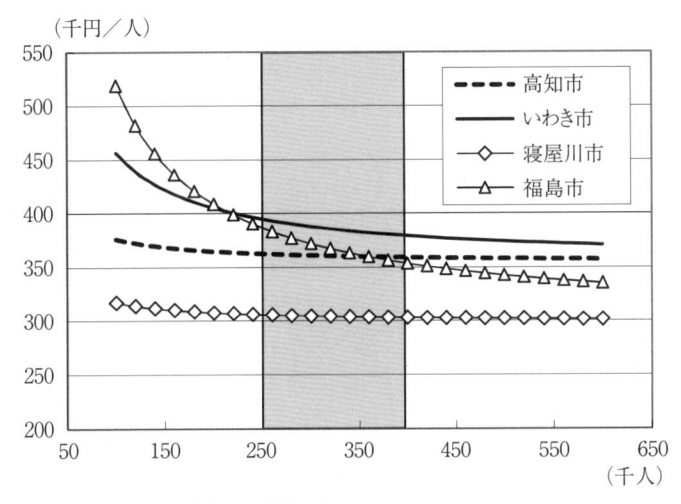

第5章　地方支配の構造と地方交付税制度の役割　　　267

（千円／人）

注1：網掛け部分が対象人口規模である。
注2：中核市の面積は高知市が最小で，いわき市が最大となる。一般市町村では最小が寝屋川市，最大が福島市である。

図5-6　個別都市の平均費用関数の形状

違いがあることを検証している。これは，既に指摘したように（面積/人口）が，特に人口規模が小さくなると，平均費用を押し上げるために形状の違いを生む要因となっているからである。行政面積の差が大きければ形状の違いも大きく，小さければ形状に差がないことになる。中核市ではこの値が小さいために高知市といわき市では面積による影響は一般市町村ほどではない。これに対して，一般市町村では（面積/人口）の影響が大きく，その形状に加え，金額においても差が見て取れる。

こうした面積による平均費用関数の形状の違いは，行政面積が市町村に固有であることを考慮すれば，林（2002）の指摘と整合的である。林（2002）では平均費用関数が市町村で固有であると述べるに留まっているが，本項の結果を踏まえると，さらに次のような特徴も指摘できる。すなわち，人口規模が小さい市町村では面積項の影響が大きいから，その平均費用関数は固有性の強いものとなるが，人口規模が大きくなっていくと，面積項の影響は小さくなるから徐々に1つの平均費用関数に収束していく可能性が高い。つまり，平均費用関

数の固有性とは専ら行政面積に依存して抽出でき，さらに人口規模が大きくなると，面積の影響が低下するため1つの平均費用関数に収束していく特徴がある。これらが推定結果から抽出できる市町村の平均費用関数の特徴である。このように需要額の構造に基づいて歳出総額を捉えると，従来の議論に明確な結論を与えてくれる可能性が高い。しかも，既存の議論に追加してその特徴が説明できることからこの構造ははるかに説明力の高い議論であることは明白であろう。

このように本節の推定結果は先行研究とよく整合している。しかし，唯一異なるのはこれが「規模の経済性」の結果ではなく，地方交付税制度が想定している需要額算定の結果であるということである。このため，規模の不経済は存在しない。この結果をより正確に解釈するなら，市町村の平均費用は人口と面積によって推定される需要額に従った，政府の制度設計の結果であり，効率性の指標ではなく，中央集権的な政府間関係の証左であるということになる。

このデータが「規模の経済性」を示すのは，例えば政府が個々の市町村における行政サービスの最適水準を把握している時であり，従ってその可能性は極めて低い。3,000を超える市町村の最適水準を政府が把握しているということ，さらにそれを需要額という共通ルールによって達成できるというのはいずれも非現実的な仮定と言わざるを得ない。しかし，このことは市町村財政に「規模の経済性」が存在しないと述べているのではない。恐らく存在するであろうが，これをデータから検証するには困難が伴うと主張しているのである。少なくとも歳出総額から「規模の経済性」を正確に抽出することは難しそうである。

ここでは2000年度のデータを利用しているが，近年もこの構造に変化はないものと考えられる。その理由は，段階補正の規模の経済性と，需要額と歳出総額の相似的関係が2004年度においても，依然，維持されているからである。このため，この構造は現在も温存されているだろう。

2.6 歳出総額に対する需要額の影響

本節は従来の平均費用の議論に対し，需要額の構造に基づいて解釈を進めてきた。先行研究では，行政サービスに対する政府関与が歳出総額から「規模の

経済性」を検証できる根拠となってきたが，その歳出総額にも需要額による強い制約が存在している。諸外国の先行研究と異なり，サービス主体に関わる説明変数が採用されてこなかったのも，こうした制約が説明変数を決定してきたからである。このことは需要額と歳出総額に対する国勢調査と住民基本台帳の人口データの影響が明確にしている。需要額は国勢調査人口に基づいて算定されているからその影響が抽出できることは当然としても歳出総額から同様の結果が得られたことは歳出総額が需要額の影響を受けてきたことを示している。

需要額には段階補正と同様，規模の経済のみが存在しており，これは貝塚・本間他（1986），中井（1988）の推定式と一致する関数形状を取っている。そして，この同じ構造が平均費用からも抽出しうることをここでは明らかにしてきた。つまり，平均費用関数が示す規模の経済は需要額の構造を反映した，国の制度に拘束された結果と捉えることができるだろう。特に市町村の歳出総額の変動が需要額によって説明できることは，需要額で詳細な人口規模や都市制度上の違いが考慮されるのに対して，歳出総額の推定式が全くこうした違いを考慮することなく決定されたことからも分かる。これが本節で示してきた市町村の平均費用に関する新たな捉え方となる。

市町村財政では平均費用から「規模の経済性」が検証され，これが定説化してきた。戦前の議論に適用されることはないとしても，地方交付税制度の導入後の議論に関しては問題が残る。少なくとも75年度以降に限れば，「規模の経済性」の議論は明確に問題がある。このことは，しかも地方交付税制度がいかに運用され，これが市町村財政に対していかなる役割を果たしてきたのか，制度の基本的な事項でさえ明確になってこなかった状況を示している。つまり，地方交付税制度の運用実態を明らかにすることは依然重要な課題として積み残されてきたことを意味している。

本節の検証から各市町村の需要額に対する歳出総額の回帰分析はわずかに3つの推定式ですべての市町村を網羅することが分かった。特に100万人以下の市町村はすべて1つの推定式となっている。これに対して，人口と面積に対する需要額の重回帰分析では様々な変数が選択された。これは需要額で市町村間の変動を説明すれば，需要額と歳出総額では推定式を作り込む必要がないことを示している。つまり，需要額で歳出総額の変動はほとんど説明できることを

意味している。

　このことは，歳出総額の変動に対する人口データの説明力が需要額の算定データに依存していること，歳出総額の平均費用関数の特徴が需要額に準じており，少なくとも人口規模4千人を超える市町村では需要額の構造が転写した結果であったことなど，需要額によって歳出総額が決定されてきた状況にあることは明白である。本節で見てきたように，市町村の歳出総額には需要額の強い制約が存在してきた。地方交付税法は需要額を歳出の一般財源分と規定し，自由度の高い経費としている。しかし，需要額と歳出との関係は地方交付税法が示す高い自由度とは必ずしも整合しない結果となっている。むしろ，需要額の投資的経費における長期計画の結果を想起させるものとなっている。

　地方自治法，地方財政法，地方交付税法では，地方財政制度の基本法としてそれぞれ法定事務に対する財源保障を謳う一方で，法定事務の執行を地方団体に義務付けてきた。複数の法律によって重層的に地方団体を支配していく構造は，あいまいなためこうした構造自体が看過されてきた可能性が高い。しかし，歳出総額に対する分析では，かなり統制的に機能していたことを示している。つまり，この種の法律による統制は強く，図5-1に示した白い三角形はかなり狭い可能性がある。これを中央集権的な財政コントロール手法の1つと捉えることができるが，少なくともこうした構造が財政学において明確に示されてこなかったことを，「規模の経済性」の議論は明確に示している。次節ではさらに歳出の内訳にまで拡張して需要額の影響を検証してみたい。

3. 費目別歳出に対する需要額の影響

3.1　需要額の一般財源性に対する批判的検討

　需要額は法定事務に必要な経費を算定した額から特定財源を控除して算出されている。このプロセスがあるために需要額に対する財源は特定財源を充てることなく，普通交付税と基準財政収入額（以下，収入額という）が充当されてきた。これは前章で見たように修正需要額の概念で捉えない限り，常に成立してきた原則といってもよいだろう。普通交付税は地方交付税法3条2項によってその使途を特定してはならないことになっている。また，収入額もそのほと

んどが地方税収であるから使途は特定されない。従って，需要額は個々の事務を積み上げたものであっても，これに充当されるのは普通交付税と収入額であるから需要額で積み上げた経費構成に従って市町村が支出する必要はない。この意味で需要額は一般財源を算定した額とも見なされてきた。本節では使途が特定されない需要額のこの特徴を一般財源性と呼ぶことにする。

　地方交付税法は，この法律に限定すると，市町村に広範に裁量を与えているように見える。しかし，第1章で明らかにしたように地方財政制度の基本法には法定事務の執行を義務付ける様々な規定が整備されている。これらの法律が重層的に機能することで統制的な運用が可能になるとして，前節では歳出総額を対象に需要額の影響を検証した。この結果を見ると，歳出総額には需要額の構造が強く反映しており，需要額による歳出総額に対する統制はかなり強い。つまり，この結果は地方交付税法が謳っているような自由度の高い規定とは一線を画している。

　さらに需要額算定でも見てきたように国庫負担金を伴う事業では所管省庁がその経費を積算し，需要額はその地方負担分のみを単位費用に組み込んでいる。この経費の算定方法は，地方財政法11条で個々の法律で定めるように義務付けられているため，個々の法律に従って事業の総額，すなわち国庫補助基本額が決定されれば，同法11条の2を根拠にその費用は国庫負担金と需要額に自動的に配分される仕組みになっている。国庫支出金を伴う事業では，経費の支出に対して所管省庁の強い制約があるから，所管省庁が支出を厳格にチェックすると，需要額に算入された経費はそのまま支出されることになり，ここでも需要額の一般財源性は意味を失うことになる。

　加えて前章では，国の社会資本整備の長期計画に位置付けられてきた地方単独事業の達成率の推移も見てきた。地方単独事業は補助金が投入されていないため，その使途は市町村が決定できると考えられてきた。しかし，70年代に地方制度の運用がルール化していく過程で地方単独事業の達成率も100%になっていくことを見てきた。単年度で捉える場合は別として，計画期間を単位にすると，法定事務に関わる地方単独事業には市町村の裁量が存在しているようには見えない。この点からも需要額には必ずしも一般財源性が存在しないことを示している。

これらの結果を概観しただけでも，需要額が一般財源性を保持していると認識するには無理がある。需要額の一般財源性を地方交付税法が担保しても，地方自治法や地方財政法では法定事務に対する支出を義務付けている。複数の法律による重層的な地方支配の構造では，これら3つの法律が別々に地方団体に網を掛けているから，地方交付税法の規定を離れて地方自治法や地方財政法の規定が優先されることがありうる。これは国による法律の運用に依存している。このため，こうした地方支配の構造は具体的に検証しない限り，明らかにすることは難しい。従って，本節では市町村の歳出の内訳から需要額の影響を把握することによって，こうした地方支配の実態について検証することを目的としている。

3.2 推定式の再検討とその特定

本節では歳出の内訳を対象に需要額の影響を抽出するが，改めて歳出と需要額，特定財源の関係から歳出を示す推定式を特定することから始める。前節では歳出総額のみを扱ったが，ここではその内訳にまで議論を拡張するため，改めて用語の確認から始めたい。

3.2.1 用語の整理

需要額は市町村ごとに特定されたものを指し，個別算定経費を合算したものである。個別算定経費は単位費用に測定単位，補正係数を乗じて求められ，通常款別費目の経常経費や投資的経費ごとに，場合によってはさらに細分化されて設定されている。個別算定経費が算出される費目，例えば道路橋りょう費の経常経費や小学校費の児童数を測定単位とした経常経費などを，ここでは個別算定経費項目と呼ぶことにする。

単位費用は人口10万人で補正係数が1となるような標準団体が想定され，法定事務とこれを執行するために必要な経費を積算している。これらの必要経費から特定財源を控除した後，標準団体が想定する測定単位で除すことで単位費用は求められる。単位費用の積算基礎は，標準団体におけるこの必要経費のことであり，標準団体の需要額に特定財源を加えたものが積算基礎の合計に対応している。

本節では各市町村の個別算定経費に，対応する特定財源を加えたものを事業費と定義する。このため，事業費は個別算定経費項目ごとに設定され，個別算定経費に加えられる特定財源の多くは国庫負担金である。この額は必要経費に補助率を乗じることで決定される。この積算方法に従うと，標準団体における個別算定経費と国庫負担金は完全代替性が生じる。この仕組みが事業費と需要額の間に一定の関係性を作り出す理由となっている。次項ではこの関係性を具体的に明らかにしていく。

3.2.2　事業費に対する推定式の導出

普通交付税の算定で利用されている事業費と個別算定経費，特定財源から，事業費と需要額の関係を導出していく。ここで扱う事業費は需要額の算定対象と一致するから法定事務の経費ということになる。まず，市町村 i における個別算定経費項目 j に対応する個別算定経費 φ_{ij}，特定財源 G_{ij}，事業費 EE_{ij} をそれぞれ表すと以下の式になる。ここで m_j は標準団体の測定単位の逆数，R_j は標準団体の事業費，G_j はその特定財源，h_{ij} は各市町村の補正係数，M_{ij} は各市町村の測定単位で，いずれの変数も非負である。

$$\varphi_{ij} = m_j (R_j - G_j) h_{ij} M_{ij} \quad (式5.9)$$

$$G_{ij} = m_j G_j M_{ij} \quad (式5.10)$$

$$EE_{ij} = \varphi_{ij} + G_{ij} \quad (式5.11)$$

式5.9は個別算定経費の公式の算定式で，標準団体では $m_j M_{ij} = h_{ij} = 1$ が成立する。各市町村の特定財源は式5.10で表し，これは式5.9を展開して得られる特定財源の項に対し，補正係数を1と置いたものである。実際の国庫負担金の積算では個々に補正が行われている可能性もあり，しかもその補正は地方交付税制度と一致するとは限らない。しかし，本節ではこの違いに本質的な意味がないため[22]，補正係数を1とした式5.10を利用している。これより，式5.9から式5.11を利用して，法定事務に対する事業費と個別算定経費の関係を表すと，次式が導出される。

$$EE_{ij} = \left(1 + \frac{k_j}{h_{ij}}\right) \varphi_{ij} \quad \left(ただし,\ k_j = \frac{G_j}{R_j - G_j}\right) \quad (式5.12)$$

3.2.3 推定式の考察

ここでは普通交付税の算定から事業費と個別算定経費の関係を導出した。まず，簡単にこれらの前提を確認しておく。個別算定経費の算定対象であるからここでの事業費は専ら法定事務を対象としている。つまり，個別算定経費項目でまとめられる法定事務に関して，国が想定している各市町村の事業費を意味している。従って，個々の市町村が独自に実施している事務に対する事業費は含まれておらず，法定事務に対して個々の市町村が実際に支出した額でもない。あくまで国が想定している事業費と個別算定経費の関係を示しているにすぎない。

次に式5.12で特定財源が存在しない場合，$G_j = 0$ より事業費と個別算定経費は一致する。このとき，事業費と個別算定経費は正比例として現れることになる。だが，特定財源が存在すると，個々の市町村の補正係数が影響するため，式5.12が示す事業費と個別算定経費の関係は市町村に固有なものとなる。仮に市町村間で補正係数のばらつきが大きければ，全市町村で見ると，事業費は個別算定経費に対して大きくばらつき，逆に市町村間の補正係数に大きな違いがなければ，事業費と個別算定経費は比例関係に近づいていく。後者の場合，特定財源がゼロに近づくと事業費と個別算定経費の関係は正比例に接近し，事業費に占める特定財源の割合が大きくなると，その傾きは大きくなっていく。式5.12は事業費と個別算定経費がこのような関係にあることを示している。

この式5.12を利用して前節の結果を考察していく。まず，図5-2は2004年度の歳出総額と需要額の関係を表しているが，この関係は式5.12でほとんどが説明できる。式5.12は事業費と個別算定経費の関係であるが，これを各市町村で合算した事業費の総額と，需要額にもそのまま適用できることが分か

---

22) 式5.10に市町村i，個別算定経費項目jの特定財源に対する補正係数 n_{ij} を導入すると，式5.10は $n_{ij}=1$ の場合に相当する。次にこれが地方交付税制度の補正係数 h_{ij} に一致するとき，式5.12の係数は $(1+k_j)$ となる。k_j はすべての市町村に共通な定数となるため，全市町村の事業費は需要額に完全に比例する。これ以外の場合，式5.12の需要額の係数は $(1+n_{ij}k_j/h_{ij})$ に修正される。これは市町村に固有な式となるが，本節の議論とほぼ一致する。従って $n_{ij} = h_{ij}$ で事業費と需要額は比例関係になり，それ以外では本節の議論と本質的に違いはないことが分かる。

る。しかも，事業費に実際の歳出総額を適用しても成立していることは国が想定している事業費と歳出総額に強い相関があることを示している。これは市町村の歳出総額がほぼ国の事業費の総額に従って支出されていたことを表している。本来式 5.12 は左辺，右辺とも国が想定する計数であるが，実際の歳出を左辺に導入しても有効な結果が得られることが分かる。

　既に見てきたように需要額の変動は人口と面積でほとんどが説明できるが，人口と面積は個別算定経費の中でもウェイトの高い測定単位となっている。このことは個別算定経費の合算額である需要額が特定の個別算定経費で近似できることを意味する。この理由は，測定単位の違いや個別算定経費ごとに設定される補正係数が生み出すばらつきが全市町村で見るとそれほど歳出総額の変動に影響を与えていないことを示している。一方，人口 4 千人以下で良好な検定結果が得られなかったことは，この人口規模では個々の補正係数が歳出総額に与える影響が大きく，人口と面積では説明できないばらつきを生んでいたと考えられる。式 5.12 に照らして評価すると，人口 4 千人以下の町村では補正係数の影響が大きいために式 5.12 の傾きのばらつきが大きく，この人口規模全体で捉えると収束しない。これに対し，4 千人を超えると，補正係数の影響が相対的に小さくなり，傾きが収束するため，全体で捉えると 1 つの推定式で表すことができるのである。このような理由から式 5.12 は個々の経費に対しても，事業費全体においても多くの市町村を対象にした分析で安定した推定結果を示してきたのである。以下では，式 5.12 が持つこうした特徴を利用して，事業費に各種歳出の内訳を充当して需要額の影響を分析していく。

3.3　各種歳出の計量分析
3.3.1　推定の目的と方法
　市町村の個々の歳出から需要額の影響を抽出しうるかを検証することが本項の目的である。式 5.12 は本来国が想定する事業費と個別算定経費の関係を示したものであったが，左辺に歳出の実績を代入しても，右辺の対象を需要額に拡大しても良好な推定結果が得られた。このため，ここでは式 5.12 の個別算定経費に需要額の推定式である人口と面積による推定式を代入し，国が算定する事業費の代わりに各市町村の実際の歳出額を充てることで式 5.13 の推定を

行った。

$$E_{ijT} = a_{jkT}POP_{ik} + b_{jkT}AREA_{iT} + c_{jkT} + \nu_{ijkT} \qquad (式5.13)$$

ここでT年の市町村i，内訳jの歳出額をE_{ijT}とし，統計$k^{23)}$の人口をPOP_{ik}，面積を$AREA_{iT}$，誤差項をν_{ijkT}としている。a_{jkT}，b_{jkT}，c_{jkT}は回帰係数である。歳出額には省庁別歳出額や歳出内訳を充当している。面積は各年度の『市町村別決算状況調』に掲載されているデータを使用し，住民基本台帳人口は面積と同様，『市町村別決算状況調』のデータを充当し，国勢調査人口には95年と2000年をそれぞれ充てている。

本節では前節で利用している需要額の算定上の制約を判断基準に需要額の影響を3つの条件から検証している。すなわち，①人口と面積の推定式で高い決定係数が得られ[24)]，②住民基本台帳人口（以下，住基人口という）より国勢調査人口（以下，国調人口という）の決定係数が高くなり，③2000年度は95年度の国調人口の決定係数が高くなるというものである。この3つの条件がすべて実際の歳出額から抽出できれば，需要額の影響が強く反映していると判断している。

3.3.2 データセットの構築

『市町村別決算状況調』で需要額の費目と整合的なのは目的別歳出である。目的別歳出は市部では細分化されているが，町村部は議会費，総務費，民生費といったレベルのデータしか入手できないため，ここでは市部を対象に計量分析を行う。対象年度は電子データが整備されている96年度以降とし，96年度，2000年度，2004年度を選択した[25)]。本研究は2000年度までを検討対象としたが，2004年度を加えることで対象を拡張している。さらに一部の検討では2006年度データも加えた。

---

23) 統計kには国調人口と住基人口の違いに加え，年度の違いも含んでいる。
24) 面積に関しては費目によって係数の有意性が確保されないが，この場合も面積項を取り除いた再推定は行っていない。
25) 市町村合併が生じた場合，95年の国勢調査人口は合併前の市町村を合算して推定を行っている。なお，サンプル数は96年，2000年度が670都市，2004年度が732都市である。

目的別歳出額とその内訳に加え，本節では省庁別に集計したデータも利用している。省庁別歳出額は目的別歳出額の内訳に着目して次のように分類して作成した。自治省には，「議会費」，「総務費」，「消防費」を充て，厚生省には「災害救助費」を除く「民生費」と「衛生費」を，文部省には「教育費」のみを対応させている。建設省は「港湾費」，「空港費」を除く「土木費」と「災害復旧費」の「公共土木施設災害復旧費」を，労働省には「労働費」，農林水産省には「農林水産業費」と「災害復旧費」の「農林水産施設災害復旧費」を組み込んでいる。通商産業省には「商工費」，運輸省には「土木費」の「港湾費」を充てており[26]，対象外費目は「民生費」の「災害救助費」，「土木費」の「空港費」，「災害復旧費」の「その他」，「諸支出金」，「前年度繰上充用金」であり，これらは推定から除外した。なお，「公債費」は一括して自治省に計上している。これは，地方債の発行が自治省によって許可されてきたことが理由だが，一部の地方債は他省庁の影響も考慮されることは明らかである。しかし，『市町村別決算状況調』ではこうした細分化は不可能なため，自治省に一括する場合と除外する場合の2通りに留めている。なお，完全に対象外となる費目が96年，2000年，2004年度の歳出総額に占める割合はそれぞれ0.9，0.8，0.7％となっている。

3.3.3 省庁別歳出額の推定結果

省庁別歳出額を推定した結果，これから得られた決定係数を整理すると，表5-5のようになる。表には市部を対象とした需要額と歳出総額の推定結果も加えている。

全体の傾向として需要額の決定係数を超える費目は存在せず，公債費を除いた自治省の決定係数が常に最も高く，自治省，厚生省，文部省，建設省の決定係数が高いのに対し，労働省，農林水産省，運輸省の決定係数が極めて低くなっていることが挙げられる。

人口データの違いが与える影響を見ると，労働省と農林水産省では住基人口

---

26) 第4章の省庁別職員数では職員数が計上されている経費を類型化したのに対して，本章は歳出の性格に着目して省庁別に類型化しているため，扱っている省庁の数が多くなっている。

表5-5 省庁別歳出額の推定から得られた決定係数

	96年度		2000年度			2004年度	
	国調人口	住基人口	国調95	国調00	住基人口	国調人口	住基人口
需要額	0.973	0.969	0.978	0.976	0.972	0.975	0.970
歳出総額	0.919	0.913	0.927	0.923	0.916	0.935	0.926
自治省	0.953	0.947	0.960	0.956	0.952	0.953	0.947
自治（含公債）	0.952	0.948	0.945	0.943	0.938	0.941	0.935
厚生省	0.917	0.907	0.916	0.910	0.902	0.923	0.912
文部省	0.927	0.920	0.933	0.931	0.925	0.943	0.937
建設省	0.884	0.880	0.909	0.906	0.899	0.925	0.918
労働省	0.234	0.239	0.060	0.060	0.061	0.313	0.311
農林水産省	0.379	0.381	0.187	0.187	0.189	0.456	0.456
通産省	0.726	0.715	0.769	0.762	0.753	0.723	0.712
運輸省	0.475	0.471	0.520	0.518	0.513	0.447	0.439

資料：市町村別決算状況調

が国調人口を上回るケースがあることを除けば，他の省庁では国調人口が上回っている．加えて，これらの省庁では2000年度で見ても，95年国調の影響が大きいことも把握できる．この結果から自治省，厚生省，文部省，建設省の4省で需要額の影響が顕著に抽出できることが分かる．これら省庁の所管事務に関して，各市は事前に算定された事業費の制約の中で，個々の歳出額を決定してきたことを示唆している．

それでは人口データの影響をさらに詳細に見ていこう．自治省では公債費を含めると決定係数が低下し，96年，2000年，2004年度と徐々にこの値は低くなっており，2004年度では文部省の決定係数と逆転している．厚生省，文部省，建設省の3省では2004年度の決定係数が最も高くなり，公債費を含まない自治省の2004年の結果は2000年度を下回るが，これは市町村合併が進んだことが影響しているものと考えられる．通商産業省は需要額の測定単位に国調人口を使用しているにもかかわらず，決定係数が低くなっており，これは大きな特徴と言えるだろう．なお，表では結果を提示していないが，国調人口を利用した回帰係数とt値には以下の傾向も抽出できる．①自治，厚生，文部，建設の4省では人口係数のt値が極めて高いのに対し，農林水産省では面積のt値が全般的に高くなっている．②2004年度には自治省と文部省で面積の有意

性が高まり，しかも特に自治省で他の年度に比べその係数がかなり大きくなっている．厚生省と運輸省を除く省庁でも面積の係数は大きくなる傾向を示し，また，その有意水準は高くなるなど，2004年度の結果では面積項の役割が変化している可能性を示唆している．

3.3.4 目的別歳出額の推定

本項では需要額の影響が大きいと判断した自治，厚生，文部，建設の4省に関し，その目的別歳出額と内訳を，式5.13を利用してさらに推定し，以下の結果を導出した．なお，ここでは比較のため市のみを対象に推定した需要額と歳出総額の推定結果を追加し，参考データとして2006年度を加えている．

(1) 推定結果と考察

条件1から3までの結果をまとめたものが表5-6であり，ここでは，まず人口と面積の推定式で高い決定係数が得られているかを評価する条件1を中心に考察を加えていく．

目的別歳出額に内訳のある総務費，民生費，衛生費，教育費，土木費，都市計画費に着目すると，民生費，土木費とその他の費目では異なる傾向を示していることが分かる．民生費，土木費は生活保護費と都市計画費が全体の決定係数を引き下げたり，引き上げたりしている．つまり，1つの費目がその集計値に影響を与えているのに対し，その他の費目では決定係数の低いものを足し上げていくと決定係数が高くなる傾向を示している．この傾向は関係省庁が算定した事業費を各市が裁量的に配分した結果と解釈できるが，これは単位費用を手掛かりに各市が予算編成を行ってきたことを裏付けている．そして，前節では歳出総額に需要額が反映していることを検証しているが，ここでの結果はこうした制約がより細分化した費目でも機能していることを示している．

考察の2つめのポイントは多くの費目で2004年度の決定係数が最も高くなっていることである．この傾向は集計値で特に顕著であり，自治省を除く3省にほぼ共通している．本来，各市には留保財源に代表される裁量的な経費がある．しかし，地方交付税が削減される中でこの種の裁量的な財源が，法定事務の不足分を補うために使用されたことで，決定係数が高くなっていったもの

280

表 5-6 目的別歳出額の推定から得られた決定係数　　　　　　　　　　単位：％

	条件1				条件2	条件3	対歳出総額比 (2004年)
	96年	00年	04年	06年			
需要額	.973	.978	.975	.975	○	○	—
歳出総額	.919	.927	.935	.941	○	○	—
自治省	.953	.960	.953	.949	○	○	27.0
自治省（含公債費）	.952	.945	.941	.947	○	○	40.0
議会費	.933	.930	.862	.893	○	○	0.7
総務費	.936	.946	.934	.931	○	○	11.4
総務管理費	.921	.935	.921	.919	○	○	9.2
徴税費	.843	.863	.903	.913	○	○	1.2
戸籍住民基本台帳費	.766	.783	.810	.845	○	○	0.6
選挙費	.850	.916	.897	.837	○	○	0.2
統計調査費	.473	.879	.365	.312	○	○	0.1
監査委員費	.866	.877	.871	.870	○	○	0.1
消防費	.956	.956	.952	.957	○	○	3.5
公債費	.903	.884	.879	.908	○	×	13.0
厚生省	.917	.916	.923	.925	○	○	35.3
民生費（除災害救助費）	.897	.899	.905	.909	○	○	26.2
社会福祉費	.904	.902	.927	.928	○	○	6.7
老人福祉費	.901	.923	.957	.965	○	○	5.1
児童福祉費	.925	.950	.966	.975	○	○	8.5
生活保護費	.734	.734	.712	.695	○	○	5.8
衛生費	.914	.914	.929	.926	○	○	9.1
保健衛生費	.792	.829	.832	.817	○	○	4.1
結核対策費	.637	.721	.721	.695	○	○	0.1
保健所費	.708	.779	.819	.833	○	○	0.2
清掃費	.918	.884	.914	.904	○	○	4.7
文部省	.927	.933	.943	.943	○	○	11.0
教育費	.927	.933	.943	.943	○	○	11.0
教育総務費	.832	.838	.831	.660	○	○	1.4
小学校費	.917	.898	.904	.917	×	×	2.4
中学校費	.867	.883	.880	.848	○	○	1.3
高等学校費	.705	.700	.580	.691	○	○	0.5
特殊学校費	.642	.580	.554	.645	○	○	0.0
幼稚園費	.331	.333	.302	.309	○	○	0.5
社会教育費	.804	.814	.857	.892	×	○	2.4
保健体育費　体育施設費等	.687	.516	.451	.500	×	○	0.9
学校給食費	.871	.846	.896	.842	○	×	1.4
大学費	.422	.529	.525	.384	○	○	0.3

第5章　地方支配の構造と地方交付税制度の役割

建設省	.884	.909	.925	.933	○	○	25.6
土木費	.885	.909	.925	.925	○	○	25.5
土木管理費	.536	.548	.477	.396	×	×	1.0
道路橋りょう費	.795	.824	.846	.861	○	○	3.8
河川費	.826	.814	.763	.764	○	×	0.5
都市計画費	.908	.928	.954	.939	○	×	1.1
街路費	.831	.826	.825	.784	×	×	1.8
公園費	.850	.851	.805	.844	×	○	1.5
下水道費	.911	.907	.929	.892	○	○	4.0
区画整理費等	.652	.800	.753	.811	○	×	2.7
住宅費	.490	.485	.424	.443	○	○	1.1
公共土木施設災害復旧費	.060	.105	.106	.048	×	○	0.1

と考えられる。特に建設省では国が裁量的に決定できる補助事業が減少したことも決定係数の改善に大きく影響している。

　一方，自治省は地方交付税制度の所管省庁ということもあり，費目単位で見てもかなり決定係数が高くなっている。しかし，市町村合併が推進されてきたために，特に2000年度から2004年度に掛けて決定係数の低下が見られる。これが市町村合併の影響であることは，例えば，議会費に顕著に見ることができるだろう。市町村合併を実施した場合，議員定数の特例を選択することができるが，その選択は合併市町村の裁量に依存するためにばらつきが生じる。この場合，人口規模に比べて，議員数が大きな市町村が発生することになるから議会費が本来の人口規模から乖離した金額になる。2000年度の3,227市町村が2004年度には2,521市町村に減少しており，こうした結果が反映していると考えられるが，これも議会が改選されれば，再び決定係数は高まるだろう。

　決定係数と業務内容の関係を示唆する費目として統計調査費について指摘しておく。2000年度には国勢調査が実施されているため，全国で同時にこの経費が計上されている。その財源は国庫委託金であり，需要額には反映しないが，政府が人口等を基準に国庫委託金を決め，全国一律の業務を実施した結果，決定係数は前後の0.4程度から0.879に改善されている。つまり，このことは，国の平準化した業務を一定基準の財源の下で各市が実施すると，決定係数は0.9程度になりうることを示している。つまり，決定係数と事業内容の関

係を知る上で，統計調査費は1つの示唆を提供するものと考えられる。

(2) 3つの条件を踏まえた考察

ここでは表5-6の他の2つの条件を加えて需要額の各種歳出への影響を検討していく。条件2では国勢調査人口が住基人口より決定係数が高い場合に○を付けている。また，条件3は95年の国勢調査人口による決定係数が2000年より高くなる場合に○を付している。

自治省では公債費で条件を満たさないものが出てくるが，他の費目では条件を満たしており，事業費に従って各費目の歳出も行われてきた可能性が高いことを示している。これは，自治省が地方交付税制度を所管しているため，制度の妥当性を確保しようとするインセンティブが強いことも影響していると考えられる。

厚生費は決定係数ではややばらつきがあるものの，他の条件は完全に満たしている。文部省，建設省では条件2，3を自治，厚生省に比べると満たしていないケースが多くなる。この2つの条件を満たさない理由を明確にすることは現段階では難しいが，建設事業に関連する経費に多いことは分かる。

条件2，条件3の結果は決定係数と概ね同じ傾向で，細分化されていくほど条件を満たさない項目が増加していく。これは決定係数と同じで，細分化された結果が条件を満たさないとしても，これを加えていった結果，条件を満たすようになる。このことは，各省庁の関与がある程度まとまった費目に対して反映していることを示唆している。

3.3.5 決定係数と対歳出総額比率

費目によって決定係数のばらつきが生じる理由をそれぞれの経費の歳出総額に占める割合から検討していく。表5-6で示した項目のうち，目的別歳出とその内訳についてそれぞれの費目が歳出総額に占める割合と決定係数を散布図として図5-7に示した。図には表5-6にある各省単位の決定係数は存在しないが，例えば総務費と選挙費，都市計画費と街路費が共に3ヵ年図化されているため，重複が存在している。

ここでの特徴は，構成比が大きくなるとその決定係数が高くなるのに対し，

第5章　地方支配の構造と地方交付税制度の役割　　　283

(%)

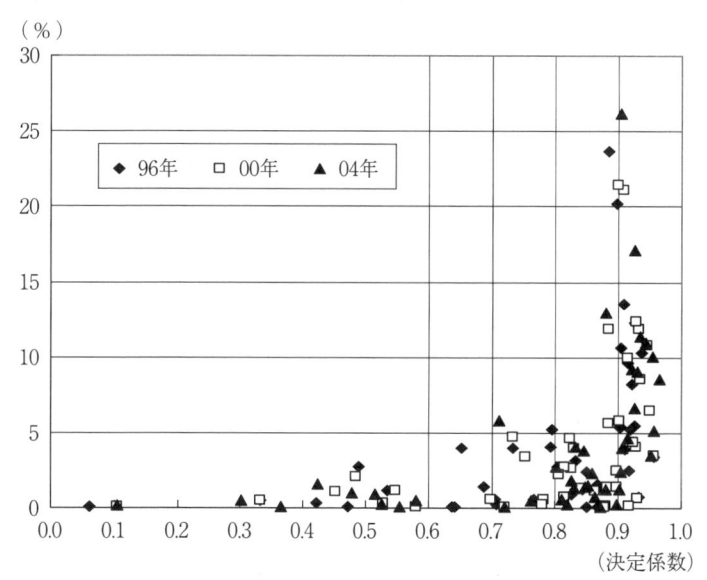

資料：市町村別決算状況調

図5-7　目的別歳出額の決定係数と構成比の関係

構成比の小さなものは広範囲に分布していることである。歳出総額に占める割合が5％を超える費目は126件中36件あり，決定係数は0.9程度になっている。この例外は96年度の道路橋りょう費0.795と2004年度の生活保護費0.712の2項目[27]で，これらの決定係数はかなり低い。

この2つに続くのが2004年度における公債費の0.879である。この水準は5％以上の費目としては決定係数が低い方で条件3も満たしていないことを考えると，明確な国の関与を測る上でこの水準は1つの閾値となりうる可能性がある。これより高い決定係数では3つの条件をすべて満たしており，これらの費目では需要額の影響が明確に認められ，従ってその歳出が事業費に制約されていることを示唆している。国の関与を判断するにあたってこの水準が有効であると考える理由は統計調査費からも得られる。統計調査費は96年度，2004年度，2006年度でそれぞれ0.473，0.365，0.312と極めて低い値を記録して

---

27)　96年度の道路橋りょう費は阪神大震災の影響が，2004年度の生活保護費は96，2000年度の比率が5％未満であったことが理由と考えられる。

いるが，国勢調査が実施された2000年度だけが0.879と大きく改善されている。2000年度は国勢調査が実施されているからその業務に国の影響が存在することは疑う余地がない。その2000年度が0.879に改善されていることは，この水準が国の影響を測る基準と捉えることができるだろう。

省庁別で見ると，こうした傾向はより顕著で，市部の歳出の8割を占める自治，厚生，文部，建設の4省では需要額の算定上の制約が顕著に抽出できるのに対し，他の労働，農林水産，通商産業，運輸の4省ではそれぞれの比率が5％に満たないこともあり，事業費の制約はかなり小さい可能性がある。特に通商産業省は需要額の算定で利用している測定単位が人口であるにもかかわらず，決定係数は0.7を超える程度でしかない。このことは，人口を測定単位とした場合であっても歳出額との回帰分析で必ずしも高い決定係数が得られるとは限らないことを示している。これより通商産業省の市に対する関与が自治，厚生，文部，建設の4省と異なる可能性を示唆している。これは，裏を返せば，決定係数の高い4省が市の行政運営に関与してきたことを示す結果と解釈できる。少なくとも，これらの4省が所管する歳出額に対しては国勢調査事務を代行するより，強い規則性が存在している。ただし，通商産業省以外の3省については測定単位が人口でないため，実際には関与の度合いを議論することはできず，関与が低い可能性があると結論付けるべきだろう。

3.4　歳出内訳に対する需要額の影響

一般財源を「財源の使途が特定されず，どのような経費にも使用することができる」とすると，歳出総額に占める割合が5％を超える費目では，需要額の影響が明瞭に抽出できるから，需要額を一般財源と捉えることは難しそうである。歳出に占める割合の高い自治，厚生，文部，建設の4省所管の事務にも特に強い制約が存在している可能性が高い。需要額の影響が大きいということは法定事務による事業費の制約が強いことを意味しており，需要額の一般財源性が歳出総額の5％を超える費目では失われることになる。従って，この種の費目で需要額は国庫負担金の有無にかかわらず使途が特定されてきたことを示唆しており，全般的に省庁単位の決定係数が高くなっていることを踏まえると，省庁別の特定財源として位置付けることができるだろう。少なくとも歳出総額

に占める割合の高い4省に関してはそのように捉える必要がある。

　建設省は他の3省と比べて決定係数が低いが，この結果をもって建設省の所管事業で市町村の裁量が大きいと断定することはできない。まず，建設事業のうち，直轄事業負担金や補助事業の地方負担分は需要額の事業費補正など補正係数を通じて市町村に配分されていく。このため，事業が実施される市町村では補正係数が拡大して需要額が大きくなるから，測定単位の変動と関係なく需要額が変化する。仮に需要額の内訳が市町村別に把握できれば，これと歳出内訳は高い決定係数が期待できるかもしれない。しかし，ここでは人口データで判断しているから直轄事業や補助事業といったアドホックな事業の配分を捕捉することはできない。しかも，建設事業ではその額が大きいために全体の決定係数を引き下げることになったものと考えられる。

　もう1つの理由は標準事業費の配分と実施のタイムラグである。標準事業費は専ら地方単独事業に対応する。国の長期計画で位置付けられた地方単独事業は，ある程度実施時期がコントロールされるとしても，すべてが制約されるわけではない。あまり強い制約を受けることがない事業の場合，市町村が財源を積立て，一定の期間内に事業として実施すると，財源の配分と歳出にはタイムラグが生じる。この経費は標準財政規模に応じて市町村に配分されるから，測定単位である人口データの影響を受けても，事業の実施年度は個々の市町村が決定できる可能性がある。このとき，人口データと歳出内訳は連動しない。つまり，法定事務の実施という意味では個々の事業の根拠法の影響を受けても，財源の配分と実施年度にズレが存在するため，人口データによる回帰分析では決定係数が低下することになる。このように多少決定係数が小さい場合であっても，所管省庁の制約が小さいとは言えない可能性が高い。

　自治省など4省で決定係数が高く，その一方で人口を測定単位としている通商産業省で決定係数が低くなっていたことは，4省において一定のコントロールが機能していたことを意味している。この種のコントロールには予算編成の時期に地方交付税法改正に合わせ公表される単位費用の影響が考えられる。単位費用が明らかになると，市町村では部署単位で予算が把握できる仕組みとなっている。測定単位は市町村の方が多く情報を持っており，補正係数が予測できれば，個別算定経費がかなり正確に把握できる。投資的経費も標準事業費

については単位費用の変動で把握でき，調整事業費は国の直轄事業や補助事業の実施状況である程度把握できる。このため，単位費用が分かれば，各部署の予算の下限がある程度把握できる仕組みになっている。実際に単位費用を予算編成に利用している市町村もある。しかし，本節の結果は，この種の市町村が例外でなく，かなり広範に存在することを示唆している。歳出から需要額の影響が抽出できたこと，さらに衛生費や教育費などでは決定係数の低い内訳を加えていくと決定係数が高くなっていく現象はこうした市町村の予算編成と関係していることの証左と言えるだろう。

　93年度から97年度を計画期間とする第11次道路整備5箇年計画では地方単独事業を25.2兆円見込んでいた。これに対する実績額は建設省道路局・都市局（1997）によれば24兆9,462億円で，達成率は99.9％である。本来地方が自主的に決定しているはずの地方単独事業でも国の長期計画の影響は著しい。しかも，社会資本整備の長期計画の達成率は道路整備5箇年計画に特殊な結果でないことを既に見てきた。投資的経費，しかも地方単独事業に限っても市町村の歳出には国の計画が反映しており，このことは歳出に対する良好な計量分析の結果が需要額の影響と判断することを全く阻害しないだろう。

　本節は市を対象に需要額に則して支出が行われてきたことを明らかにした。特に市の歳出の太宗を占める自治，文部，厚生，建設省の事務には統制的なコントロールが存在しており，このことは通商産業省が人口を測定単位としながら低い決定係数を抽出したことからも判断できる。もちろん個々の市が判断した偶然の結果と主張する余地がないとは言えないが，その場合投資的経費の達成率の結果なども含め，これらを整合的に説明することはほとんど不可能だろう。こうした実態を踏まえると，ここでの結果は法定事務の算定とこれに対する支出の結果と解釈することができよう。しかも，より自由度が高いと考えられる市部で統制的な結果が抽出できたことから，これらは町村部も含めた傾向と捉えることに問題はないと考えられる。

4. 複数の法律による重層的な地方支配と地方交付税制度の役割

　本書の目的は地方交付税制度の運用実態を明らかにすることであった。しか

し，その運用は単なる一地方財政制度の範囲に留まらず，地方財政制度における戦後の変遷そのものといっても過言ではないだろう。これは地方交付税法が地方自治法や地方財政法とともに地方財政制度の基本法を形成してきたことや，財源保障機能を担ってきたことに起因している。とりわけ，財源保障機能を担ってきたことを考慮して，運用の対象を需要額と歳出との関係にまで拡張してきた。これによって地方交付税制度が，地方財政制度の基幹制度として，これが果たしてきた役割をより明確にできると考えたからである。

本章では，複数の法律による重層的な地方支配の構造という概念を示し，地方制度の法体系においてこの構造が統制的に運用されてきたのかを問題とした。これによって地方支配の構造がいかなる性格を有していたかを明らかにするためである。この結果は極めて統制的なものであったが，この構造の中で地方交付税制度が果たしてきた役割を考察していく。以下では，改めて地方制度の法体系による支配の実態を確認した上で，これらの構造を機能させるための地方交付税制度の役割を考えていく。

4.1　複数の法律による重層的な地方支配の構造

地方交付税法3条2項では，地方交付税を一般補助金と規定している。これに収入額を加えたものが需要額となるため，需要額は一般財源を見積もった額と見なされ，使途が特定されないとされてきた。この意味で地方交付税法は地方団体に多くの裁量や自由を与えており，基本法の中でも規制が緩やかな法律であると言える。しかしながら，需要額の算定対象は法定事務であり，いずれも法律で支出が義務付けられたものが多い。しかも，70年代後半から地方財政法などの法律に従って算定が行われるように運用の適正化も進んでいる。このように需要額には一般財源性があるとされてきたが，その算定は法律の支配を強く受けてきた。

上位法である地方自治法は法定事務に関してその執行を地方団体に強く義務付けてきた。このことは，地方交付税法が地方団体に多くの選択を認めていても，地方自治法の運用が強化されれば，その結果は統制的になることを意味している。需要額が一般財源に近いか，政府の統制が及ぶ特定財源に近いかは，国による運用の問題となってくるが，これは複数の法律による重層的な地方支

配の性格を特徴付けることにもなる。複数の法律による地方支配の構造は図5－1に示したが，この種の構造では，個々の法律の規制が緩くても，法律が重層化することで統制的な運用ができるかもしれない。このため，中央集権構造の実態をあいまいにしながら，実質的な効果を実現できる仕組みと捉えることもできる。従って，本章はこの地方支配が統制的か否かを市町村の歳出を対象に検討してきた。

　本章の結論は市町村の歳出には需要額の影響が明確であり，極めて統制的な運用が行われてきたというものである。需要額の算定は，基本的に法定事務が対象であり，市町村の歳出から需要額の影響が顕著に抽出できたことは，歳出に対して法定事務の影響が大きいことを示している。

　歳出総額の需要額に対する回帰分析を行うと，75年度以降決定係数は常に0.95を超え，0.97から0.98を維持している。2004年度までに0.95以下に低下したのは阪神・淡路大震災の95年度のみであった。しかも，需要額の補正係数で採用している人口規模に配慮して，人口と面積で詳細に需要額を算定すると，市町村の歳出総額の変動はこの推定量の変動でほとんどが説明できる。このことは歳出総額の決定に需要額が強く影響していることを示している。特に人口100万人以下の市町村の歳出総額が1つの推定式となったことは，その影響が大きいことの証左である。従って，歳出総額の平均費用関数の議論が，歳出総額を介して需要額の算定構造を議論してきた結果に過ぎないことも当然の帰結であったと言える。

　この傾向は，単に市町村の歳出総額だけでなく，歳出内訳からも抽出できることを明らかにした。特に歳出総額の5%を超える費目には需要額の影響が明確に存在している。市町村の歳出は自治省，文部省，厚生省，建設省に関連した支出が多いが，これら4省が所管する歳出を省単位で見ると，需要額の影響が顕著に抽出できる。このことから地方団体で存在してきた縦割り行政の影響が財政面からも抽出できることが分かった。

　本章の検証結果を踏まえると，地方交付税法が需要額に一般財源性を与え，地方団体の自由度を担保していたとしても，複数の法律による重層的な地方支配が存在することで，実質的に地方交付税法の自由度が失われてきたことが分かる。むしろ，個々の省庁単位で見た歳出が需要額の影響を受けてきたこと

は，地方財政制度の基本法に加え，個々の地方制度の根拠法による地方支配がかなり統制的なことを示唆している。

国が地方に事務を課す場合，法律を根拠としなければならない。加えて，法定事務に対しては財源を一定基準で保障しなければならない。これらの規定に従って，関係省庁が所管する法定事務には財源措置が講じられてきた。ところが，実際は単なる財源措置に留まらず，配分された財源は市町村の各部署に分けられ，ある程度機械的に法定事務に支出する構造が出来上がっていることを本章で明らかにした。このことは法定事務の実施を担保するために財源が配分されてきたことを示唆している。そして，この財源配分を実現してきたのが地方交付税制度である。究極的にはこれが地方交付税制度の唯一の役割と言ってもよいが，財源の配分方法には地方交付税制度独自の特徴がある。そして，この特徴の中に地方交付税制度の役割を見出すことができる。ここではこうした観点から地方交付税制度の役割の幾つかを抽出していく。

4.2 需要額算定の妥当性の確保とその膨張を抑制する役割

地方交付税制度の役割の1つは，各省庁が所管する地方制度に必要な財源をある程度の妥当性を持って配分していくことである。以下に示すように普通交付税の総額は個々の地方団体の財源不足額を積み上げて決定されるものではなく，全国の総額が決定される中で個々の団体への配分を決めている。このため，配分の妥当性を確保することは地方交付税制度の重要な役割となっている。

2つめの役割として，地方交付税制度が財源保障機能を担う中，経費を膨張させるような政策的なインセンティブを抑制する役割である。このことは，完全な財源保障制度であった地方財政平衡交付金制度が導入された際に考慮されていた問題であった。この種のインセンティブが働くと国の財政負担が膨張し，地方財政平衡交付金制度の維持が困難になる可能性があった。従って，この制度には需要額を膨張させるインセンティブを抑制する仕組みが内蔵され，地方交付税制度はこれをそのまま引き継いでいる。このため，地方交付税制度は，法定事務に対する財源配分において，一方でその配分の妥当性を確保しつつ，もう一方でインセンティブを抑制していく，2つの役割を担っていたこと

をここでは考察する。

4.2.1 地方交付税算定の年間スケジュール

　地方交付税の算定方法についてその年間スケジュールを概観しよう。年間スケジュールは岡本（1995）の解説から確認する。これによれば，ある年度の普通交付税の額はその前年8月から算定作業が始まり，地方財政計画の策定と地方財政対策が検討されるとしている。地方財政対策は12月ぐらいまでに検討され，2月に地方財政計画が公表される。これによって地方交付税の総額が決定されるのである。この時期には需要額の算定に使用される単位費用の計算も行われ，これを盛り込んだ地方交付税法の改正法案が国会に提出されることになる[28]。

　そして，個々の市町村の普通交付税の額は交付される年度に入ってから計算が行われる。需要額を算定するための測定単位が自治省に提出されるのも当該年度に入ってからで，これらに基づき補正係数が計算される。これらの計数がそろって個々の市町村の需要額は算定されるが，これは8月末日までに決定しなければならないと地方交付税法で規定されている。

　この日程からも分かるように，まだ単位費用すら決定されていない時期に自治省と大蔵省によって地方財政対策の検討が行われている[29]。地方交付税の総額は地方財政対策を経て決定されるから，個々の市町村の需要額と収入額から財源不足額を算出し，これを合算して地方交付税の総額が決定されるわけではない。

　地方交付税の算定方法の参考になるのは，やはり地方財政平衡交付金制度であり，これについては52年度の『国の予算』に解説されている[30]。その主旨は次のようなものである。まず，前年度の地方財政計画からの歳出と歳入の増減を計算し，これから平衡交付金の変動額を算出する。前年度の平衡交付金に

---

[28] 本段落の内容は岡本（1995）981-102頁参照。
[29] 前章で見たように地方財政対策によって調達される財源によって需要額の大きさが変動していることからも地方財政対策が決定しなければ，需要額の総額が決定できない構造になっていることは明らかである。
[30] 52年度の『国の予算』115-127頁参照。

この変動額を加えてその総額を決定する。平衡交付金の総額が決定されると，次に需要額と収入額から個々の地方団体の財源不足額を算定し，各地方団体に配分する平衡交付金の額が決まるとしている。つまり，地方財政計画による平衡交付金の総額決定と需要額と収入額の算定は作業として分断されており，需要額と収入額は事前に決定した平衡交付金を地方団体に案分する装置に過ぎない[31]。

　平衡交付金の算定方法は現在の地方交付税とも概ね整合しており，単位費用が算定される前に地方交付税の総額が決定される日程からも地方交付税制度が地方財政平衡交付金制度の仕組みを踏襲していることが分かる。これより地方交付税の算定も個々の地方団体の財源不足額を積み上げて行われるわけではなく，地方財政計画で法定事務の経費などを見積もることで地方交付税の総額を決め，個々の需要額や収入額はこの総額を案分していく役割を担ってきたことが分かる。

4.2.2　地方財政計画と市町村の個別算定経費の関係

　地方交付税の計算過程に則して需要額の算定プロセスを整理すると，図5-8になる。図中，地方財政計画の歳出は法定事務に必要な経費が積算されたものである。これに留保財源を利用して実施される事務の経費と，不交付団体の需要額を上回る収入額が充当される事務が加算されている。これが地方財政計画の歳出になるが，例えば地方財政措置で需要額に算入されない地方負担分などは，留保財源と重複するから留保財源が充当される事業費から控除されていると考えられる[32]。これらは所管省庁がそれぞれ算定すれば，これが計上されるが，法定事務の執行に要する職員数は自治省に要望し，毎年度実施されている『地方公共団体定員管理調査』などが考慮され，地方財政計画に算入される職員数が決定される。

---

31) 地方財政平衡交付金制度のこの特徴については石原（2000）64頁参照。
32) 図1-1の地籍調査事業には都道府県，市町村のいずれにも地方税等があり，留保財源はこれに充当される。従って，留保財源が全て地方団体独自の事務に充当されるわけではない。このため，留保財源から法定事務に充当される金額を控除して残りの金額を一般行政経費の国庫補助負担金を伴わないものなどに追加していく必要がある。

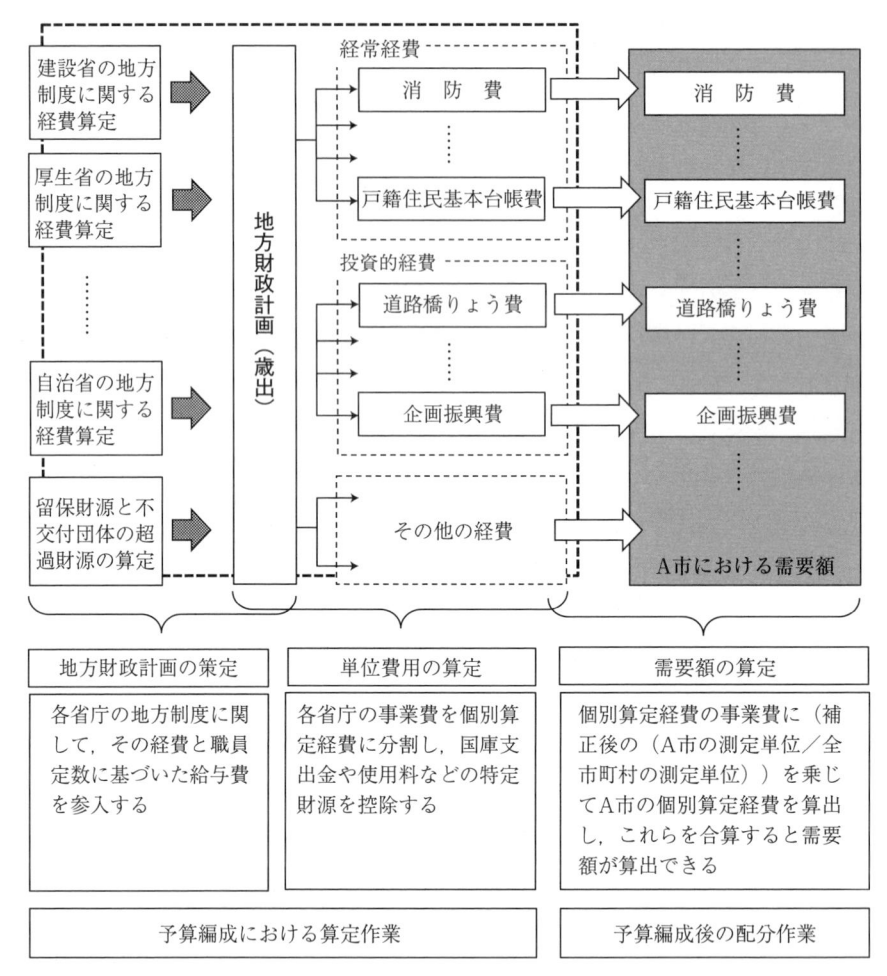

```
┌─────────────┐     ┌──────┐   経常経費
│建設省の地方 │     │      │ ┌ ─ ─ ─ ─ ─ ─ ─ ─ ┐    ┌──────────┐
│制度に関する │ ⇒   │      │ │  ┌──────────┐   │ ⇒ │ 消 防 費 │
│経費算定     │     │      │ │  │ 消 防 費 │   │    └──────────┘
└─────────────┘     │      │ │  └──────────┘   │         ⋮
┌─────────────┐     │ 地方 │ │      ⋮          │    ┌──────────────┐
│厚生省の地方 │     │ 財政 │ │  ┌──────────────┐│ ⇒ │戸籍住民基本台帳費│
│制度に関する │ ⇒   │ 計画 │ │  │戸籍住民基本台帳費│    └──────────────┘
│経費算定     │     │(歳出)│ │  └──────────────┘│
└─────────────┘     │      │ │ 投資的経費        │
      ⋮             │      │ │  ┌──────────┐   │    ┌──────────────┐
┌─────────────┐     │      │ │  │道路橋りょう費│ ⇒ │道路橋りょう費│
│自治省の地方 │     │      │ │  └──────────┘   │    └──────────────┘
│制度に関する │ ⇒   │      │ │      ⋮          │
│経費算定     │     │      │ │  ┌──────────┐   │    ┌──────────┐
└─────────────┘     │      │ │  │企画振興費│   │ ⇒ │企画振興費│
┌─────────────┐     │      │ │  └──────────┘   │    └──────────┘
│留保財源と不 │     │      │ │      ⋮          │
│交付団体の超 │ ⇒   │      │ └ ─ ─ ─ ─ ─ ─ ─ ─ ┘
│過財源の算定 │     │      │    ┌──────────┐       ┌──────────┐
└─────────────┘     └──────┘    │その他の経費│ ⇒    │A市における需要額│
                                 └──────────┘       └──────────┘
```

地方財政計画の策定	単位費用の算定	需要額の算定
各省庁の地方制度に関して，その経費と職員定数に基づいた給与費を参入する	各省庁の事業費を個別算定経費に分割し，国庫支出金や使用料などの特定財源を控除する	個別算定経費の事業費に（補正後の（A市の測定単位／全市町村の測定単位））を乗じてA市の個別算定経費を算出し，これらを合算すると需要額が算出できる

予算編成における算定作業	予算編成後の配分作業

図 5-8 地方財政計画の歳出と市町村の需要額の関係

　地方財政計画では地方団体が独自に提供している行政サービスは算定できないから留保財源や不交付団体の需要額を上回る経費として積み上げるしかない。このため，実際に事業を積算するのは法定事務である。つまり，機関委任事務，団体委任事務，公共事務（固有事務）ということになる。公共事務（固有事務）は固有事務と呼ばれるもので，これには地方自治法や地方教育行政の

組織及び運営に関する法律に基づく組織の組成などが挙げられ，都道府県であれば，警察法などが規定する事務も含まれる。

地方制度を所管する省庁は，例えば国庫負担金を伴う場合であれば，補助単価と各市町村の事務量を測る指標，補助率などに基づいて全国の事業費や補助額を決定する。これは地方財政措置であり，第1章で見てきたように国庫負担金に限ったものではなく，財源保障の対象となる事務に対して講じられる措置である。このうち，すべての市町村が実施する事務の場合，算定には事業単価にそれぞれの事務量を反映した統計データを乗じる方法が採用され，これは需要額の算出方法とも整合している。ただし，この場合の統計データはそれぞれの事業ごとに適切なデータが選択され，必ずしも需要額の測定単位と一致することはない。

地方財政計画が策定されると，これに従って単位費用の計算が行われる。このとき，例えば経常経費の消防費，戸籍住民基本台帳費といった内訳の総額は決定している。つまり，測定単位や補正係数は収集も計算もされていないが，個々の市町村の消防費の総額は決まっているのである。従って，個別算定経費はこの総額を一定の割合で市町村に案分していく仕組みを取ることになる。

この仕組みを具体的に見ていくために，図中の単位費用の算定から需要額の算定に至る過程を，例えば消防費を対象に，以下の計算式を使って検討していく。地方財政計画の歳出から消防費に含まれる経費を抽出し，これから国庫支出金などを控除すると，消防費の個別算定経費の集計額 SHOBO が算出できる。これが全市町村の消防費の総額になるから，この額が消防費の単位費用 UC_S に，市町村 i の測定単位 MU_i，補正係数 A_i を乗じた計数の合計に一致する。これが式5.14であり，単位費用について解くと式5.15になる。次に市町村 i の消防費 $SHOBO_i$ の算出は式5.16で行われるが，これに式5.15を代入したものが式5.17である。

式5.17は個々の市町村の消防費が地方財政計画から算出した単位費用に算入される経費 SHOBO に，全国の補正後の測定単位に占める当該市町村の補正後の測定単位の割合を乗じたものになることが分かる。これらの式を利用して，需要額の配分と，地方交付税の総額に対する市町村の政策インセンティブを抑制する構造について検討していく。

$$SHOBO = UC_s \times \sum (MU_i \times A_i) \qquad (式5.14)$$

$$UC_s = \frac{SHOBO}{\sum (MU_i \times A_i)} \qquad (式5.15)$$

$$SHOBO_i = UC_s \times MU_i \times A_i \qquad (式5.16)$$

$$SHOBO_i = SHOBO \times \frac{MU_i \times A_i}{\sum (MU_i \times A_i)} \qquad (式5.17)$$

4.2.3 需要額の配分の妥当性の確保

　地方交付税制度は地方財政平衡交付金制度を踏襲しており，測定単位に充当する統計量が決定されたのも多くは地方財政平衡交付金制度の時代であった。需要額の算定方法を構築する際に留意していたことについて奥野（1988）は次のように述べている。「各行政項目ごとの所要経費の推定に当り，先ず標準的な団体や標準的な事務を取り上げた。そしてそこで行われる行政を，具体的に，例えばどのような人数の職員により，どのような施設を設けて，どれほどの回数で実施されるかなどと想定し，それに必要な経費を算出する」。これによって，実際に存在する財政需要ではなく，あるべき財政需要を算出する方法を採用したと説明している。そして，奥野（1988）は測定単位についても同様な考え方から選定していたことを説明している。

　まず，式5.17にあるように市町村 i の個別算定経費である $SHOBO_i$ は全国の補正後の測定単位の合計に占める市町村 i の割合を SHOBO に乗じたものである。既述したように地方財政計画における各経費の算定は事務ごとに積算する。消防費であれば，自治省が全国で消防活動を展開するための人員や諸経費を個々に積み上げて地方財政計画に算入している。このとき，地方財政計画で積み上げた経費算定と，一定の基準で各市町村に配分した消防費 $SHOBO_i$ に乖離が生じる可能性がある。例えば，国庫負担金を伴う事業の場合，個々の市町村の国庫負担金は「事業単価」に「事務量を測る統計量」と「補助率」を乗じて算出される。そして，事業費から国庫負担金を控除した市町村負担分が需要額に算入される。しかし，通常国庫負担金の算定に用いる統計量と測定単位は一致しないから市町村負担分が正確に個々の市町村の需要額に反映されるとは限らない。例えば，ある市の事業費が1,000万円で半額補助とすると，国庫

負担金は500万円となり，500万円は需要額に算入される。ところが，国庫負担金と需要額の算定方法は異なるから，この市の需要額に500万円が計上されるとは限らない。仮に全国で見ると，適切に事業費が算定されても，市町村に配分される際に大きな過不足が生じる可能性がある。これは地方財政計画と需要額で異なる統計量を使用している以上必ず発生する問題である。このため，需要額の妥当性を市町村レベルで確保することは地方交付税制度の重要な課題であったと考えられる。従って，これが妥当な範囲内で配分されているかどうかを評価する仕組みが必要になってくる。

　この役割を担ってきたのが類似団体という仕組みであろう。類似団体の考え方は56年度の決算見込額などを対象に作成された「都市財政関係指数表」にさかのぼり，既に50年以上の歴史がある。54年に地方交付税制度に改定されると，その制度運用の初期の段階にこの評価システムは構築されていたことになる。この類似団体の考え方は市町村に深く根付いており，その成果は『類似団体別市町村財政指数表』として毎年度刊行されている。

　2000年度の同書は全国の市町村を都市と町村に分け，いずれも人口規模と，1次から3次の産業分類によって類型化している。ここでは都市を29類型，町村を39類型に分け，それぞれ統計表を作成してデータが比較できるようになっている。この仕組みを利用すると，類型ごとに個別算定経費を利用して実際の歳出額を評価することも可能である。

　例えば，新たな事務が制度化され，需要額に経費が算入された場合を考えてみる。個々の市町村について個別算定経費に国庫支出金などの特定財源を加えて予算段階で想定した事業費を算出し，一方で決算が出た時点で実際の歳出額を同様に集計していく。これを類型ごとに整理して，この類型を用いて事業費と実際の歳出額を比較することで，需要額の個別算定経費の妥当性が評価できる。

　このとき，ほとんどすべての類型で不足があれば，制度に欠陥があると判断できる。国が要求しているサービス水準に比べて，地方財政計画に計上している額が明らかに少ないことになる。財源保障機能が不十分ということになるからこれを見直す必要がある。国庫支出金を伴う事務であれば，正に超過負担が発生していることになる。このため，自治省は所管省庁に対して制度の見直し

を申し入れることになるだろう。

これに対して，一方に財源が過剰な類型があり，一方に財源が不足している類型があれば，これは完全に配分の問題である。この場合，自治省は補正係数を修正することで，その過不足を調整することになる。

また，同じ類型にありながら1つの市町村が大きな黒字ないしは赤字を計上し，他の団体がある程度収支を確保していれば，黒字ないしは赤字を計上している市町村に問題があると判断できる。大幅な黒字が計上されている場合，国が想定しているサービスを提供していない可能性が高い。一方で，市町村が新たな事務に伴って独自の行政サービスを付加していない場合に赤字を計上していれば，これは明らかに運営に問題がある。この場合，こうした市町村に対して適切な運用を行うように所管省庁にアドバイスする役割を自治省は担ってきたかもしれない。

このように類似団体はいわゆるヤードスティック評価のシステムであり，この評価システムを利用することで需要額の算定は妥当性を確保してきたと考えられる。このシステムが導入された時期は，第2章で見てきたように自治庁幹部が戦後改革の構築段階から運用段階に移行したことを宣言した時期に一致する。既に地方交付税制度は地方財政を支える重要な役割を担っており，運用を安定させるためには財源の確保とともに算定の妥当性を確保することも重要な問題であったと考えられる。こうした運用上の問題を改善する仕組みとして類似団体が導入された可能性は極めて高い。少なくとも地方交付税制度を長期的に維持していくためにはその性能を評価するシステムは不可欠である。こうした仕組みを整備しながら，地方交付税制度は地方財政計画に計上された財源を，妥当性を確保しながら市町村に配分する役割を担ってきたのである。このことによって所管省庁や市町村からも一定の信頼を確保していったことは地方交付税制度の運用上重要であったと考えられる。

4.2.4 需要額膨張を促す政策的インセンティブの抑制

地方団体の事務が委任事務で占められる中，47年の地方自治法改正によって政府の財源保障の対象が機関委任事務から委任事務全体に拡大された。そして，この財源保障を担保する仕組みとして50年に地方財政平衡交付金制度が

導入されている。このとき，平衡交付金の財源を確保することは重大な課題となっていたことを第2章で見てきた。財源確保がおぼつかない状態で，平衡交付金が容易に増加していくような仕組みを導入すれば，制度の持続性が担保できないことは明白である。このように考えれば，地方団体の政策選択によって平衡交付金が容易に膨張するような制度設計は努めて排除されたと見るべきだろう。

地方財政平衡交付金制度の需要額を算定するに当たって実際の財政需要ではなく，あるべき財政需要を算出する方法を採用したと説明しているのは奥野（1988）であった。このことは制度設計の段階でこうした問題点を十分に認識していたことを示している。実際に存在する財政需要に則して算定すれば，地方団体が財政需要を拡大すると，これに合わせて需要額も拡大してしまう。これに対して，あるべき財政需要を前提とすれば，こうした問題はある程度回避できるからである。そして，測定単位の選定に当たっても実際にある財政需要ではなく，あるべき財政需要を測る指標を選択していたと述べている。

奥野（1988）は，その中で測定単位の選択の問題を，府県の高等学校費を対象に省みている。この測定単位に実際にある財政需要を充てたために，都道府県が公立高等学校を次々に増設していったと説明している。こうした事態を生んだのは，高等学校費の測定単位に，あるべき財政需要を示す適齢人口を充てるべきであったのに，実際にある財政需要である生徒数を利用したことが原因であったとしている。このため，都道府県は公立高校を「増設してもその生徒数が増えるので交付される地方交付税交付金は増額されて，財政上支障は生じない」ことが理由であったと述べている。生徒数は当初暫定的に導入したものであったが，その後も継続したことから最初の段階であるべき財政需要である適齢人口を選択すべきであったと反省の弁を書いている。

地方財政平衡交付金制度導入の際に，地方団体の財政需要を拡大させるインセンティブに配慮していたことを奥野（1988）は示している。ただし，この説明にはそうであったとしても若干補足が必要かもしれない。同種の測定単位を使用しているのは，高等学校費だけではなく，市町村の小学校費や中学校費も同じである。しかも，測定単位は事務量に比例した指標を選択し，客観性を確保するために統計データを対象にしていたから，標準団体の考え方に比べる

と，はるかに現状を反映する。こうした測定単位の性格を認識しつつも，しかし財政需要を膨張させるインセンティブを与えないように測定単位を選択する方法について考えていきたい。

　地方財政計画では関係省庁が所管事務に関して地方全体の経費算定を行うが，これは1つ1つの地方団体の予算を査定するわけではない。通常，国庫支出金であれば，事業単価に事務量を示す統計データを乗じて，これを歳出に計上する一方で，さらに補助率を乗じて国庫支出金の額を決定し，地方財政計画の歳入に計上する。国庫支出金を伴わないような事務についても，個々の事業単価に事務量を示す統計データを乗じて算出し，各省庁の所管する事務の経費を算定する。この種の算定方法はそのまま需要額の単位費用に反映することも容易で，個々の事務ごとにこのように積算して積み上げていく方法を採用してきた。

　このとき，最も深刻なインセンティブ問題は地方財政計画で使用している統計量と，需要額の測定単位が完全に一致している場合である。既述した高等学校費を例にすると，文部省が地方財政計画に算入する経費を生徒数のみを利用して算定している場合である。都道府県に配分する国庫支出金を事業単価に生徒数を乗じて決定し，教職員数も生徒数に応じて決めていくと，地方財政計画に計上される高等学校費は生徒数の関数となる。これは，式5.14の左辺が生徒数の関数になることを意味するが，右辺は始めから生徒数の関数である。両辺がともに同じ生徒数の関数になると，地方団体が生徒数をコントロールするインセンティブが強くなる。地方団体がこれをコントロールすると，地方財政計画の歳出も拡大し，この拡大に合わせて需要額も増加する。このことから地方団体には生徒数を増やすインセンティブが生じることになる。

　式5.14で右辺も，左辺も同じ統計量で算定できる場合に歳出拡大の最も大きなインセンティブを地方団体に与えるが，次に地方団体に歳出拡大のインセンティブを与えるのは，左辺が1つの統計量で決定される場合だろう。本来需要額の総額を決定するのは地方財政計画に算入する経費であるから，その算定が1つの統計量で決定されると，地方団体にとってこれを操作することは比較的容易になる。従って，地方団体にはこの統計量をコントロールするインセンティブが発生する。地方団体が1つの統計量を操作することで式5.14の左辺

が増加すると，極端な場合，すべての地方団体の測定単位に全く変化がなくても需要額は増加していく。この場合，需要額は増えるが，インセンティブを生み出すのは測定単位ではない。

逆に最もインセンティブを抑制する統計量の選択は，式 5.14 で左辺の算定に多様な統計量を充てる一方で，右辺では左辺の統計量とは全く異なる統計量を選択する場合である。これが難しければ，左辺の経費算定に影響力の小さい統計量を，測定単位として選択することである。左辺の統計量を分散すると，左辺をコントロールする効率性が低下するから，地方団体がこれをコントロールするインセンティブが低下する。仮に測定単位と一致する統計量が存在しても，これをコントロールして左辺の総額が大きく変動しなければ，やはり効率的ではないから，測定単位をコントロールするインセンティブは低下する。従って，地方交付税制度では地方財政計画で算定する際に使用する統計量を多様化した上で，この経費に対する影響力のできるだけ低い統計量を選択することが有効になる。

現状，地方交付税を拡大したい市町村にとって効率的にコントロールできる測定単位は人口である。人口を増やすと，土木費では公園費や下水道費，その他の土木費で，教育費ではその他の教育費でといった具合に多くの個別算定経費が増加するから需要額は拡大する。このため，人口を増やせば最も効率的に需要額を拡大することができる。しかし，人口は全国で見ると，比較的安定した推計値が得られるから，市町村間で人口が大きく移動したとしても，日本全国で需要額の総額が大きく変動することはない。しかも，通常の都市化による人口移動では，補正係数の大きい市町村から小さい市町村に移動するからこの種の人口移動は長期的には需要額の総額を減少させる効果がある。このため，人口を測定単位にすると，需要額の総額が安定して算出できる上，市町村間で人口移動があっても総額にはほとんど影響を与えない効果がある。奥野 (1988) が高等学校費で生徒数ではなく，適齢人口にすればと述べたのもこうした理由が含まれていたと考えられる。ただし，測定単位を適齢人口にしても，既述したように地方財政計画が生徒数のみで算定されれば，インセンティブは地方財政計画の生徒数が与えるから，適齢人口を選択してもあまり意味はなかっただろう。

このように見ていくと，地方交付税制度ではその初期の段階から地方団体のインセンティブには一定の配慮が行われてきたことが分かる。これは完全な財源保障制度を採りながら，財源が不十分であった地方財政平衡交付金制度の構造を引き継いだことに起因している。このため，地方交付税制度では式5.14の左辺が減少すると，仮に全国の測定単位が増加したとしても，単位費用の減少を通じて需要額が減少する構造になっている。地方交付税制度はこのように測定単位を安易に拡大すれば，総額が増加するような仕組みにはなっておらず，地方団体のインセンティブを抑制する装置が終戦直後には導入されていたことになる。

4.3 地方を法定事務経費の負担機関とする役割

国と地方の関係に関して政府の伝統的な考え方に「国は政策の立案機関，地方は実施機関の思想」と「地方は法定事務経費の負担機関の思想」があることを第2章で見てきた。51年に大蔵省が「地方財政の問題点」を公表すると，地方財政委員会も「『地方財政の問題点』と題する大蔵省の意見について」という文書で反論している。この中で「都道府県や市町村は，国から委ねられた事務の実施に必要な財源として交付される補助負担金は，多くの場合，経費の全部を補償するものではなく，その一部に過ぎないものであるが，その所有する財源もこれにつぎ足して，国の計画した事務は完全に達成遂行されるよう全力を尽くしているのである」[33]と，地方団体が法定事務の経費負担を担ってきたことを指摘している。

戦前の国政委任事務では，財源のほとんどを地方団体が独自に調達しており，経費負担とその執行が地方団体の役割であった。戦後になると，民主的，分権的な地方制度が導入され，地方自治法を基本とする法体系に移行する。地方自治法は地方自治を保護するため，47年に委任事務に対する財源措置を国に義務付け，52年にはこれを法定事務に拡大している[34]。改めて長野（1995）の説明を確認すると，財源措置としては地方税，地方交付税，国庫支出金，地

---

33) 自治大学校（1978）214-217頁参照。
34) 正確には委任事務への拡大は地方自治法改正によって，法定事務への拡大は地方財政平衡交付金法改正によって実施された。

方債，手数料などが対象となっている[35]。

　個々の法定事務に対する財源措置は，法定事務を制度化する過程で決定される。これが地方財政措置であるが，第1章で地籍調査事業や市町村長選挙の例を取り上げた。また，社会資本整備でも法定事務の場合には地方財政措置が存在する。第4章の調整事業費の算定で見たように下水道事業，小中学校事業，清掃事業の建設では国庫支出金に対する地方負担分に対して地方債充当率を乗じているから，その財源割合は事業によって異なるとしても，必ず国庫支出金と地方債，需要額で分割することになる。これは長期計画に位置付けられてきた事業であれば，地方単独事業でも同様である。

　需要額の算定を見ると，補助事業や地方単独事業が計上されているが，いずれも法定事務が対象になっている。本研究における法定事務とは機関委任事務と団体委任事務，公共事務（固有事務）のうち法律を根拠とした事務である。公共事務（固有事務）の中には，法律による執行の義務付けがない場合や，義務付けがあっても事業費が僅少な場合に財源措置が講じられていないケースがあったとしても，これら以外は財源措置の義務付けがあったから法定事務は実質的に財源保障の対象と解釈してきた[36]。

　地方財政措置が講じられる法定事務には，多くの場合収入額を介して地方税収など地方団体の財源が充てられている。こうして地方交付税制度は「地方は法定事務経費の負担機関」の思想を実現してきた。需要額が法定事務を算定根拠とし，これに収入額と普通交付税を充当してきたことは，例えば収入額に算入されている地方税収の75％は市町村が法定事務の経費のために拠出していることを意味する。しかも，新たな法定事務が制度化されると，自治省と大蔵省，制度の所管省庁が地方財政措置を決定するが，この段階で地方税収の使途は事実上決定している。つまり，市町村の場合，地方税収の75％，都道府県の場合，地方税収の80％は国が支出先を決めてきたのであり，その意味で「地方は法定事務経費の負担機関」という政府の伝統的な思想が反映している。

35）長野（1995）731頁。
36）99年の地方自治法改正以前であれば，全ての委任事務が財源措置の対象であるから経費の多寡によって財源措置の対象を決定することはできない。しかし，99年の改正以降は法定事務のうち，財源保障の対象は法律に義務付けのあるものに限られている。

これらは地方交付税制度が財源保障機能を担ってきたことから構築されてきた仕組みである。

　本章において歳出総額と歳出内訳がいずれも需要額の影響を反映しており，この意味で歳出は需要額に応じて支出されてきたことを見てきた。これは複数の法律による地方支配の結果であるが，このことは少なくとも市町村が地方財政措置を反映した支出を行ってきたことを意味している。個々の歳入がコントロールされ，歳出もコントロールされている以上，地方財政措置で示された財源はある程度実態を反映することになる。一部の不交付団体であれば，法定事務の建設事業に対して，地方債発行を取りやめ，地方税収を充てることもできるが，交付団体の場合，留保財源の範囲でしか，財源選択の自由度は与えられていない。しかも，財政規模はコントロールされ，経常経費もそれぞれ強く制約されていれば，結果的に投資的経費に充当できる財源も限定されるから，必要な事業を実施する場合にはある程度国の想定に従って地方債を発行することになる。しかし，このことが20％ルールによって地方債の償還費を含めた財源保障を実施する根拠にもなってきたと言えるだろう。

　地方財政措置が地方交付税制度の財源保障のための形式的な手続きで，実際の地方団体の歳出を規制するものでなければ，「地方は法定事務経費の負担機関」という考え方も実態を伴わないものになる。地方交付税法が地方交付税を一般補助金とし，需要額を一般財源を見積もった額と規定しても，複数の法律による重層的な地方支配が強固な統制を作り上げることで，実際には「地方は法定事務経費の負担機関」といった伝統的な思想を地方交付税制度を通じて実現してきたといえる。この結果市町村の場合，地方税収の75％，地方譲与税の100％，交付金の100％は法定事務に拠出する仕組みとなっている。しかも，その使途は地方財政措置を実施する段階で国が決定する構造である。これは複数の法律による地方支配の中でとりわけ地方交付税制度の重要な役割となってきたのである。

終　章

戦後史の再構築に向けたプロローグ

　これまで地方交付税制度の運用を3つの時期，すなわち裁量的運用の時代，裁量からルールへと運用が転換した時代，ルールに基づく運用の時代に分割して，その特徴を抽出してきた。また，ルールに基づく運用の時代について基準財政需要額と歳出の関係も明らかにした。最後にこれらの結果から把握できる戦後の地方制度の変遷を整理しておく。

　その上でこれまでの検討によって非常に多くの積み残された課題があることを指摘しておきたい。これらはほぼ地方交付税制度とその関連制度に限った課題であるが，さらに周辺分野にまで課題が拡大していく可能性もある。こうなれば，これらの課題解決が戦後史を再構築する起動力となるかもしれない。ここでの課題整理は戦後史の再構築のスタート地点に立ったことを示すとともに，その解決の方向を示すものと言えるだろう。

1. 戦後の地方制度史のアウトライン

　戦後の地方制度は憲法92条を根拠とする地方自治法を頂点に，分野ごとに基本法を定め，その関連法が連なるピラミッド構造を形成してきた。地方財政制度では，同法243条の4によって地方財政法と地方交付税法が基本法に位置付けられ，これに他の地方財政制度に関する法律や各省庁が所管する地方制度の根拠法が連続している。地方自治法の下位分野の多くが，自治省と地方公共団体の中で完結してきたのに対し，地方財政制度は地方制度を所管する関係省庁の法律も，その法体系に取り込んできたところに際立った特徴がある。

　地方自治法は地方が処理する事務を機関委任事務，団体委任事務，公共事務（固有事務），行政事務と定め，このうち機関委任事務と団体委任事務には地方自治法232条2項によって政府に財源保障を義務付けてきた。1952年に地方

自治法と地方財政平衡交付金法を改正すると，委任事務に対する財源保障は法定事務に拡大している。そして，この法定事務に対する財源保障機能を54年に地方財政平衡交付金制度から引き継いだのが地方交付税制度であった。

　国と地方の関係に関し，政府には「国は政策の立案機関，地方は実施機関の思想」が根強く，この思想は戦前から継続している。このため，この影響から戦後も法定事務は膨張し，地方の事務は法定事務に偏在してきた。このことが法定事務に対する財源保障を担う地方交付税制度の重要性を高めてきたとも言えるだろう。

　地方交付税制度の財源保障機能は，個々の法定事務に対して実施される地方財政措置と，これらを集計して財源措置を評価する地方財政計画によって担保されてきた。そして，ここで確保された地方交付税，とりわけ普通交付税を配分していく装置として基準財政需要額と基準財政収入額が創造されている。従って，基準財政需要額が法定事務を積算対象としていることは，特にこれらが太宗を占めている以上当然であり，本研究でもこの点を明らかにしてきた。これは経常経費に留まらず投資的経費にも顕著に見られた基準財政需要額の算定の基本原則である。

　政府は経済計画や全国総合開発計画を策定し，この中で計画期間中に整備する社会資本の事業計画や整備水準を定めてきた。これを根拠に個々の社会資本の長期計画が閣議決定され，国の計画に位置付けられる。基準財政需要額の投資的経費は，主にこれらの計画に位置付けられてきた国の事業や地方単独事業を根拠に決定されてきた。これによって国の社会資本整備に地方の事業を取り込む一方で，社会資本整備に対する財源措置として活用されてきた地方債制度を安定させる機能も同時に地方交付税制度に付与している。これが地方財政法5条の4に関連して構築された20%ルールである。これによって標準財政規模の20%を投資的経費として確保することで，国の社会資本整備計画に事業費を配分して，国の計画を支えることと，地方債制度の安定を担保すること，さらに地方の建設事業を定常的に確保することを同時に達成する仕組みとなっていた。

　国の制度や計画を実施機関として支える地方公共団体に対して，地方交付税制度はそのために必要な財源を供給してきた。しかも，この仕組みには初期の

段階において，既に地方公共団体が意図的に制度を操作することで地方交付税を拡大させることがないようにインセンティブを考慮した制度設計が行われていた。また，地方交付税の配分が適切に行われているかを評価するために類似団体のシステムも比較的早期に導入されている。この類似団体はいわゆるヤードスティック評価であるが，地方交付税制度は，恐らくその用語が日本で知られる前にインセンティブ設計やヤードスティック評価を導入していたのである。この点からも地方交付税制度は巧妙に作り込まれた，先進的な制度であったことが分かる。

　このように整理できる戦後の地方財政制度の基本法は独立後の 1952 年に地方自治法などの改正によってその骨格が確立したといってもよいだろう。しかし，内務省解体で自治省は政府内での地位を大幅に低下させていたため，地方財政制度の基本法はしばらくの間矛盾に満ちたものとなっていた。特に地方制度の法体系にとって超法規的な存在であった大蔵省が国の一般会計を優先していたことから，地方制度を所管する省庁に対する予算措置は地方財政法などから大きく乖離することとなった。地方公共団体に対して一方的に負担が転嫁されていたのである。ところが，こうした財政運営は，環境福祉政策の充実を求める都市住民が革新首長を選択する結果を生み，67 年には首都東京に革新知事を迎えるまでになる。

　67 年以降，自民党政権は環境福祉政策の充実を進め，法定事務は拡大する。地方に負担を転嫁する超過負担問題への取り組みも積極化していく。さらに地方税では住民税を中心に減税が進められる。しかし，大蔵省の姿勢は依然均衡財政を優先するものであり，一時的に超過負担が是正されたとしても，これを地方交付税の減額で調整するなど，国の負荷を軽減する方策を取っていた。こうした財政運営は環境福祉政策の浸透を阻害することになるが，これがさらなる革新自治体の拡大を誘引している。そして，革新自治体が長期化すると，その選挙区では自民党支持が減少し，これが国政選挙における自民党の長期的な低迷に拍車を掛けていく。74 年の参議院で伯仲国会が実現したのは，こうした構造がオイルショックや急激なインフレと結びついた結果と捉えるべきであろう。

　地方財政制度の基本法は 52 年までにほぼその骨格を整えていた。しかし，

大蔵省の財政運営によって法定事務に対する財源保障はほとんど空証文であった。個々の法律でも地方財政法に違反していたり，この規定を無視して立法化されていたりと，地方財政制度の基本法は法律面でも，運用面でも矛盾を抱え込んでいた。これが解消していくのが伯仲国会後である。76年の地方財政法等の一部を改正する法律の成立，75年度，76年度の大規模な超過負担の解消はこうした矛盾を取り除くための地方制度改革であった。そして，この地方制度改革以降，地方財政制度では段階的に法律に基づく運用を整備している。70年代後半になって地方制度の戦後改革はほぼ完成の域に到達し，地方交付税制度でもようやく財源保障機能がその役割を果たし始めたのである。

80年代に入ると，従って地方交付税制度の財源保障機能は維持される。既に70年代に超過負担の数量差，対象差は概ね是正に向かい，標準設計も導入される。毎年度三省共同実態調査を通じて単価差を見直す体制も整い，地方制度はその法体系に従った運用が可能になったと考えられる。財源保障が担保されれば，留保財源は法定事務に充当する必要がないから地方公共団体でも自らの事務を拡大することもできただろう。80年代に入ると，「地方の時代」と呼ばれたが，こうした変化と無縁ではなかったはずである。

本書ではルールに基づく運用として給与費に関わる規定，省庁別シェアに加え，厚生労働費の国庫支出金の地方負担分，投資的経費の起債制限比率に伴う20％ルールを特定した。これらによる基準財政需要額の増加分は80年度から2000年度までのこれら3経費に限れば89.2％，基準財政需要額の総額に対しては66.9％であった。しかも，基準財政需要額の公債費はほぼ国の政策的な経費であり，また小中学校費にも国庫支出金の地方負担分が比較的多いことを考慮すれば，この66.9％もかなり控えめな数字であることは確実である。ただし，基準財政需要額の算定方法を前提にすると，裁量的運用の時代においてもほぼ同様の結果が導出されるだろう。しかしその結果，一方は地方財政対策が小規模に留まっていたのに対し，もう一方は巨額の地方財政対策を頻発することになる。これは地方財政がルールに基づく運用に移行したことの必然的な結果であった。そして，国の一般会計からも解放されたことで，国でも負担が拡大し，巨額の国債発行を引き起こす要因となっていくのである。本研究の結果に従えば，こうした戦後史のアウトラインを描き出すことができる。

2. 地方交付税研究の今後の課題

　地方交付税制度の制度設計に対しては戦前の内務省による国内統治の経験がバックボーンとなっていたとしても，奥野誠亮氏をリーダーとする旧内務官僚の英知を結集して構築されていたことは歴史に留められるべきかもしれない。日本の地方財政制度は世界的に見てもオリジナルなものであり，地方交付税制度も終戦直後に構築されていたことを考慮すると先進的な制度であったとも言えるだろう。内務省は連合国最高司令官総司令部によって47年に解体され，課レベルの組織にまで転落している。紆余曲折を経て60年に自治省に昇格するが，それでもその規模は際立って小さく，零細官庁そのものであった。このため，依然3,000を超える地方公共団体に対し，人海戦術による業務遂行は望むべくもなく，このことが地方交付税制度の運用においてルール化が推進されてきた大きな要因となっていたと考えられる。そして，これが財源保障機能とともに地方交付税制度を体系的かつ精緻な制度としてきた理由である。

　地方公共団体は気候条件や地理条件，人口規模などの違いから，これが担う業務は極めて多様であると言われてきた。何人もこれに反論することはできないが，しかし多様であるはずの地方公共団体も，地方交付税制度によって基準財政需要額という貨幣価値に変換されると，すべては単なる数字の大小関係に帰着していく。しかも，基準財政需要額はそれぞれの地方公共団体の歳出総額を単純な1次式で決定している。これは実際の多様性が地方交付税制度を介することで極めて単純な構造へと変換されていたことを意味するが，同時に地方財政制度が体系的でシステマティックに構築されていることを如実に表現している。制度がシステマティックに構築されているため，過去の制度や運用の変化が地方交付税制度に痕跡として刻まれていることが少なくない。

　一方で，制度の複雑さも手伝って地方交付税制度の運用実態は十分に明らかになってこなかった。このことは，地方交付税制度に刻まれた様々な痕跡が検証されてこなかったことを意味している。地方交付税制度に刻まれた痕跡を手掛かりにして様々な事実を究明していくと，本書で見てきたように従来の説明とは全く異なる事実を見出せる可能性がある。ここでは戦後の地方制度におけ

る構造変化の，恐らく最も概括的な枠組みを示したに過ぎない。まだ，明らかになっていない内容も多く，解明すべき対象は広範に存在している。そして，その研究成果は恐らく財政学に留まらず，行政学や政治学も含め，戦後史を大きく修正する可能性を秘めており，本研究はそのスタート地点に立ったことを示したに過ぎない。この意味で戦後の行政運営全般においてその実態を明らかにすることは依然重要な研究テーマとなっている。

　本研究は地方交付税制度を評価することが目的ではなく，地方交付税制度の運用実態を明らかにすること，これを通じて地方交付税制度が果たしてきた役割を明らかにすることであった。一方，経済学では地方交付税制度に対して個々に評価軸を掲げ，これに基づき分析，評価が行われてきた。こうしたアプローチは一定の意味を持つかもしれないが，日本のように緻密に作り込まれた地方制度では構造全体を把握しない限り錯誤を伴うものになるかもしれない。地方交付税制度が道路整備にインセンティブを与えているといった批判があるが，道路整備5箇年計画の地方単独事業の達成率は，88年以降の3つの計画で130.7%，101.1%，76.1%と大幅に低下してきている。インセンティブがあれば，政府の抑制を振り切って増加するはずなのに，達成率の結果は全く批判と矛盾している。これらを整合的に説明できなければ，インセンティブの議論は成立しない。むしろ，こうしたリスクを避けるためには，地方交付税制度の評価も地方制度の全体像を踏まえて実施する必要がある。地方交付税制度を評価する場合，基本的には国の地方制度全体の中に位置付ける方法と，地方自治という価値観から捉える方法があり，その結果は恐らく全く異なるものとなるはずである。制度の構造自体を評価する立場や，従来通りその運用を評価する方法も依然重要であろう。本書ではほとんど扱っていないが，類似団体を解明することは官制の地方財政制度の評価システムを理解する第一歩と言えるかもしれない。経済学で地方交付税制度の評価システムを扱っている論文をサーベイすることはできなかったが，地方に対するこれだけ大規模で，重要な統治制度であれば，評価システムが存在しないということは常識的には考えられない。類似団体を官制の評価システムとして捉え，これを評価するだけの価値は十分にあると考えられるが，これについては全く手つかずの状態にあると言ってもよいだろう。

地方交付税制度の下位に位置付けられてきた，それぞれの地方財政制度について検討することも依然残された課題である。地方税，国庫支出金，地方債といった個々の地方財政制度は，多くの場合地方交付税制度が抱える課題を取り除くために制度変更が繰り返されてきた。これらは財源保障を達成するための財源措置に位置付けられてきたから，地方交付税制度の変遷と並行して存在してきたと言えるだろう。67年の都知事選以降，個人に対する課税は軽減に向かい，法人に対する課税は強化されていく。国庫支出金は増額され，地方交付税では国の負担を軽減する地方財政対策が頻発し，地方債は急増する。これらは1つのメカニズムとして捉える必要があるが，個々の地方財政制度単位で議論する場合，全体の意図から乖離した説明が行われる可能性が高い。国債の膨張や地方財政対策の急増があった70年代後半に至ると，もはや従来の説明に妥当性などあるはずがない。個々の地方財政制度は本来地方交付税制度との補完関係から多くの示唆が得られるのであり，これによって制度の本質が明確になる可能性が高い。こうした視点から地方財政制度を見直していくことは残された課題となっている。

戦後の地方財政史は，国の財政も同様であるが，ほぼ二重帳簿の状態を維持してきた。常にではないとしても表と裏のストーリーが存在してきた。本研究はこうした実態の一部を地方交付税制度の運用を手掛かりに解明してきたに過ぎず，今後も同様の作業が必要であろう。本研究はこうした解明に向けた第一歩でしかないが，これを継続すると，財政学に留まらず，行政学や政治学など，幅広い分野において戦後史を修正する動きに結びつく可能性がある。そして，こうした修正は，戦後の日本が建設してきた国家の姿，社会の姿，地域の姿を描くことを実は意味している。戦後の実像が明らかになれば，現在山積している課題を解決する手掛かりが見出せるかもしれない。地方交付税制度の運用を研究することはこうした事実を解明する少なくとも手掛かりにはなるだろう。そして，このことは何より戦後史を科学の領域へと引き戻すことになるのである。

参考文献

赤井伸郎・山下耕治・佐藤主光（2003）『地方交付税の経済学——理論・実証に基づく改革』，有斐閣
秋田隆司（1994）「「自治省調整室」とは——各省庁への申し入れ（地方財政措置）を中心に」，『地方自治』562 号，pp. 26-50
飽戸弘・佐藤誠三郎（1986）「政治指標と財政支出 647 市の計量分析」，大森彌・佐藤誠三郎編『日本の地方政治』，pp. 141-179，東京大学出版会
東信男（2000）「国と地方の財政関係をめぐる課題」，『会計検査研究』第 21 号 3 月，pp. 129-150
足立伸（2006）「地方交付税法の運用の実態について——地方交付税をめぐる誤解とその背景——」，PRI Discussion Paper Series No. 06A-07
天川晃（1974）「地方自治制度の改革」，東京大学社会科学研究所編『戦後改革』，東京大学出版会
生安衛・鄭小平（1998）「市町村歳出構造と最適規模に関する研究」，『1998 年度第 33 回日本都市計画学会学術研究論文集』，pp. 13-18
石田博英（1963）「保守政党のビジョン」，『中央公論』78（1），pp. 88-97
石原信雄（1975）『地方財政法逐条解説』，ぎょうせい
石原信雄（1977）「地方交付税と投資的経費」，自治省編『自治論文集　地方自治 30 年記念』，pp. 869-881，ぎょうせい
石原信雄（1996a）「地方税財政の系譜——地方税財政の基盤を築いた人々——Vol. 7」，『地方財務』7 月号，pp. 157-164
石原信雄（1996b）「地方税財政の系譜——地方税財政の基盤を築いた人々——Vol. 8」，『地方財務』8 月号，pp. 86-93
石原信雄（2000）『新地方財政調整制度論』，ぎょうせい
石原信雄・遠藤安彦（1986）『地方交付税法逐条解説』，ぎょうせい
石原信雄・二橋正弘（2000）『地方財政法逐条解説』，ぎょうせい
磯村英一監修，坂田期雄編集（1982）『明日の都市　Vol.7　自治体と首長』，中央法規出版
稲葉竜義・山田浩之（2003）「地方自治体の規模と市町村合併——最適規模論を中心に——」，『計画行政』26（1），pp. 92-100
井上信也（1977）「摂津訴訟の背景と役割」，『ジュリスト』632，pp. 32-35
伊藤廉（1976）「地方財政法等の一部を改正する法律案」，『地方財政』15（5），pp. 28-32
井堀利宏・岩本康志・河西康之・土居丈朗・山本健介（2006）「基準財政需要の近年の動向等に関する実証分析」，Keio Economic Society Discussion Paper Series No.06-1
遠藤晃（1974）「福祉財源の負担をめぐる争点——摂津市の超過負担訴訟を手がかりとして」，『ジュリスト』572，pp. 44-50
大蔵省印刷局編『職員録　上巻』，大蔵省印刷局
大蔵省財政史室編（1978）『昭和財政史：終戦から講和まで』第 16 巻，東洋経済新報社

大塚勲（2009）「一般財源としての基準財政需要額の批判的検討——省庁別特定財源としての基準財政需要額——」,『会計検査研究』第 40 号
大塚勲（2009）「摂津訴訟の地方交付税制度への影響」,『計画行政』32（1）, pp. 33-40
大塚勲（2010）「市町村における基準財政需要額の拡大要因分析」,『日本都市学会年報』Vol. 43
大森彌（1986）「「革新」と選挙連合　ローカル・オポジションの軌跡」, 大森彌・佐藤誠三郎編『日本の地方政治』, pp. 209-240, 東京大学出版会
岡本全勝（1995）『地方交付税　仕組みと機能』, 大蔵省印刷局
岡本全勝・関口勝・前田一浩（2002）『平成 14 年度地方交付税制度の改正について』,『地方財政』41（4）, pp. 146-176
緒方勇一郎（1975）「超過負担の解消について」,『地方財政』14（2）, pp. 43-56
緒方勇一郎（1976）「超過負担問題」,『地方財政』15（2）, pp. 12-14
荻田保（1951）『地方財政制度』, 学陽書房
荻田保（1954）「戦後における地方財政の推移」, 自治庁記念論文編集部『地方自治論文集』, 地方財務協会
奥野誠亮（1988）「中央と地方を助言と協力で結ぶ財政制度——シャウプ勧告具体化・1 つの思い出——」, 自治省編『自治論文集』, pp. 777-784, ぎょうせい
貝塚啓明・本間正明・高林喜久生・長峯純一・福間潔（1986）「地方交付税の機能とその評価 Part I」,『フィナンシャル・レビュー』第 2 号, pp. 6-28
貝塚啓明・本間正明・高林喜久生・長峯純一・福間潔（1987）「地方交付税の機能とその評価 Part II」,『フィナンシャル・レビュー』第 4 号, pp. 9-26
学陽書房編集部編『地方自治小六法』, 学陽書房
片田興（2002）「最適人口規模の推計における現状と課題」, Program & Resume, The 6th annual meeting（2002）, The Japan Public Choice Society
加藤一明（1975）「機関委任事務と超過負担」,『都市問題研究』27（3）, pp. 2-14
上之郷利昭（1975）「革新自治体の栄光と悲惨」,『文藝春秋』53（3）, pp. 92-124
北村亘（2000）「財政危機の中の地方財政対策　1975-1984 年」, 水口憲人, 北原鉄也, 秋月謙吾『変化をどう説明するか：地方自治篇』, pp. 19-39, 木鐸社
木下和夫・中川順・渡部昇一他（1976）「座談会財政再建元年を考える——来年度の予算と税制——」,『ファイナンス』12（9）, pp. 2-18
行政管理研究センター編（1980）『行政機構図　昭和 55 年版』, 行政管理研究センター
国正武重（1996）「ダグラス・グラマン事件」, 朝日新聞取材班『戦後 50 年メディアの検証』, pp. 177-185, 三一書房
黒川和美（1997）「市町村の役割は高まる」,『都市問題』88（2）, pp. 71-80
建設省道路局（1988）『豊かさを支える道づくり　第 10 次道路整備五箇年計画のめざす道』, 建設綜合資料社
建設省道路局・都市局（1997）『新たな道路整備五箇年計画（案）〜安全で活力に満ちた社会・経済・生活の実現〜』, 建設省
国土交通省総合政策局情報管理部建設調査統計課監修（2006）『建設統計要覧平成 18 年版』, 建設物価調査会
小島政利（1969）「投資的経費算定の動態化について」,『地方財務』12 月号, pp. 84-95

後藤田正晴・御厨貴監修(2006)『情と理 上 カミソリ後藤田回顧録』,講談社
小早川光郎編集(1999)『史料 日本の地方自治第2巻』,学陽書房
小林実(1973)「超過負担の解消について」,『地方財政』12(5), pp. 57-63
小林與三次(1951)「固有事務,委任事務,行政事務論から自治事務論へ」,『自治研究』27(9), pp. 3-21
斎田登編著(1999)『都市および地方計画』,山海堂
財政調査会編『国の予算』,同友書房
齋藤愼(1999)「行政規模と経済効率性——市町村合併はスケールメリットを生むか——」,『都市問題』, pp. 27-37
坂田期雄(1977)『現代地方自治全集 第1巻 地方自治制度の沿革』,ぎょうせい
坂田期雄(1978)『新時代の地方自治2 危機の自治体財政』,ぎょうせい
佐藤司(1980)「摂津訴訟控訴審判決の意義と問題点」,『ジュリスト』729, pp. 73-82
佐藤主光(2001)「ソフトな予算制約と税源委譲の経済効果」,『現代経済学の潮流2001』,東洋経済新報社
自治省編(1987)『地方財政白書 昭和62年版』,大蔵省印刷局
自治大学校編(1960)『戦後自治史 第1巻 隣組及び町内会,部落会等の廃止』,自治大学校
自治大学校編(1961)『戦後自治史 第2巻 昭和21年の地方制度改正』,自治大学校
自治大学校編(1963)『戦後自治史 第5巻 地方自治法の制定』,自治大学校
自治大学校編(1978)『戦後自治史 第14巻 地方税財政制度の改革(下巻の2)』,自治大学校
自治労大阪府本部労働調査研究所(1979)「革新大阪府政の批判的総括——第二期黒田府政の行財政分析——」,『労働調査時報』688号, pp. 24-37
柴田護(1968)「地方財政物語(15)」,『自治研究』44(5), pp. 21-34
柴田護(1975)『自治の流れの中で 戦後地方税財政外史』,ぎょうせい
下河辺淳(1994)『戦後国土計画への証言』,日本経済評論社
首藤堯(1968)「第12次地方制度調査会の中間答申と昭和43年度の地方財源措置」,『地方財政』7(2), pp. 10-17
首藤堯(1969)「昭和44年度の国の予算と地方財政」,『地方財政』8(3), pp. 10-17
資料日本社会党50年刊行委員会編集(1995)『資料日本社会党50年』,日本社会党中央本部機関紙広報委員会
神一行(1986)『自治官僚』,講談社
神野直彦(1993)「「日本型」税・財政システム」,岡崎哲二・奥野正寛編『現代日本経済システムの源流』, pp. 211-244, 日本経済新聞社
鈴木俊一(1956)「昭和31年の地方自治を回顧する」,『地方自治』108号, pp. 1-10
関根則之(1977)「昭和52年度の国の予算と地方財政対策」,『地方財政』16(2), pp. 16-31
関根則之(1978)「昭和53年度の国の予算と地方財政対策」,『地方財政』17(2), pp. 14-36
摂津市史編さん委員会(1977)「摂津訴訟」,『摂津市史』, pp. 1190-1211
全日本自治団体労働組合(1980)『摂津控訴審判決と関係資料』,全日本自治団体労働組合
曽我謙悟・待鳥聡史(2007)『日本の地方政治——二元代表制政府の政策選択——』,名古屋大学出版会

高木健二（2001）『地方財政対策と地方交付税』，（財）地方自治総合研究所
高木鉦作（1974）「知事公選制と中央統制」，溪内謙他編『現代行政と官僚制 下』，pp. 259-292，東京大学出版会
高木鉦作（1986）「戦後体制の形成 中央政府と地方政府」，大森彌・佐藤誠三郎『日本の地方政府』，pp. 47-110，東京大学出版会
高寄昇三（1981）『地方政治の保守と革新』，勁草書房
武田隆夫（1986）「財政」，武田隆夫・林健久編『現代日本の財政金融Ⅲ 50年代』，pp. 29-63，東京大学出版会
辰村吉康（1979）「危機にたつ地方自治──超過負担をめぐる諸問題」，『岐阜大学教養部研究報告』15，pp. 142-158
田中角栄（1967）「自民党の反省」，『中央公論』82（7），pp. 284-293
田原総一朗（1980）「自民党政権 T.O.K.Y.O.作戦の尖兵 鈴木俊一東京都知事」，『中央公論』95（12），pp. 223-247
地方交付税制度研究会編『地方交付税制度解説（単位費用篇）』，地方財務協会
地方交付税制度研究会編『地方交付税制度解説（補正係数・基準財政収入額篇）』，地方財務協会
地方財政制度研究会編『地方財政要覧』，地方財務協会
地方財政調査研究会編『市町村別決算状況調』，地方財務協会
地方財政調査研究会編『地方財政統計年報』，地方財務協会
地方自治百年史編集委員会編（1993a）『地方自治百年史第2巻』，地方財務協会
地方自治百年史編集委員会編（1993b）『地方自治百年史第3巻』，地方財務協会
調整室（1975）「昭和51年度の地方財政措置──各省庁への要請事項──」，『地方財政』14（8），pp. 13-128
土山希美枝（2007）『高度成長期「都市政策」の政治過程』，日本評論社
寺脇隆夫（1977）「保育行財政の実態と摂津訴訟」，『ジュリスト』632，pp. 22-31
土居丈朗（2000）『地方財政の政治経済学』，東洋経済新報社
土居丈朗・別所俊一郎（2005）「地方債の元利補給の実証分析」，『財政研究』第1巻，pp. 311-328
東京市政調査会編（2009）『地方自治史を掘る 当事者たちの証言』，東京市政調査会
都丸泰助（1982）『地方自治制度史論』，新日本出版社
内閣総理大臣官房編（1988）『国民生活に関する世論調査』，内閣総理大臣官房公報室
内閣調査室（1969）「大都市圏市民の政治意識」，『調査月報』14（4），pp. 30-47
内閣調査室（1972）「東京都民の投票行動──都知事選を中心に」，『調査月報』17（2），pp. 40-60
内閣調査室（1973a）「第33回衆議院議員総選挙結果の分析」，『調査月報』18（4），pp. 1-28
内閣調査室（1973b）「第33回総選挙の選挙区類型別分析」，『調査月報』18（11），pp. 64-75
内閣調査室（1974）「住民運動の現状をめぐって」，『調査月報』19（12），pp. 52-70
内閣府編（2006）『経済財政白書（平成18年度）』，国立印刷局
中井英雄（1988）『現代財政負担の数量分析』，有斐閣
中地洌（1968）「特別事業債償還交付金について」，『地方財務』11月号，pp. 44-50
中西啓之（1979）「日本の革新自治体」，島恭彦・池上惇・遠藤晃編『自治体問題講座第1巻

現代の地方自治』，自治体研究社
中西啓之（1997）『日本の地方自治　理論・歴史・政策』，自治体研究社
長野士郎（1979）『逐条地方自治法　第10次改訂新版』，学陽書房
長野士郎（1993）『逐条地方自治法　第11次改訂』，学陽書房
長野士郎（1995）『逐条地方自治法　第12次改訂新版』，学陽書房
長峯純一（2000）「地方交付税制度の算定構造・配分構造に関する分析」，『公共選択の研究』第35号
鳴海正泰（1998）「戦後地方自治と革新自治体論——『資料・革新自治体（正編・続編）』の刊行にさいして——」，地方自治学会編『地方自治叢書第11号　戦後地方自治の歩みと課題』，敬文堂
西川雅史（2002）「市町村合併の政策評価——最適都市規模・合併協議会の設置確率」，『日本経済研究』No. 46, pp. 61-79
日本統計協会編（2006）『日本長期統計総覧第1巻』，日本統計協会
納富一郎・中村良広・岩元和秋・古川卓万（1988）『戦後財政史』，税務経理協会
原田博夫・川崎一泰（2000）「地方自治体の歳出構造分析」，『日本経済政策学会年報』第48巻, pp. 191-199
林正寿（1999）『地方財政論——理論・制度・実証』，ぎょうせい
林正義（2002）「地方自治体の最小効率規模——地方公共サービス供給における規模の経済と混雑効果——」，『フィナンシャル・レビュー』第61号, pp. 59-89
日比野登（1987）『財政戦争の検証　美濃部都政崩壊期の研究』，第一書林
藤井貞夫（1956）「地方自治今後の問題点」，『地方自治』107号, pp. 1-9
藤田武夫（1976）『現代日本地方財政史（上巻）』，日本評論社
藤田武夫（1978）『現代日本地方財政史（中巻）』，日本評論社
藤田武夫（1984）『現代日本地方財政史（下巻）』，日本評論社
藤谷謙二（1944）『地方財政論』，龍吟社
古川卓萬（1981）「補助金の基本問題——負担金規定と超過負担を中心に」，『西南学院大学経済学論集』15（3）, pp. 1-28
古川卓萬（1986）「国庫補助金の超過負担問題」，『都市問題』77（7）, pp. 59-71
古川卓萬（1995）『地方交付税制度の研究』，敬文堂
古川卓萬（2002）『地方交付税制度の現状と改革の方向』，（財）地方自治総合研究所
古川卓萬（2005）『地方交付税制度の研究2』，敬文堂
本間正明編著（1994）『ゼミナール現代財政入門』，日本経済新聞社
松本英昭（2005）『逐条地方自治法　新版　第3次改訂版』，学陽書房
宮島洋（2001）「地方分権の検討」，『地方財政をめぐる諸問題』，金融調査研究会報告書（26）, pp. 1-21
森昌徳・遠藤亮一（1969）「昭和四十四年度地方財政計画」，『地方財務』4月号, pp. 34-65
矢野浩一郎（1969）「普通交付税の算定方法の改正について（上）」，『地方財政』8（5）, pp. 51-57
矢野浩一郎（1979）「昭和54年度の国の予算と地方財政対策」，『地方財政』18（2）, pp. 17-36
山内敏雄（1975）「機関委任事務と超過負担」，『都市問題』66（8）, pp. 35-48

山下稔・山本成美・石原信雄他（1975）「新春座談会地方財政の回顧と展望」,『地方財政』14（1）, pp. 10-68

横田光雄・斉藤恒孝・益本圭太郎編（2008）『地方財政小辞典』, ぎょうせい

横手正（1967）「地方交付税算定方法の問題点とその改善方向」,『自治研究』43（9）, pp. 15-26

横手正（1969）「普通交付税の算定方法の改正について（二・完）」,『自治研究』45（10）, pp. 33-52

横道清孝・沖野浩之（1996）「財政的効率性からみた市町村合併」,『自治研究』72（11）, pp. 69-87

横道清孝・村上靖（1993）「市町村合併の実証分析（一）」,『自治研究』69（6）, pp. 65-85

吉村弘（1999）『最適都市規模と市町村合併』, 東洋経済新報社

若林仙二（1951）『地方自治法逐条解義』, 芹田東光社

Bergstrom, Theodore C. and Robert P. Goodman, (1973) "Private Demands for Public Goods," *The American Economic Review*, 63 (3), pp. 280-296

Byrnes, Joel and Brian Dollery, (2002) "Do Economies of Scale Exist in Australian Local Government? A Review of the Research Evidence," *Urban Policy and Research*, 20 (4), pp. 391-414

Harrison, Jeffrey P., M. Nicholas Coppola and Mark Wakefield, (2004) "Efficiency of Federal Hospitals in the United States," *Journal of Medical Systems*, 28 (5), pp. 411-422

Stevens, Barbara J., (1978) "Scale, Market Structure, and the Cost of Refuse Collection," *The Review of Economics and Statistics*, 60 (3), pp. 438-448

Walzer, Norman, (1972) "Economies of Scale and Municipal Police Services: The Illinois Experience," *The Review of Economics and Statistics*, 54 (4), pp. 431-438

索　引

あ行

飛鳥田一雄　107, 132
石田博英　107
一般会計の負担軽減　97, 100, 131
一般財源性　271
一般職の職員の給与に関する法律　188
一般財源　39, 44, 91, 181, 216
委任事務　15, 16, 20, 23, 73, 78, 226, 296, 302
インセンティブ設計　305
大蔵省　7, 12, 13, 29, 30, 35, 36, 44-46, 51, 64, 68, 72, 73, 78, 80-84, 89, 90, 95, 99, 102, 120, 124, 126, 129, 130, 134, 152, 156, 159, 162, 177, 209, 290, 300
奥野誠亮　10, 64, 77, 297, 306

か行

革新自治体　97, 105, 107-114, 118, 122, 125, 126, 129, 144, 150, 175, 209, 218, 237, 305
環境福祉政策　106, 122, 139, 143, 145, 164, 305
機関委任事務　15, 16, 27, 33, 73, 121, 249, 292, 301, 303
機構改革　145
起債制限比率　216, 217, 220, 221, 232
基準財政収入額　2, 4, 41, 43-45, 51, 89, 163, 304
基準財政需要額　2, 43, 66, 105, 303, 304
　―算定の時代区分　9, 49, 63, 100
　―と収入額の連動性　47, 52, 58, 62, 63, 65, 100, 174, 234, 240
　―の算定方法　2, 39, 44, 48, 49, 306
基準税率　41
規模是正分　166
規模の経済性　248-251, 255-259, 264, 268-270
規模の不経済　250, 266
給与単価　186
給与費等需要額　182, 186, 187, 231
国が政策の立案機関，地方が実施機関　70, 73, 78, 102, 204, 300, 304
計画的事業費算入方式　199, 200, 212, 224
経常経費　39, 127, 161, 179, 182, 183, 198, 199, 202, 204, 225, 226, 228-230, 233, 234, 272
経費別需要額　182
減価償却費算入方式　199, 224
公害対策　119, 122
公共事業費　91
公共事務　15-18, 21, 73, 180, 242, 292, 301, 303
公債金収入　113, 115, 116, 124, 138
厚生労働費（除給与費等）　184-186, 194-196, 198, 230, 231, 233
高度経済成長　64, 94, 99, 106, 130
交付税及び譲与税配付金特別会計　48
交付税財源　36, 45, 48, 50, 67
交付税率　31, 43, 50, 61, 87, 88, 91, 92, 100, 103, 174
　―の引き下げ　131
交付団体　46, 55, 87, 216
神戸勧告　79
国債発行　110, 113, 115, 116, 118, 138, 157, 159,

国分寺訴訟　133
国家公務員法　188, 190, 231
国庫支出金　22, 28, 35, 36, 51, 75, 77, 105, 124, 134, 138, 144, 150, 152, 162, 168, 181, 194, 195, 218, 271, 295, 298, 308
国庫補助基本額　118, 150
固有事務　15-17, 21, 73, 242, 292, 301, 303

さ行

財源措置　22, 206
財源超過団体　38, 52, 55-58
財源不足額　30, 36, 38, 43, 48, 50, 60, 66, 84-88, 97-99, 102, 163, 174, 175, 291
財源不足団体　38, 52, 55-58, 64, 105, 237
財源保障機能　1, 5-7, 9, 10, 13-15, 21, 28-32, 36, 48, 50, 68, 72, 79, 83, 84, 87, 88, 98, 103, 239, 245, 289, 302, 304, 306, 307
歳出総額の推定　259
財政移転　113, 118, 123-126, 230
財政規律　129, 158
財政再生元年　110
財政収支試算　138-142, 145, 157, 159
財政調査官制度　146
財政調整機能　1, 10, 30-32, 155
裁量制　45, 97, 101, 103, 169, 176, 225
裁量的運用　7, 12, 47, 49, 51, 52, 58, 63, 66, 80, 89, 105, 161, 163, 165, 167, 173, 225, 233, 235
三省共同実態調査　151, 152, 154, 306
算入職員比率　165, 168, 169
GHQ　9, 10, 44, 68, 78, 307
事業費補正　200
資金運用部　95
自治省（庁）　9, 14, 17, 29, 46, 48, 67, 83, 87, 89, 90, 98, 99, 111, 118, 131, 146, 150, 156, 158, 159, 162, 167, 170, 178, 191, 212, 217, 233, 245, 290, 303, 307
市町村合併　99, 278
児童福祉法の政令改正　133
シャウプ勧告　2, 11, 77, 81, 102
社会資本整備　118
修正需要額　236, 238-240
省庁別シェア　191-193, 231
昭和50年代前期経済計画　138, 140, 145, 157, 159, 208, 209
数量差　119
積算基礎　159-163, 171, 180, 181, 199, 202
摂津訴訟　106, 119, 133, 142, 146, 148, 152
相似的関係　249-251, 253, 254
戦後改革　10, 13, 25, 72, 83, 99, 103, 177
全国革新市長会　107
測定単位　34, 41, 47, 159, 161, 171, 180, 275, 284, 293, 299

た行

対象差　119
第二の地方制度改革　159
宅地開発指導要綱　128
田中角栄　107, 226
単位費用　24, 34, 41, 44, 64, 88, 91, 104, 159, 160, 162, 164, 167, 170-172, 178, 182, 199, 233, 247
段階補正　255, 257-259, 268
単価差　119, 120, 151, 162
団体委任事務　15, 16, 18, 23, 33, 73, 242, 249, 301
筑後訴訟　133
地財比率　61-63, 100
地方官官制　241
地方行政調査委員会議　78
地方公共団体定員管理調査　168
地方交付税法　14, 15, 18, 28, 41,

索　引　　　　　　　　　　　　　　　　　　　　319

50, 60, 99, 102, 103, 105, 177,
241, 245, 246, 270, 286, 303
　—2条7項　　21, 67, 214
　—6条の3第2項　　20, 36, 50, 84,
85, 87, 88, 98, 99, 102, 165, 174,
245
地方公務員給与実態調査　　168
地方公務員法　　14, 187, 190, 193, 231
地方債　　22, 35, 51, 91, 110, 185,
198, 202, 214-219, 221, 223-225,
227-230, 236-238, 277, 301, 308
地方財政委員会　　12, 68, 71, 80, 85,
86, 103
地方財政計画　　20, 22, 35, 38, 45,
51, 67, 88, 115, 139, 164, 168,
170, 180, 185, 190, 204-206, 211,
292-294, 304
　—の職員数　　164
地方財政収支試算　　138-142, 145, 157,
159
地方財政制度の基本法　　15
地方財政措置　　32, 33, 36, 97, 293,
301
地方財政対策　　58, 60, 92, 97, 100,
102, 115, 116, 157, 159, 173, 175,
234-236, 239, 309
地方財政平衡交付金法　　1, 9, 24, 43,
71, 74, 77, 214, 303
地方財政法　　14, 28, 33, 35, 148,
149, 241, 245, 270, 286, 303
　—第5条の4　　216, 223, 232
　—11条の2　　195, 271
地方財政法等の一部を改正する法律
148, 177, 305
地方自治法　　5, 15, 20, 24, 28, 70,
71, 73, 74, 120, 158, 177, 241,
242, 247, 270, 286, 296, 300, 303
　—232条1項　　26
　—232条2項　　19, 67
地方税　　22, 126, 305, 308
地方制度調査　　90

地方制度の法体系　　14
地方単独事業　　202, 204-206, 208-211,
213, 215, 224, 226, 271, 285, 301,
308
地方配布税　　9, 75
地方は法定事務経費の負担機関　　79,
205, 300
地方分与税　　9
超過負担　　105, 106, 118-120, 125-
127, 128, 130-133, 137, 141, 142,
144-152, 154, 158, 162, 163, 166-
168, 177, 189, 210, 217, 218, 225,
295, 305
長期計画　　200, 203-206, 208-213,
226, 227, 229, 246, 271
調整事業費　　200, 214
調整室　　145, 146, 158
直轄事業　　200, 204, 213, 285
統一単価表　　160-163
統一地方選挙（1975年）　　106, 111
TOKYO作戦　　109, 111, 112, 130,
138, 139, 175, 308
統計調査費　　281
投資的経費　　36, 39, 170, 179, 180,
182, 183, 198, 199, 202, 204-206,
209-227, 229, 231-234, 236, 246,
272, 302
道路整備5箇年計画　　200, 205, 210,
286
特別交付税　　33, 36, 38
都市環境整備　　119, 122
都市政策　　133
ドッジライン　　11, 75, 76, 81

な行

内務省　　71, 75, 82, 102, 177, 305
長野士郎　　66
20％ルール　　217, 218, 222-224, 227-
229, 236, 302, 304, 306

は行

伯仲国会　9, 101, 105, 109, 113-118, 121, 124-126, 132-134, 141, 147, 148, 157, 177, 209, 218, 239, 305
阪神・淡路大震災　253, 288
費目別需要額　182
標準財政規模　217, 219, 224, 227, 229, 234, 285
標準事業費　200
標準設計　119, 306
標準団体　181, 183, 190, 192, 273, 297
福祉政策　121, 122
複数の法律による重層的地方支配　242, 243, 245, 247, 272, 286-288, 302
不交付団体　46, 55, 155, 216, 291, 302
普通交付税　2, 22, 30, 36, 38, 49, 50, 53, 55, 65, 66, 163, 174, 270, 273
平均費用　250, 257, 263, 266
　—の検定　264
平均費用関数の固有性　267
俸給表　160, 188, 189
法定事務　18, 24, 25, 27, 32, 35, 36, 67, 69, 71, 73, 78, 97, 98, 102, 118, 120, 123, 125, 126, 142, 158, 163, 164, 177, 180, 183, 204, 212, 214, 215, 226, 242, 246, 249, 271, 272, 284, 300, 301, 304
補助事業　200, 202, 204, 213, 224, 285, 301
補正係数　34, 41, 47, 159, 171, 180, 198, 255, 275, 288, 293

ま行

松浦功　65
美濃部亮吉　107
目的別歳出　276, 277

や・ら・わ行

ヤードスティック評価　296, 304
ラスパイレス指数　111
留保財源　38, 41, 219, 220, 221, 227, 261, 291, 302, 306
留保財源比率　41, 220
類似団体　295, 296, 308
ルールに基づく運用　6, 61, 97, 99, 101, 104, 106, 148-152, 154, 167, 168, 170, 174, 176-178, 211, 219, 230, 234, 240
和解案（摂津訴訟）　134

〈著者紹介〉
大塚　勲（おおつか・いさお）
1990年　早稲田大学大学院理工学研究科修了。
熊本大学大学院非常勤講師。
専門は財政学。

地方交付税制度の運用と展開
戦後史の再構築を目指して

2014年9月26日 初版発行

著　者　大　塚　　　勲
発行者　五十川　直　行
発行所　一般財団法人　九州大学出版会
　　　　〒812-0053 福岡市東区箱崎7-1-146
　　　　　　　　　　　　　　　　九州大学構内
　　　　電話　092-641-0515（直通）
　　　　URL　http://kup.or.jp/
　　　　印刷・製本／大同印刷㈱

Ⓒ Isao Ohtsuka, 2014　　　　　ISBN978-4-7985-0137-6